LAÇOS DE CONFIANÇA II

CELSO AMORIM

LAÇOS DE CONFIANÇA II

O Brasil e a outra América Latina

Copyright © 2024, Celso Amorim

Direção executiva Flávia Alves Bravin
Direção editorial Ana Paula Santos Matos
Gerência editorial e de produção Fernando Penteado
Gerenciamento de catálogo Isabela Ferreira de Sá Borrelli
Edição Estela Janiski Zumbano
Design e produção Jeferson Costa da Silva (coord.)
Rosana Peroni Fazolari

Organização e pesquisa Mariana Klemig
Revisão Maurício Katayama e Eugênia Pessotti
Diagramação Negrito Produção Editorial
Capa Deborah Mattos
Crédito da imagem de capa Joaquín Torres García. *América Invertida*, 1943.
© Museo Torres García. www.torresgarcia.org.uy
Impressão e acabamento Edições Loyola

Dados Internacionais de Catalogação na Publicação (CIP) Odilio Hilario Moreira Junior – CRB-8/9949	
A524l	Amorim, Celso
	Laços de confiança II: o Brasil e a outra América Latina / Celso Amorim. – São Paulo: Benvirá, 2024.
	208 p.
	ISBN 978-65-5810-138-3 (Impresso)
	1. Relações internacionais. 2. Diplomacia. 3. América Latina. 4. Política externa. 5. Governo. I. Título.
2023-1642	CDD 327 CDU 327
Índices para catálogo sistemático:	
1. Relações internacionais	327
2. Relações internacionais	327

1ª edição, fevereiro de 2024

Nenhuma parte desta publicação poderá ser reproduzida por qualquer meio ou forma sem a prévia autorização da Saraiva Educação. A violação dos direitos autorais é crime estabelecido na Lei n. 9.610/98 e punido pelo art. 184 do Código Penal.

Todos os direitos reservados à Benvirá, um selo da Saraiva Educação.
Av. Paulista, 901, Edifício CYK, 4º andar
Bela Vista - São Paulo - SP - CEP: 01311-100

SAC: sac.sets@saraivaeducacao.com.br

CÓD. OBRA 718700 CL 671099 CAE 838001

"Ya no es tiempo de guerrilla"
Raúl Castro, em conversa com o autor

Sumário

Apresentação 9

CUBA...11

HAITI 59

MÉXICO...119

AMÉRICA CENTRAL E CARIBE 137

Anexos...165

Referências 183

Lista de Siglas...185

Índice Remissivo 189

Agradecimentos 207

Apresentação

Há pouco mais de um ano, publiquei pela Benvirá um volume, baseado em notas que tomei ao longo do meu período como ministro das Relações Exteriores dos dois primeiros mandatos do presidente Lula (2003-2010), sobre as relações do Brasil com os países da América do Sul. De certa forma, cometi uma estripulia e incluí no livro um capítulo sobre a Comunidade do Caribe (Caricom). Intitulei-o "Laços de Confiança", em função de uma frase que me veio à mente depois de um encontro com um presidente com o qual o governo não tinha qualquer afinidade ideológica, mas cuja participação nos processos de integração e relacionamento bilateral com o Brasil eram importantes. Na ocasião, não tinha certeza de que viria a publicar um outro livro, espécie de continuação do primeiro, e de estilo e estrutura semelhante a ele, que trataria do relacionamento diplomático com os demais países da América Latina e do Caribe: México, Cuba, Haiti e América Central.

Eis que agora surge outra oportunidade. E me sinto obrigado a nomear este livro "Laços de Confiança II", sem que tenha havido um outro que se chamasse "Laços I". Sei que isso causará certa confusão, pela que me escuso ante à editora e, sobretudo, aos leitores. Mas era preciso deixar o registro de conversas com personagens como Raúl Castro e eventos importantes, como a eleição de René Préval no Haiti, a Minustah, entre tantos outros fatos. E, assim, aí vai: "Laços de Confiança II: O Brasil e a Outra América Latina".

Entendidas as relações com os países da América Latina como um conjunto, reflexo do objetivo maior da política externa do período, que era o de promover a integração, o leitor perceberá as dificuldades, em certos momentos, de separar narrativas por país. Sempre que possível, essas dificuldades foram contornadas com notas explicativas ou referências cruzadas para outros capítulos do primeiro volume e de obras anteriores. Fica a expectativa de que o interesse do leitor por determinado país o leve a percorrer outros textos e o instigue a conhecer mais sobre nossos vizinhos.

CUBA

Desnecessário sublinhar o impacto que a Revolução Cubana exerceu sobre pessoas da minha geração. Tinha 16 para 17 anos quando Fidel Castro, Che Guevara e seus companheiros desceram de Sierra Maestra e tomaram Havana. Já havia atingido a maioridade quando do fiasco da invasão americana na Baía dos Porcos e acompanhei, como jovem aspirante à diplomacia, a crise dos mísseis. Por uma coincidência que não deixa de ser curiosa, minha passagem pelo cinema, como "continuísta" de *Os cafajestes*, de Ruy Guerra, teve também uma marca cubana. A cena final do filme mostra o protagonista, interpretado por Jece Valadão, se afastando de um carro sem combustível, enquanto o locutor de um jornal radiofônico anuncia o voto de San Tiago Dantas na Conferência de Punta del Este, contrário à suspensão de Havana da Organização dos Estados Americanos[1].

Quase duas décadas mais tarde, como presidente da Embrafilme[2] (1979-1982), eu daria uma pequena contribuição à distensão das relações entre o Brasil, ainda sob a ditadura militar, e o regime cubano. Consegui, por meio de uma articulação com o então chefe da Casa Civil, o todo-poderoso Golbery do Couto e Silva, uma autorização para que a Embrafilme enviasse um representante comercial, o cineasta Nei Sroulevich, ao festival de cinema de Havana, com várias películas brasileiras debaixo do braço. Antes, filmes brasileiros haviam participado por meio de canais heterodoxos, via terceiros países. Na época, achei, com certa imodéstia, que podíamos estar inaugurando, com aquele gesto, o equivalente à diplomacia do pingue-pongue que Kissinger usara na aproximação entre Washington e Beijing[3].

---

1 O chanceler brasileiro, depois de um brilhante discurso de improviso, se absteve na votação promovida pelos EUA. Na prática, a abstenção significava um voto negativo, uma vez que as regras da "Reunião de Consulta" exigiam 2/3 de votos afirmativos.

2 Empresa Brasileira de Filmes, criada durante a ditadura, que sofrera reformulação importante em 1975. Durante a gestão do meu antecessor, e a minha própria, foram produzidas muitas películas de caráter crítico. A liberdade concedida aos cineastas de certa forma fazia parte da estratégia de abertura do general Golbery do Couto e Silva.

3 A historiadora Claudia Furiati, mulher do cineasta, relatou o episódio em *Confissões de um reatamento: a história secreta do reatamento de relações entre Brasil e Cuba* (Niterói Livros, 1999). Valendo-se da obra de Furiati, Gustavo Bezerra assim relata o episódio: "[Em 1979], uma delegação de cineastas brasileiros, chefiada pelo produtor Nei Sroulevich, foi a Havana para participar do I

Minha primeira visita a Cuba só viria a ocorrer, porém, no governo de José Sarney. Em 1988, acompanhei o ministro da Ciência e Tecnologia, Luís Henrique da Silveira, em uma viagem a Havana que renderia importantes frutos para a cooperação bilateral, sobretudo na área de remédios e vacinas. Tive, então, o meu primeiro contato direto com o comandante Fidel Castro, que nos recebeu por longo tempo, durante uma madrugada. Fidel falou sobre as batalhas travadas em Angola contra tropas sul-africanas, em pleno *apartheid*, e discorreu sobre os problemas da América Central, em especial a Nicarágua. Comentou a semelhança de posições com o Brasil, mesmo na época da ditadura militar, em temas de natureza econômica[4]. Mas o que mais chamou a nossa atenção foi verificar como o líder cubano se mantinha atualizado sobre o que ocorria em nosso país. Logo que chegamos, surpreendeu-nos com a informação de que Brasília acabara de suspender a moratória no pagamento da dívida externa, fato que todos nós, inclusive o ministro, ignorávamos. Após quatro horas de intensas conversas – na realidade, praticamente um monólogo – Fidel se despediu da comitiva brasileira. O embaixador de Cuba em Brasília, que nos acompanhava, informou: "agora ele vai treinar um pouco de basquete".

Eu voltaria a Cuba seis anos depois na qualidade de ministro das Relações Exteriores do governo do presidente Itamar Franco. Nos anos que se seguiram à queda do muro de Berlim e à dissolução da União Soviética, Cuba se ressentiria de um forte isolamento. Na América Latina, mesmo governos moderadamente reformistas, como o de Rafael Caldera, na Venezuela, resistiam às tentativas de abertura em relação ao regime cubano. Havia, porém, alguns movimentos em favor de uma maior distensão. Fidel Castro tinha estado no Brasil em duas ocasiões recentes: em 1992, participou da Conferência das Nações Unidas para o Meio Ambiente e Desenvolvimento (Rio-92). No ano seguinte, já no governo Itamar Franco, veio à Cúpula Ibero-americana realizada em Salvador, na Bahia. Nessa época, eu era secretário-geral, indicado pelo embaixador José Aparecido de Oliveira, designado por Itamar como chanceler, mas que nunca assumiu o cargo, por motivos de saúde. Luiz Felipe Lampreia era o ministro interino e foi quem acompanhou o nosso presidente ao encontro.

Festival do Novo Cinema Latino-Americano. Tratou-se da primeira visita realizada à ilha, em caráter oficial, autorizada pelo presidente Figueiredo, feita por iniciativa de Celso Amorim, então presidente da Embrafilme (e futuro chanceler), embora, na ocasião, o grupo tenha embarcado sem vistos (não sabiam se voltariam). A viagem rendeu frutos: Alfredo Guevara, presidente do Instituto Cubano de Arte e Indústria Cinematográfica (ICAIC), comprou quatro filmes brasileiros por US$ 20 mil, inclusive o ganhador do festival, *Coronel Delmiro Gouveia*, de Geraldo Sarno".

4   O comentário de Fidel foi provocado por uma lembrança minha de uma reunião da CEPAL (Comissão Econômica para a América Latina e Caribe) sobre ciência e tecnologia ocorrida em Quito, em 1972. À época, os diplomatas brasileiros estavam proibidos de manter contato com seus colegas cubanos. Isso não impediu que o chefe da nossa delegação, Miguel Osório de Almeida, se coordenasse com seu correspondente de Cuba, o veterano revolucionário Carlos Rafael Rodríguez.

"É um gesto para a América Latina"

No ano seguinte, como ministro das Relações Exteriores, participaria, com o presidente Itamar Franco, da Cúpula Ibero-americana, em Cartagena das Índias, na Colômbia. Itamar, de origem do velho PTB e admirador de Alberto Pasqualini, tinha uma natural predisposição ao diálogo, e provavelmente nutria mesmo admiração pelo líder cubano. Esse fato já ficara claro no discurso que o presidente brasileiro pronunciou na abertura da Assembleia Geral da OEA, que se realizara meses antes em Belém do Pará. Em Cartagena, o ambiente não poderia ser mais desfavorável a Fidel Castro, com o presidente Carlos Menem liderando o coro de críticas. De alguma forma, percebi o desconforto de Itamar e seu desejo de expressar uma posição diferenciada. Rapidamente, rabisquei umas linhas com a caligrafia mais legível que conseguia e passei um papelucho ao presidente, que leu a declaração sem nenhuma modificação. Essencialmente se propunha uma política de "mão estendida" em lugar da confrontação estéril. Durante anos, conservei uma cópia desse manuscrito, cujo original fora zelosamente guardado pelo embaixador Fernando Reis, então subsecretário político do Itamaraty. A linha construtiva assumida por Itamar foi obviamente apreciada pela delegação cubana. O ministro Roberto Robaina, ao esbarrar comigo na saída do encontro, não poderia ser mais eloquente: *"Ustedes son los únicos que tienen cojones!"*.

Devido a um fato estranho à Conferência (a inesperada morte de um sobrinho de Itamar) tivemos que deixar Cartagena de forma precipitada. A atitude brasileira e o impacto que tivera entre os cubanos continuou a ser objeto de comentários e reflexões com os meus principais assessores. Em uma viagem a bordo de um HS da FAB, meu chefe de gabinete, Afonso Ouro Preto, foi enfático ao recomendar uma visita oficial minha a Havana. Não seria essa a primeira viagem de um chanceler brasileiro a Cuba após a redemocratização[5]. Mas, realizada durante a Copa do Mundo dos Estados Unidos, em julho de 1994, ela não deixaria de ser especial. Em uma anotação feita anos depois, em Genebra, relembro os principais aspectos da visita.

4/8/1999 Hoje recebi o embaixador dos Estados Unidos para assuntos do TNP[6], Norman Wolf. A conversa durou mais de uma hora e ter-se-ia estendido ainda mais, não tivesse eu que interrompê-la em função de outro visitante que já estava esperando há algum tempo. O tema principal era a preparação da Conferên-

---

5   Em 1987, o chanceler Abreu Sodré foi a Cuba, na esteira do reatamento de relações diplomáticas com o país, que haviam sido rompidas no contexto do golpe de 1964.

6   Tratado de Não Proliferação de Armas Nucleares. Em 1998, no governo FHC, o Brasil havia aderido ao Tratado.

cia de Revisão, as posições do Brasil etc... Mas o diálogo envolveu vários outros aspectos correlatos, desde percepções sobre desarmamento nuclear (expressei a opinião de que os Estados Unidos podem estar perdendo uma janela de oportunidade de promover a eliminação de armas atômicas, que passavam a interessar mais a outras potências, como a Rússia) e até ao Iraque (o embaixador quis saber da minha opinião, à luz dos painéis[7]). Em certo momento falamos de Cuba. Contei-lhe da minha experiência como ministro, quando levei a carta do presidente Itamar Franco a Fidel sobre a adesão a Tlatelolco[8]. Relatei-lhe como o meu diálogo com o líder cubano havia ocorrido, em boa parte, diante da câmara da TV Globo, na entrevista que o Paulo Henrique Amorim ("no relation") fez após o jogo Brasil-Holanda, a que Fidel veio assistir em nossa Embaixada[9]. Eu já havia conversado brevemente a sós com Fidel Castro, antes da partida, mas foi durante a entrevista filmada para o Fantástico que o meu interlocutor deu sinais de que poderia vir a sensibilizar-se com a "démarche" que eu estava fazendo, em nome do presidente Itamar.

As coisas se passaram mais ou menos assim: Paulo Henrique fez algumas perguntas sobre a partida (que felizmente o Brasil ganhou de forma emocionante, com o gol decisivo de Branco) às quais o comandante respondeu algo desajeitadamente, mas de forma simpática. Em seguida, o jornalista referiu-se à carta de Itamar, mencionando especificamente a solicitação de que Cuba aderisse ao Tratado de Tlatelolco. Quis saber qual a reação de Fidel. Foi então que se deu o diálogo interessante (com a câmera rodando). Fidel respondeu inicialmente de forma evasiva, assinalando não ser aquele "o momento de fazer uma concessão dessa ordem aos Estados Unidos". De modo algo atrevido, interrompi o discurso daquela figura oracular: "Comandante, não se trata de uma concessão aos Estados Unidos. É um gesto para a América Latina". Fidel, que deve ter ficado surpreso com a minha ousadia, fez uma breve pausa e disse: "Quizás el Canciller tenga razón". Um amigo meu, ex-presidente da FINEP, Fabio Celso Macedo Soares, comentaria que aquele fora um momento exemplar de diplomacia pública!

Cerca de dois meses depois, eu receberia o ministro do Exterior cubano, o jovem e "flamante" Roberto Robaina, no Rio de Janeiro. Robaina era portador de uma carta de Fidel Castro a Itamar Franco, na qual anunciava que Cuba decidira assinar o Tratado, o que efetivamente ocorreu poucos meses depois.

O embaixador Wolf ficou muito interessado no assunto, pois, mesmo sabendo que Cuba não constitui, no momento, ameaça neste campo, era impor-

---

7   Ver especialmente o capítulo "Primeiros passos: Iraque", em *Breves narrativas diplomáticas* (Benvirá, 2013).

8   Refiro-me ao Tratado para a Proscrição de Armas Nucleares na América Latina, firmado em Tlatelolco, no México.

9   Este episódio está relatado também pela ótica do jornalista em: AMORIM, Paulo Henrique. *O quarto poder: uma outra história*. Hedra, 2015.

tante, do seu ponto de vista, assegurar que todos os países da América Latina e Caribe aderissem ao Tratado, "colocando-o totalmente em vigor". Perguntou se não poderíamos seguir nessa linha para obter que Cuba o ratificasse, o que até hoje não ocorreu (creio, em larga medida porque, na atual gestão, o tema foi abandonado pelo Itamaraty)[10]. Esquivei-me de uma resposta direta, e disse ao embaixador Wolf que este era um assunto para Madeleine Albright tratar com quem de direito.

A viagem a Cuba foi um dos momentos mais interessantes e criativos da diplomacia brasileira em minha relativamente curta gestão. Além de Tlatelolco, a carta de Itamar mencionava a questão dos direitos humanos, no contexto de melhor inserção de Cuba na comunidade internacional. Referindo-se à necessidade de "substituir a estática da confrontação pela dinâmica do diálogo", a carta sugeria que Cuba fizesse algum gesto em relação ao tema, aprofundando a linha que eu já explorara, quando de minha primeira estada como embaixador em Genebra, entre 1991 e 1993, com o vice-chanceler Raúl Roa Kouri. Minha argumentação poderia ser resumida de modo muito simplista, na frase: "ajuda-te que eu te ajudarei". Não abordei a questão dos direitos humanos diretamente com Fidel, mas o tema esteve presente na maioria das minhas conversas em Havana. Evitei postura condenatória ou intervencionista. Ao contrário, procurei falar como um amigo realmente interessado em contribuir para retirar Cuba do isolamento. Até mesmo Raúl Castro[11], com quem estive longamente, ouviu comentários meus sobre liberdade de imprensa (também captados pela TV brasileira), mas o chanceler Roberto Robaina foi a pessoa com quem abordei o tema mais a fundo (ele era o lado "light" da liderança cubana).

Pouco antes de minha partida, Robaina me adiantou que o governo havia tomado a decisão de convidar o embaixador Ayala Lasso, alto comissário das Nações Unidas para Direitos Humanos, a visitar Cuba. Obviamente, era um gesto importante, que, certamente já estava em consideração, mas o "timing" do anúncio, não tenho dúvidas, levava em conta a minha presença em Havana e o desejo cubano de que a atitude do Brasil, de romper o virtual bloqueio diplomático da ilha, fosse, de alguma forma, "recompensada". Os cubanos devem ter chegado à conclusão de que isso "legitimaria" a nossa atitude de aproximação em relação a Havana junto a setores mais conservadores da sociedade brasileira. Assim, devidamente autorizado por Robaina, na entrevista coletiva que dei à imprensa no

---

10 Cuba ratificaria o Tratado de Tlatelolco em 23 de outubro de 2002.

11 Na época, o irmão mais novo de Fidel era um poderoso ministro da Defesa. Com Raúl, tratei também da adesão a Tlatelolco. Sobre este ponto, meu interlocutor foi categórico: "isso é com o meu irmão, '*el de barba*'". Raúl Castro fez uma longa apresentação, inclusive com exibição de filme, sobre o sistema de defesa cubano, baseado nos "grupos de bairro". Meu chefe de gabinete, Affonso Ouro Preto, interpretou esse gesto como desejo de mostrar a confiança de Cuba no Brasil e em seu chanceler.

dia da minha partida, anunciei a decisão do Governo cubano. Algo pouco usual para um dignitário estrangeiro! A visita de Ayala Lasso realizou-se no ano seguinte e foi vista como muito positiva. Os dois casos ilustram o que pode obter o engajamento construtivo.

Durante a minha segunda gestão como embaixador em Genebra, ocupei-me bastante da questão dos direitos humanos. Foi nessa época que surgiu a ideia de um "relatório global" sobre o tema. Seria uma maneira de tratar da questão de forma menos politizada. Em março de 2000, em uma nota sobre a Comissão de Direitos Humanos, refiro-me, apenas *en passant*, à situação de Cuba. Dada a centralidade do tema nas discussões sobre nossas relações com Havana, penso que vale a pena transcrevê-la na íntegra, uma vez que ilustra o meu pensamento antes de ter voltado a exercer o cargo de ministro.

28/3/2000 Nada de muito novo. Propus (e Brasília aceitou) resolução sobre incompatibilidade entre democracia e racismo, a ser apresentada na sessão em curso da CDH. O racismo e a xenofobia são ameaças reais e a desculpa de que partidos com tais tendências chegaram ao poder pelo voto deve ser atacada de frente. Por outro lado, a iniciativa é uma oportunidade de demonstrar posição afirmativa em direitos humanos. Mesmo não estando nós próprios isentos de problemas na questão do racismo, temos autoridade para falar.

Quando ministro, tratei da questão de direitos humanos algumas vezes, mas a principal contribuição que creio haver dado foi, na sequência dos massacres da Candelária e dos Ianomâmis[12], ter dito que o nosso principal problema era a impunidade. Valeu-me uma das "frases da semana" do *JB*, mas, mais importante: foi, que eu saiba, a primeira vez que uma autoridade do primeiro escalão abordou de frente o tema da impunidade. A minha frase foi pronunciada na sequência de uma reunião da CDDPH[13], no Ministério da Justiça. Por um momento, tive dúvidas se não causaria reações mesmo dentro do governo. Afinal, a ideia foi absorvida e hoje o próprio presidente FHC se tem referido à impunidade como um mal a ser combatido. Desde a minha estada anterior em Genebra, já havia assinalado a questão (em função de Carandiru e outros episódios), mas apenas no âmbito das comunicações com o Itamaraty.

O tema dos direitos humanos surgia também com frequência em conversas bilaterais (já me referi a Cuba, que era uma situação especial). Nossos visitantes

---

12 Em julho de 1993, na região da Igreja da Candelária, no Rio, oito jovens em situação de rua foram assassinados e muitos ficaram feridos. No mesmo ano, o episódio conhecido como "massacre de Haximu" diz respeito à morte de indígenas Ianomâmi por garimpeiros, em região próxima à fronteira do Brasil com a Venezuela.

13 Conselho de Defesa dos Direitos da Pessoa Humana.

e/ou anfitriões se sentiam na obrigação de abordar nossas mazelas. Um episódio interessante foi o da minha conversa com Klaus Kinkel, que visitou o Brasil ainda em 93 – visita que retribuí por volta de abril de 94. Em certo momento das nossas discussões e depois de alguns rodeios, em que disse sentir-se constrangido por ter de tratar de temas delicados, Kinkel ventilou a questão das crianças e dos índios. Talvez para surpresa dele, abordei as questões com naturalidade, apontando eu próprio nossas falhas e os esforços para corrigi-las. Mas, não deixei, antes de passar para outro tópico, de abordar a questão do racismo na Europa e perguntei a Kinkel porque a Alemanha não havia recebido, até aquele momento, o relator da CDH sobre xenofobia. Kinkel registrou o golpe, mas teve capacidade de encarar estes inesperados questionamentos de maneira objetiva. Disse que também ele achava que era um erro não receber o relator e que o governo alemão estava dando passos nesse sentido. Embora o objetivo das conversas sobre o tema não fosse marcar pontos, já que o importante era corrigir os problemas, não deixou de dar pequena dose de satisfação encontrarmo-nos (como Brasil) no "high moral ground" em relação a um país europeu, pelo menos em um aspecto. Agora, pode passar-se o mesmo na CDH.

Retomo o tema da Comissão de Direitos Humanos a propósito de uma visita que fiz ao secretário-geral da ONU, Kofi Annan, em uma de suas passagens por Genebra. Na nota, há uma breve referência a uma questão muito presente na mídia, a do menino Elián González[14].

5/4/2000 [...] Falamos rapidamente da Assembleia do Milênio (deu-me uma cópia do documento preparado pela secretaria) e da CDH. Mencionei a nossa resolução sobre incompatibilidade entre racismo e democracia. Kofi Annan interessou-se e pediu para guardar uma cópia. "Você é um ativista", comentou. Disse-lhe também que o que eu propunha casava bem com o seu discurso, feito na manhã do mesmo dia, na CDH. [...] passamos à eleição americana. Kofi acha que Gore ganhará, a menos que surjam imprevistos. (A propósito da campanha, fez referência à exploração da situação do menino cubano, Elián González). Fez (ou reproduziu) interessante observação sobre Bush, que não seria inteligente o bastante para enfrentar os debates. "The sun never rises for this guy".

---

14 Elián González havia sido resgatado de um bote à deriva na costa norte-americana, após tentativa de emigração de Cuba para os Estados Unidos. Como sua mãe havia falecido durante a travessia, Elián ficou aos cuidados do tio na Flórida, e seguiu-se uma disputa legal sobre sua custódia e retorno para Cuba. O caso teve grande repercussão midiática, sobretudo por envolver declarações de Fidel Castro e de autoridades norte-americanas a respeito.

Em nota de 8 de abril, Cuba volta a aparecer, desta vez em função de sua presença extrarregional, a propósito de um encontro com o então ministro israelense Shimon Peres.

8/4/2000 [...] Eu voltaria a ver Peres na cerimônia de assinatura do Acordo de Paz entre a Jordânia e Israel no deserto de Akhaba, para a qual eu, como chanceler brasileiro, fui a única autoridade latino-americana presente (convidado por ambos os lados). Fiz questão de atender ao convite (como o que veio em seguida para conferência de Casablanca), entre outras razões, para deixar marcada a singularidade do Brasil, como único país latino-americano de forte projeção extrarregional, à exceção de Cuba.

O reconhecimento da influência de Cuba sobre temas globais transparece também em uma longa reflexão sobre a reforma do Conselho de Segurança que enviei de Genebra ao Ministério das Relações Exteriores, em abril de 2000, ao analisar as posições de países latino-americanos e caribenhos:

19/4/2000 [...] Cuba apoia a Índia e defende membro permanente latino-americano [sem especificar].

O empenho pela reintegração de Cuba no convívio latino-americano ou mesmo continental transparece em algumas outras anotações da época. Em um registro de 2/11/2000 sobre os meus esporádicos contatos telefônicos com o presidente Fernando Henrique Cardoso (já que minha interlocução com o governo se dava normalmente por meio da Chancelaria), menciono como um fato positivo a ser estimulado a conclamação feita por Cardoso ao receber o prêmio príncipe das Astúrias à "reintegração de Cuba". Diferenças de posição com Washington nesse particular são também assinaladas, bem como um relativo incômodo que nos causava a convocação de uma Cúpula das Américas pelo presidente Clinton que se realizaria justamente na capital da oposição a Havana, Miami.

Em 16 de maio de 2002, a propósito de uma conversa com Laura Tyson, diretora da London Business School, que fora chefe da assessoria econômica do presidente dos Estados Unidos, relembrei diálogos mantidos com o secretário de Estado Warren Christopher, o assessor de segurança Tony Lake e o vice-secretário de Estado Strobe Talbott. Reproduzo dois trechos em que Cuba é mencionada:

16/5/2002 [...] A conversa mais longa e profunda que tive com Strobe Talbott foi por ocasião da Assembleia Geral da OEA, em Belém do Pará. Aliás, durante a Assembleia o presidente Itamar e eu próprio – de forma mais explícita – fizemos acenos de aproximação em relação a Cuba, em linha similar à do então secretário-geral, o brasileiro Baena Soares e, curiosamente, o Canadá. [...] Conversamos sobre a projetada "Cúpula das Américas", ideia muito acariciada pelo presidente Clinton e que víamos [no governo Itamar] sem grande entusiasmo, mas também sem oposição frontal. A força de atração de qualquer iniciativa norte-americana é sempre muito grande na América Latina e, neste sentido, um fator de "distração" em relação a outros processos em que estávamos empenhados (Mercosul/ALCSA). Em resumo, Talbott queria assegurar-se de que o Brasil teria uma atitude cooperativa. Tranquilizei meu interlocutor a esse respeito. Não deixei de abordar francamente nossas prioridades e, também, a nossa visão de como deveria desenrolar-se a preparação da Cúpula. Afora a questão de Cuba – obviamente excluída da Cúpula, que se realizaria em Miami (!) – tínhamos diferenças sobre o processo de negociação.

25/5/2002 A leitura dos jornais, hoje, despertou em mim a possibilidade de artigos sobre alguns temas: a visita de Carter a Cuba; um relatório da OXFAM sobre OMC e países em desenvolvimento, a chegada, em breve, de Supachai à OMC. [...]

No que toca a Carter e Cuba, poderia recordar a minha própria visita, inclusive o interesse de William ("Bill") Perry em conhecer a minha opinião. Perry, então secretário de Defesa dos Estados Unidos, visitou o Brasil pouco depois da minha viagem a Havana, em julho de 1994. Deixou este ponto da conversa para a hora do almoço (evitando assim os "note-takers"). Transmiti a Perry minhas impressões; enfatizei as vantagens do engajamento. Os Estados Unidos vinham seguindo a política de isolamento havia trinta anos, sem resultado. Se não houvesse mudança, o provável é que continuasse tudo na mesma. Ou pior: se Washington fosse "bem-sucedida" e lograsse uma alteração de poder em Cuba (por via de um golpe, invasão a partir de Miami, ou algo parecido) causaria um trauma não só em Cuba, mas na América Latina e Caribe. Perry disse que havia muitas pessoas que pensavam assim, mas a maioria (dos que detinham influência em Washington) ainda era a favor do embargo. O diplomata de desarmamento, Norman Wolf, viria a interessar-se, anos depois, pelos nossos esforços com relação a Tlatelolco e perguntou por que não haviam continuado. Estes sinais esparsos demonstram que poderíamos ter um papel positivo numa transição não traumática em Cuba.

A questão de Cuba voltaria a figurar em conversas com Brasília, mescladas com outros temas de interesse mais imediato. Valia-me frequentemente destes para abordar assuntos sobre os quais queria emitir opiniões. Um desses assuntos era Cuba.

31/5/2002 Enviei fax ao ministro sobre a questão da tarifa de base para ALCA. Não acusou recebimento. Seria o caso de fazer um telegrama? Afinal a questão é relevante para as negociações Mercosul-UE. Imagino que o mesmo princípio tenha sido adotado.

Sobre Cuba, falei com o presidente (no contexto de um telefonema sobre outro assunto), estimulando-o a visitar a ilha. Disse que pensava fazê-lo e recebeu bem a minha oferta de mandar-lhe um breve texto.

Já que minha posição como embaixador em Londres inibe, de certo modo, a participação em debate público, vou atuando como posso.

5/6/2002 O ministro acusou recebimento, por telefone, dos meus dois "faxes". Quanto a Cuba, disse que iria com a Ruth Cardoso. Obviamente, não é a mesma coisa. Mandei cópia do fax sobre o assunto ao presidente. Vamos ver...

Essas duas anotações – as últimas em que Cuba é mencionada nos meus cadernos de Genebra/Londres – ilustram como eu procurava, na medida do possível, influenciar o governo a avançar na questão cubana. As referências a Cuba nesses cadernos tratam de reminiscências do período em que fui chanceler de Itamar Franco ou de fatos da época em que escrevi os registros. Não há menção nesses cadernos aos anos em que fui embaixador junto às Nações Unidas em Nova York, à exceção de uma rápida alusão à posição de Cuba no debate sobre a reforma da ONU. Assinalei, a propósito, que Havana, em certo momento, apoiara a inclusão, como membros permanentes, da Índia e de um país latino-americano não identificado. Tal atitude se explica provavelmente pelo desejo cubano de não criar arestas com outros países da região, notadamente o México, o qual, vale lembrar, fora o único país latino-americano a jamais romper com Havana, mesmo no período de maior isolamento. Meu diálogo com o embaixador de Cuba, Bruno Rodríguez, que anos mais tarde foi alçado ao posto de ministro de Relações Exteriores, era bastante intenso. Nesse período (1995-1999), as relações entre Washington e Havana se deterioraram fortemente, jogando por terra eventuais expectativas sobre uma atitude mais aberta do governo Clinton. Várias vezes abordei o tema com meu colega cubano, que parecia ver esse fato com relativa naturalidade. Cheguei mesmo a formar a impressão (possivelmente errada) de que, ao aparelho estatal cubano, as restrições econômicas impostas pelo governo norte-americano eram de alguma utilidade, servindo para cimentar a unidade nacional em torno da liderança revolucionária. Ao mesmo tempo, crescia entre os membros da ONU o repúdio ao embargo imposto por Washington.

No período entre minhas duas gestões à frente do Ministério das Relações Exteriores, mantive sempre estreito relacionamento com os representantes cubanos, tanto na ONU quanto em Genebra. Recordo-me especialmente de um episódio ocorrido pouco antes de uma visita do então ministro do Exterior brasileiro, Luiz Felipe Lampreia, a Havana. Lampreia, aproveitando uma viagem aos Estados Unidos, teve uma longa conversa comigo, buscando informações e impressões derivadas da minha visita de 1994, que, segundo ele mesmo expressou, "fora exitosa". Relatei ao ministro os vários momentos daquela visita, as conversas com Roberto Robaina, com o vice-presidente Carlos Lage, com Raúl Castro e com o próprio Fidel. Mencionei, naturalmente, as gestões que fiz, com sucesso, sobre a adesão de Cuba a Tlatelolco e sobre direitos humanos. Para preparar melhor o terreno, tive também um longo diálogo com meu colega e representante permanente, o já mencionado Bruno Rodríguez. Afinal, tudo foi de pouca valia, pois Lampreia, contrariando totalmente a expectativa que gerara, iniciou a visita com um encontro com um grupo de dissidentes, talvez (não tenho como confirmar) por influência de Washington. Como resultado, o chanceler brasileiro não teve o esperado encontro com o presidente Fidel Castro, e a relação com Cuba esfriou.

Como já anotado em outros capítulos deste livro, minhas anotações durante os primeiros 18 meses do governo Lula são bastante rarefeitas. Não pretendo suprir esta lacuna pela reprodução de comunicados oficiais que, especialmente no caso de Cuba, teriam pouco significado. Creio importante assinalar, porém, que, como é sabido, existia um relacionamento histórico entre o Partido dos Trabalhadores e dirigentes cubanos. Isso fez que, de alguma forma, meu papel no período inicial do governo ficasse bastante circunscrito. Essa situação se modificaria com o tempo, à medida que a liderança cubana foi-se apercebendo da capacidade da chancelaria de tornar propostas e intenções em realidades concretas. As expressões de simpatia retórica cederiam lugar a abordagens pragmáticas, como foi o caso da postura brasileira em relação à crise da Venezuela[15].

Fidel Castro compareceu à posse do presidente Lula. Estendeu sua presença em Brasília com mais um dia, o que permitiu um grande jantar no ambiente mais informal da Granja do Torto. Foram conversas genéricas, em que Fidel demonstrou seu conhecimento detalhado de aspectos técnicos da produção agrícola, entre outros. Não guardo lembrança de algo mais substancioso. A mídia brasileira não deixou de destacar a "distinção" de tratamento dispensada ao líder cubano. Alguns veículos chegaram, erradamente, a dizer que tinha sido o primeiro mandatário a ser recebido por Lula, ignorando o jantar no Palácio da Alvorada, no próprio dia da posse, com o presidente Alejandro Toledo[16]. Como eram numerosos os convidados, é difícil dizer se alguma conversa mais significativa terá ocorrido nessa ocasião. Na minha lembrança, a primeira conversa realmente digna de nota entre Lula, já na presidência, e Fidel foi a que ocorreu em Quito, quando da posse do presidente Gutiérrez.

---

15 O papel de Fidel Castro na relutância de Chávez em aceitar a criação do "Grupo de Amigos" está descrito com algum detalhe em *Breves narrativas diplomáticas*, op. cit.

16 V. capítulo sobre o Peru em *Laços de confiança: o Brasil na América do Sul*, op. cit.

Como relatei em um dos capítulos de outro livro[17], Fidel tentou, sem sucesso, demover Lula da intenção de criar o Grupo de Amigos. O fato não deixa de ser significativo do contexto das relações Brasil-Cuba, uma vez que marcou a posição de um presidente brasileiro recém-eleito que demonstrou saber distinguir perfeitamente seu papel atual de chefe de Estado de sua situação anterior de líder sindical de esquerda.

Lula faria sua primeira viagem oficial a Cuba ainda em 2003, na volta da Assembleia Geral da ONU e após uma breve passagem pelo México. Refiro-me a essa visita muito sucintamente em uma anotação bastante genérica (como, de resto, costumavam ser todas as minhas notas nesse período). Transcrevo-a na íntegra, pois isso permite inserir a viagem no contexto geral das ações de política externa daquele período.

01/10/2003 Na esteira de Cancún, a política externa brilhou ainda com mais intensidade com a presença do presidente na ONU. Além de seu carisma pessoal e da força da mensagem contida no seu discurso, Lula inovou, convidando Kofi Annan para almoço com cerca de dez líderes na segunda-feira – véspera do debate geral. Foi feito inédito: estavam lá Jacques Chirac, o presidente da UE (Silvio Berlusconi, – hélas!), Olusegun Obasanjo da Nigéria, Alejandro Toledo, do Peru, o primeiro-ministro dos Países Baixos e o presidente da Ucrânia. Faltou apenas um asiático – o que foi amplamente compensado pelo jantar da cúpula do G-3 na quarta-feira[18]. Bons encontros com Schroeder, Putin e o próprio Chirac. E ainda houve o evento centrado no combate à fome com Kofi Annan, na última manhã (quinta-feira).

A viagem rápida ao México contribuiu para amenizar um pouco as esperadas reações à visita a Cuba, que já sabíamos receberia críticas. Em Havana, Lula encontrou-se com representantes da Igreja Católica e transmitiu preocupações humanísticas. Não houve manifestações públicas.

Não participei de todos os encontros. Por exemplo, na conversa com Fidel, Lula foi acompanhado por José Dirceu, enquanto eu me reunia com o ministro do Exterior e outros altos funcionários sobre temas do relacionamento corrente (comissões mistas, grupos técnicos etc.). Nunca fiquei sabendo se a iniciativa de manter a conversa entre os dois líderes restrita ao plano, por assim dizer, político-partidário teria partido dos próprios cubanos, hipótese que considero a mais provável. Seja como for, Lula acedeu a essa solicitação, fato que se reproduziu pouquíssimas vezes (duas ou três, no máximo, ao longo dos

---

17 Cf. *Breves narrativas diplomáticas*, op. cit.

18 "G-3" é como então nos referíamos ao grupo IBAS. Ver "IBAS: a nova geografia política" in: *Breves narrativas diplomáticas*, op. cit.

oito anos da sua presidência). Um encontro de que guardo mais nítida lembrança foi com o cardeal de Havana. Versou sobre temas humanitários. Além de Dirceu, estava presente também Frei Betto. Foram tratados temas relacionados com Direitos Humanos e problemas humanitários, mas de forma muito genérica. Minha expectativa de que o nosso presidente pudesse abordar, ainda que de leve, a questão dos dissidentes presos – o que ajudaria muito a "limpar a barra" com a mídia brasileira – não se concretizou. A visita se caracterizou por um clima celebratório de amizade, culminando com banquete em amplo terraço do palácio de recepção. Não faltou, inclusive, uma nota artística: durante o jantar, assistimos a uma apresentação do aclamado Ballet Nacional de Cuba, de Alicia Alonso.

Cuba só voltaria a aparecer nas minhas esparsas anotações em um comentário sobre palestra em torno de San Tiago Dantas, a convite de Marcílio Marques Moreira[19]. Transcrevo trecho:

26/9/2004 A propósito da tentativa de impor sanções contra Cuba, o nosso grande ministro defendeu, de forma simples, clara e convincente, os princípios da não intervenção e da autodeterminação.

Mero acidente biográfico, sem dúvida, aquele momento marca para mim a ligação entre o Cinema Novo, ao qual estava vinculado, e a Política Externa Independente, que serviu – conjugada a outros fatores estritamente pessoais – de inspiração para que eu me interessasse pela carreira diplomática. [...] Seria necessário longo tempo para que ambos – o cinema e a política externa – reemergissem do monstruoso entulho gerado pela intolerância e o obscurantismo [com o golpe de 1964].

Em nota de 28 de setembro de 2004, fiz menção à visita de Lula a Santiago e às conversas com o presidente Lagos. Ao rememorar a evolução positiva do governo chileno em relação a vários temas de interesse do Brasil, destaquei a referência, feita no comunicado sobre a visita, à possibilidade de diálogo entre o Grupo do Rio e Cuba. Seria, sem dúvida, um movimento inovador, mas o texto da minha anotação revela a cautela com que eu próprio o encarava. Cerca de um mês antes, em encontro ministerial do Grupo do Rio em Brasília, eu havia levantado essa possibilidade, que não obteve consenso naquele momento. Alguns países centro-americanos não se sentiram confortáveis. Foi o suficiente para que a mídia brasileira classificasse o episódio como uma "derrota diplomá-

---

19 Marcílio fora assessor de San Tiago no período em que o grande brasileiro foi ministro da Fazenda de João Goulart. Como curiosidade, assinalo que, vinte anos antes, Marcílio me havia convidado a assistir um evento comemorativo do 20o aniversário de falecimento de San Tiago. Foi aí que fui apresentado a Renato Archer, com quem viria a trabalhar no Ministério da Ciência e Tecnologia.

tica" do Brasil. Segundo relato jornalístico da *Folha de S.Paulo*, de 21 de agosto de 2004, assim eu teria abordado a questão para a imprensa: "'Alguns [países] consideraram que o tema seja sensível e que eram necessárias mais consultas. Eu diria que não foram muitos', afirmou o chanceler Celso Amorim, após o encerramento da reunião [...]. Anteontem, Amorim fez a proposta dizendo que era preciso 'reinserir Cuba no seio da família latino-americana'. 'Queremos ter um diálogo mais amplo e permanente sobre as questões do continente para que elas sejam resolvidas pelo diálogo, pela conciliação e pela paz.' [...] O Peru e a Argentina deram apoio à proposta. 'Houve uma primeira quebra de gelo sobre Cuba', disse Amorim". Como tantas vezes ocorre na diplomacia – e na vida –, "o erro é um momento da verdade"[20]. Quatro anos depois, Cuba seria formalmente admitida no Grupo do Rio, durante as chamadas "multicúpulas"[21] (na expressão do jornalista Clóvis Rossi), realizadas em Sauípe, no litoral da Bahia, em dezembro de 2008.

Confiança na orientação do Itamaraty

Em fevereiro de 2005, o ministro das Relações Exteriores de Cuba visitou o Brasil:

5/2/2005 Anteontem, foi a vez do Felipe Pérez Roque, o jovem e duro ministro cubano[22]. Na conversa que tivemos, foi logo expressando simpatia (ou apoio?) ao Brasil no Conselho de Segurança, o que foi devidamente noticiado pelos jornais (*O Estado de S. Paulo* sempre com alguns senões). Mas nosso diálogo privado, que durou cerca de 90 minutos, foi essencialmente sobre a Comissão de Direitos Humanos da ONU. Na audiência com o presidente Lula, à tarde, retomou o mesmo tema, e voltou a fazê-lo, de forma mais ampla, no jantar que tivemos na casa do José Dirceu, no qual também estavam presentes o presidente e o Marco Aurélio Garcia. Em síntese, eu havia dito a Pérez Roque que, do ponto de vista da "justiça", não teria problema em votar contra a resolução (em vez de abster-nos, como vínhamos fazendo), até porque reconhecia plenamente seus argumentos sobre os propósitos políticos de Washington. Mas acrescentei que seria importante que os cubanos nos ajudassem com gestos que facilitassem a "apresentação" política [de uma mudança de posição] interna e externamente. Notei que Felipe Roque pare-

---

20 Conforme Georg Lukács citando Hegel na obra *História e consciência de classe* (1923).

21 Reuniões presidenciais do Mercosul, Unasul, Grupo do Rio e CALC (Cúpula da América Latina e Caribe, que precedeu a CELAC – Comunidade dos Estados Latino-americanos e caribenhos).

22 Anteriormente, em julho de 2003, o ministro Pérez Roque acompanhara o vice-presidente Carlos Lage, que veio a Brasília para preparar a ida de Lula a Havana.

cia pouco flexível a esse respeito, embora eu lhe tenha assinalado que gestos desse tipo haviam sido feitos por Cuba com relação à Espanha, no processo de distensão com a Europa. Marco Aurélio, segundo ele próprio me disse, teria falado na mesma linha em conversa privada que teve com Pérez Roque. O presidente, por sua vez, respondeu ao chanceler cubano dizendo que estudaria o assunto e me pediu que preparasse uma exposição para "coordenação política"[23].

Encontro hoje os cubanos mais duros que no meu período anterior como chanceler [na gestão Itamar Franco]. Em parte, sem dúvida, isso se devia à pressão e à implícita ameaça norte-americana. Em parte, também, ela se devia à expectativa de que o PT fizesse gestos graciosos [em relação à Havana]. O que [as autoridades cubanas] não compreendem é que não se trata de uma barganha conosco, mas com eles próprios, facilitando nosso esforço de retirá-los do isolamento.

Meus interlocutores cubanos se mostravam muito menos flexíveis na temática de direitos humanos do que quando da minha visita a Cuba em 1994. Como me foi explicitado em algum momento por Pérez Roque ou, possivelmente, pelo vice-presidente Ricardo Lage – considerado um "liberal" na época da minha visita, quando se encarregou das primeiras reformas econômicas –, esse "endurecimento" tinha a ver com o sentimento de que Cuba estava "sitiada". Com efeito, George W. Bush havia incluído Cuba entre os integrantes do "eixo do mal" e apontado Havana como "promotora do terrorismo". A conclusão lógica era que, mais cedo ou mais tarde, se tornaria alvo da "Guerra ao Terror". Apesar de ver alguma lógica nessa explicação, eu percebia também que as autoridades cubanas estavam menos abertas às minhas *démarches* em favor do diálogo por suporem que um governo do PT estaria inclinado a dar apoio incondicional a Havana. Afinal, havia relações históricas com vários membros do PT, como José Dirceu e com o próprio Lula. Era de certa forma natural a expectativa cubana, nesse contexto, de que o Brasil passasse a se opor e não apenas abster-se nas resoluções sobre Cuba na CDH, independentemente de qualquer gesto por parte de Havana. Dois meses depois da visita de Pérez Roque, naquela que viria a ser a última reunião da Comissão de Direitos Humanos antes de sua transformação em Conselho, o Brasil voltaria a abster-se, tendo inclusive o delegado brasileiro falado também em nome da Argentina, do Paraguai e da República Dominicana. Mais que nada, a manutenção da posição brasileira evi-

---

23 "Coordenação política" era o nome dado às reuniões, normalmente realizadas às segundas-feiras, do presidente com um número restrito de ministros. O chefe da Casa Civil (José Dirceu) e o ministro da Comunicação Social, entre outros, estavam sempre presentes. Eu era ocasionalmente chamado a expor assuntos internacionais com potencial repercussão na política interna. Não tenho registro de que o tema dos direitos humanos em Cuba tenha sido efetivamente tratado pela "coordenação política".

denciou a confiança do presidente da República na orientação do Itamaraty em assuntos de Estado, independentemente de simpatias ou contatos pessoais[24].

Vale notar, nesse período, a boa cooperação entre Cuba e Brasil nas negociações comerciais da Rodada de Doha. Apesar do regime socialista, Cuba se manteve como membro do Sistema Multilateral de Comércio. Aliás, o próprio GATT tem sua origem na Carta de Havana, de 1947, muito antes, portanto, de que os revolucionários de Sierra Maestra tomassem o poder. Cuba participou das negociações da Rodada Uruguai que resultaram na criação da OMC. Sua atuação sempre se notabilizou pela defesa de posições caras aos países em desenvolvimento. Não surpreende, portanto, que tenha prontamente se juntado ao chamado G-20 comercial, grupo liderado, entre outros, por Brasil e Índia[25]. Embora em reuniões técnicas os delegados cubanos frequentemente adotassem posições "fundamentalistas" em temas como segurança alimentar e agricultura familiar, ocasionalmente dificultando o consenso, em momentos decisivos, como na Conferência Ministerial de Hong Kong, Cuba desempenhou papel positivo e contribuiu para evitar que as negociações fossem bloqueadas pela Venezuela. Em uma matéria intitulada "A Águia de Hong Kong", publicada pelo site *ABKNet News*, o autor se refere às dificuldades que o Brasil teve em conciliar um grupo muito heterogêneo de países em desenvolvimento. A referência pouco lisonjeira a Cuba revela que o papel construtivo desempenhado por Havana não foi plenamente captado pelos observadores[26].

No que toca à nossa macrorregião da América Latina e Caribe, o papel de Cuba era visto por mim com certa ambiguidade. Em alguns momentos, como se verá, a atuação de Havana contribuiu para baixar o nível das tensões. Em outros casos, as ligações cubanas (com países da região) levavam a uma maior radicalização. Essa percepção de minha parte fica clara, entre outros momentos, na anotação que fiz em 28 de abril de 2006, a propósito da eleição de Evo Morales. Reproduzo trecho da nota:

---

24 A implantação do Conselho de Direitos Humanos, a partir de 2006, e os novos procedimentos adotados, inclusive o Mecanismo de Revisão Periódica Universal, contribuíram para que os Estados Unidos abandonassem a apresentação (frequentemente feita por intermédio de terceiros países) de resoluções condenatórias do regime cubano.

25 Detalhes sobre a atuação em matéria comercial constam do *Conversas com jovens diplomatas; Breves narrativas diplomáticas; Teerã, Ramalá e Doha*, op. cit.

26 Por curiosidade, transcrevo trecho da matéria, nada lisonjeira com os membros do G-20: "Estas ONGs, que reconhecem também o importante papel de Amorim, esquecem, entretanto, a difícil tarefa de aglutinar em um bloco países tão diferenciados como uma ditadura primitiva, tal como a de Zimbábue, economias nebuloso-comunistas como a China, nanicos rebeldes e inquietos como Cuba, regimes de mentalidades imprevisíveis como Indonésia, rivais econômicos regionais como Chile e Argentina e, não por último, governos ditos de esquerda, mas afogando-se em um mar de corrupção típico de repúblicas de bananas, como o Brasil, país que representa".

28/4/2006 [...] Depois de empossado, Morales tem-se refugiado num total isolamento, salvo no que toca as relações com Cuba e, principalmente, com a Venezuela. Até que ponto a atitude de confrontação, beirando a hostilidade, de alguns de seus ministros, é inspirada e estimulada do exterior ou provém de ressentimentos históricos contra o Brasil e suas empresas com atuação na Bolívia? [...]

Entre 2003 e 2006, mantive contatos frequentes com as minhas contrapartes cubanas, tanto da área de política externa quanto da área comercial, por ocasião de reuniões na ONU ou na OMC. Somente voltaria a Cuba em setembro de 2006 e mesmo assim em um contexto multilateral, para participar de uma Cúpula do G-15, em que representei o presidente, e de outra do Movimento Não Alinhado, do qual o Brasil era (e continua ser) observador. Nessa ocasião, tive também um café da manhã de trabalho com o ministro Pérez Roque e participei da assinatura de acordos de cooperação bilateral. A propósito dessa viagem, em 14 e 15 de setembro de 2006, escrevi, anos depois, sucinta anotação, que reproduzo a seguir:

[nota sem data] Representei o Brasil como observador na Cúpula dos não alinhados, presidida por Raúl Castro, que, simpaticamente, me ofereceu a palavra em momento propício (levando-se em conta o caráter de observador do Brasil). Ao cumprimentá-lo no início ou no final da sessão lembrei-lhe o encontro de 1994, mas foi só em viagens posteriores, com Raúl já no exercício da Presidência, que tive ocasião de diálogos mais amplos. Ficou nítida, porém, a atenção especial que os cubanos deram ao Brasil e a valorização da presença do ministro do Exterior brasileiro na Cúpula.

"Sem paz não haverá desenvolvimento"

As anotações que se seguem referem-se ao encontro entre os presidentes do Brasil e dos Estados Unidos em Camp David, ocorrido em 31 de março de 2007. Inicialmente, reproduzo a minha curta anotação feita no dia seguinte à Cúpula. Em seguida, transcrevo trechos relevantes do relato interno do Itamaraty. Como curiosidade, registro também as notas rabiscadas por mim em um bloquinho durante a reunião. Deixo a tarefa de decifrar seu significado ao leitor eventualmente interessado.

1/4/2007 A visita do presidente Lula à casa de campo oficial do presidente dos Estados Unidos foi, sob qualquer ótica, um grande acontecimento. Na substância, houve acordos inéditos (alguns assinados por mim e Condi Rice na véspera) para cooperação em terceiros países na América Central, no Caribe e na África; registrou-se uma atitude bem mais positiva de Bush em relação à rodada de Doha; falou-se de temas delicados como Oriente Médio e Cuba e até sobre o Conselho de Segurança deu-se um diálogo franco, que permitirá à Condi e a mim, diretamente ou através de colaboradores, conversar de forma séria sobre o assunto. [...]

Em toda a conversa, Lula foi muito feliz em suas apresentações e não hesitou em entrar em assuntos delicados, como os riscos da transição em Cuba. Este e outros temas despertaram o interesse da secretária de Estado (talvez até mais do que do próprio Bush), levando-a a comentar comigo que teríamos uma agenda rica para desenvolver. [...]

Lula deu conselhos sobre como tratar países como Equador e Bolívia, aventurou-se em análises de algum risco (como Cuba), foi eloquente sobre OMC e Conselho de Segurança. [...]

Meus colaboradores também registraram o diálogo entre os dois presidentes. Transcrevo alguns trechos:

> Ao introduzir o tema Cuba, o presidente brasileiro afirmou que o povo cubano é o mais politizado da América Latina. O país passa por um processo de transição, e por isso é importante que EUA e Brasil ajam com cautela, para não provocar uma radicalização. Afirmou a importância de que o processo de transição [...] seja pacífico; "sem paz não haverá desenvolvimento". [...] Manifestou preocupação com o que aconteceria se, nessas circunstâncias [morte de Fidel], os cubanos residentes nos EUA retornassem ao país. [...] Ilustrou a dificuldade [mesmo para um país "amigo", como o Brasil] de se ganhar a confiança do governo cubano: quando houve um apagão em Cuba, há dois anos, o governo brasileiro ofereceu ajuda, mas Fidel a rejeitou.
>
> Bush [...] [comentou] que os trabalhadores de Cuba têm a simpatia do governo norte-americano, [...] [mas] lamentou a exploração do povo cubano [...]. Manifestou o desejo de consultar o governo brasileiro "quando Fidel Castro morrer". [...] [Bush disse que] tomará medidas para impedir que os cubanos [que vivem] nos EUA migrem em massa para Cuba quando isto acontecer.

Reproduzo também algumas palavras-chave que fui anotando enquanto prosseguia o diálogo entre os presidentes:

> *Lula:* *Cuba?*
> *Bush:* *"wait and see"*
> *Política congelada*
> *Discussão: pós – Castro*
> *Sou linha dura (D.H.)* [Direitos humanos]

Levantamento de sanções: [eu] *veto; entretanto, permito* remessas [de divisas de cubanos nos EUA]
estabilidade: normalidade com eleição
Alerta a Raúl Castro. Eleições!

Lula:

Investimentos brasileiros em Cuba
Evitar transição traumática
Alta politização
Partido homogêneo e centralizado
Risco com morte de Castro: Raúl sem liderança
      Primeiro momento: radicalização
      (cubanos: voltando)

Bush: *– Não deixamos!*
Lula: *– Importantes gestos que criem confiança*
Bush:

Economia: Propriedade do Estado ou amigos do Estado (e não dos trabalhadores)
Quando Fidel morrer precisamos [nos] *coordenar*
Vou impedir cubano-americanos [de invadirem Cuba]
[Exilados cubanos] *não dirigem a política dos EUA*

Lula:

Riscos de transição traumática
Desenhar estratégia
Estou realmente preocupado

No que tange às negociações da Rodada de Doha, já observei o papel positivo de Cuba, ao demover a Venezuela de obstruir a adoção da Declaração Final da Conferência ministerial de Hong Kong, em dezembro de 2005. Ocasionalmente, porém, Havana nos causava algum incômodo, quando, em reuniões do G-20, defendia posições mais radicais, apoiadas também por Caracas e La Paz.

12/6/2007 Encontro-me hoje em Paris em uma situação totalmente atípica e pouco usual para os meus padrões. Após a movimentada reunião do G-8[27], fui para Genebra, onde, além da reunião com Peter Mandelson, no dia 9, sábado, presidi a um encontro do G-20, na segunda-feira dia 11. [...] O representante cubano, um ministro conselheiro local, fez um breve mas desnecessário destam-

---

27   Refiro-me à Cúpula do G-8 de Heiligendamm, na Alemanha, em 6 e 7 de junho de 2007. Como já terá sido assinalado, o Brasil e alguns outros países em desenvolvimento eram normalmente convidados para um encontro no formato G-8 + 5. A Rodada de Doha era tema obrigatório dessas discussões.

patório contra os biocombustíveis – tema que havia sido levantado, en passant, pelo ministro egípcio[28].

13/1/2008 Véspera de viagem a Guatemala (posse do presidente Álvaro Colom) e Cuba ("visita de trabajo y de amistad", segundo o convite de Havana) [...] Para poder acompanhar o presidente a Cuba tive de cancelar uma viagem a Espanha, que compreendia uma visita bilateral e a participação em evento sobre Aliança das Civilizações, que me interessava sobretudo pela possibilidade de retomar o diálogo com alguns ministros árabes, no contexto pós-Annapolis.

O momento especial por que passa a grande ilha do Caribe[29] também pesou na minha decisão. Por todos os motivos e dados os antecedentes, minha participação nesta viagem é indispensável para um maior envolvimento pessoal no que será uma questão de enorme importância nos próximos anos, não só para o continente, mas para todo o nosso relacionamento externo.

Há um diálogo efetivo, que busca resultados práticos

16/1/2008 A visita de Lula a Cuba (noite do dia 14 e todo o dia 15) foi muito bem-sucedida e – dependendo dos desdobramentos – poderá vir a ser considerada como início de uma nova etapa nas relações, num momento especialmente importante da história de Cuba. Diferentemente de visita anterior, em 2003, os encontros foram focalizados, com perspectiva de projetos concretos, inclusive em áreas como petróleo e construção. Embora o encontro com Fidel tenha sido um tête-à-tête, formato totalmente justificável, à luz das condições de saúde do "comandante", Lula não foi, desta vez, "sequestrado" para encontros privados. Participei dos encontros com Raúl, no jantar, na reunião de trabalho e na despedida, o que me propiciará, se for o caso, melhores meios para dar continuidade às conversas.

Raúl, apesar de bastante falante, não monologa como Fidel. Há um diálogo efetivo, que busca resultados práticos, mais do que mero esforço de persuasão. Ademais, permite aos outros participantes do lado cubano – Lage, Pérez Roque, principalmente – tomar parte ativa no diálogo, o que contribui para que este se volte para aspectos práticos. Isso não impediu, sobretudo durante o jantar, uma conversa franca sobre tópicos variados da realidade internacional, como elei-

---

28 Até certo ponto, as reservas cubanas em relação a biocombustíveis tinham que ver com posições históricas de Fidel Castro, de quem ouvi certa vez que a cana deveria ser usada como um produto nobre e alimentício: o açúcar, e não para produzir etanol. No caso, porém, a objeção decorria da solidariedade com os parceiros da Alba, especialmente Venezuela e Bolívia.

29 A transição de poder em Cuba já havia de fato começado. Fidel Castro deixaria oficialmente a presidência em 24 de fevereiro de 2008.

ções norte-americanas, situação no Oriente Médio etc. Em muitos momentos, durante a conversa, Raúl dirigia-se a mim ou ao nosso embaixador (e não exclusivamente a Lula). Não creio que se recordasse da primeira vez em que havíamos estado juntos, durante a minha visita em 1994, quando do Governo Itamar. Curiosamente, lembrava-se da minha participação na Cúpula dos não alinhados. Um fato interessante foi a reação de Raúl ao convite, repetido várias vezes por Lula, para que visite o Brasil. Até os colaboradores de Raúl Castro viriam a notar uma inesperada receptividade, embora o vice-presidente (soube pelo embaixador Bernardo Pericás que nunca assumiu o título de presidente, mesmo interino) tenha sempre insistido, com uma ponta de humor, que a concretização da visita dependeria de uma autorização do "outro", expressão que complementou com o gesto de passar a mão no queixo. A situação agora é evidentemente outra, mas não deixo de recordar que, quando, em 1994, abordei com ele o tema da adesão a Tlatelolco, na sua condição de ministro da Defesa, Raúl me havia dito: "eso es con mi hermano, el de barba".

Numa demonstração pouco usual de apreço – e para mostrar a importância da visita – Raúl Castro, acompanhado de Lage e de Pérez Roque, foi despedir-se de Lula no aeroporto. Talvez ainda menos comum, não se negou a fazer um comentário simpático e positivo aos jornalistas, que se apinhavam no pátio, próximos ao avião, logo após a rápida entrevista concedida por Lula, na qual este, entre outras coisas, mencionou o convite para a visita ao Brasil.

Gostei de representar Lula em dois eventos que ocorreram na hora em que Lula se encontrou com Fidel, a sós. Num deles, no Centro de Biotecnologia, tomei conhecimento da importante cooperação entre Brasil e Cuba, estimulada pela OMS, que permitiu a certificação de vacinas para atender a uma grave e recorrente crise na África Central. Fui também à Escola Latino-Americana de Medicina, visitada na véspera pelos ministros Haddad e Temporão[30]. Transmiti uma mensagem positiva, em nome do presidente, sobre nossa determinação de resolver a questão da revalidação de diplomas. Minha fala e a reação dos estudantes devem ter impressionado o nosso embaixador, que, no tom brincalhão de sempre, disse que eu teria ganho vários votos, caso viesse a candidatar-me a algo no Brasil. [...]

Duas pessoas, em Cuba, me causaram impressão muito positiva por seu ardor humanista, nas visitas que fiz para representar o presidente: uma senhora, diretora do Instituto Finlay, que expôs o programa de cooperação em vacinas e um professor, amigo pessoal de Fidel, de apelido "Chome" ou algo parecido, que me acompanhou em ambos os eventos. Vou tratar de manter algum contato com eles.

---

30 Fernando Haddad era então ministro da Educação e José Gomes Temporão era então ministro da Saúde.

A atuação de Cuba na região sofrera algumas mudanças ao longo dos últimos anos, em um sentido mais pragmático. Recordo que Fidel havia procurado dissuadir o presidente Chávez de aceitar o "grupo de amigos" proposto pelo Brasil em janeiro de 2003. Em tempos recentes, Havana vinha tendo atitudes que denotavam maior abertura, inclusive em direção a governos conservadores como o de Álvaro Uribe, na Colômbia. O próprio Uribe havia mencionado a Lula a cooperação de médicos cubanos no tratamento de reféns em poder das FARC. Em uma nota de 9 de fevereiro, a percepção de um possível papel moderador de Cuba em relação aos conflitos entre Caracas e Bogotá transparece com clareza, a propósito de uma conversa que mantive com Enrique Iglesias, em Madri. Durante uma reunião da ASPA em Buenos Aires, semanas depois, telefonei para o ministro cubano Pérez Roque.

Cuba estava presente, também, em diálogos com interlocutores de vários países. Em 28 de fevereiro, em uma anotação relativa a uma visita ao Vietnã, menciono diálogo com o ministro do Exterior, Pham Gia Khiem:

28/2/2008 Algo falamos sobre Irã (favorecimento do diálogo, oposição às armas de destruição de massa) e Coreia do Norte. O ministro Pham incentivou minha eventual visita a Pyongyang e revelou que eles próprios – aliados tradicionais – encontravam às vezes algumas resistências. O país é muito fechado ao exterior, embora no último ano e meio as coisas tenham melhorado (i.e.: os norte-coreanos estariam mais receptivos). Meu interlocutor estendeu-se sobre Cuba, após uma referência minha à visita de Lula a Fidel e Raul. Disse que inicialmente fora crítico da lentidão da abertura (suponho que econômica) em Cuba, mas que, após visitar a ilha, e vendo e sentindo os problemas de perto, sobretudo a proximidade dos Estados Unidos, compreendera a necessidade de um processo gradual.

"Sócio número 1"

No final de maio, voltaria a Cuba em uma "visita de chanceler":

31/5/2008 Há cerca de duas horas decolamos de Havana, sem destino definido. Havia dúvida sobre se o aeroporto das Bermudas estaria aberto. A julgar pelo monitor de vídeo, a questão foi resolvida e estamo-nos dirigindo ao arquipélago – um remanescente do império britânico.

A visita a Cuba foi muito bem-sucedida. Há real interesse dos empresários brasileiros, motivados pelo empenho de Lula. Tive bons encontros com Lage e Pérez Roque e uma visita simpática ao presidente da Assembleia Popular, Ricardo Alarcón. Felipe demonstrou grande interesse na Unasul. O ministro e seus auxiliares pareciam muito entusiasmados com o texto do tratado constitutivo. Riram muito da minha definição do comportamento de Rafael Correa, que caracterizei como fruto da "doença infantil do integracionismo". Felipe confirmou que o telefonema que lhe havia feito de Buenos Aires, durante uma reunião ministerial da ASPA, havia motivado palavras de prudência e cautela a Chávez, ("doy gran atención a lo que tu me dices y lo comunico a Raúl y Fidel"). Falamos também sobre Evo Morales e a necessidade de evitar atitude que leve a seu isolamento ("perdió el apoyo de la clase media de La Paz, que votó en el"). A sós (ou melhor, com testemunho apenas da minha assessora que nos acompanhava no banco da frente do carro), encontrei uma maneira de tocar no delicado tema dos Direitos Humanos, oferecendo ajuda, baseada em nossa experiência, na preparação do relatório para a "Revisão Periódica Universal" que Cuba se submeterá no próximo ano, no CDH.

Lage presidiu a uma grande reunião, com a presença de vários ministros cubanos, em que foram passados em revista os diferentes acordos assinados durante a visita de Lula no início do ano. De forma que chega a ser surpreendente, todos estão avançando: financiamentos, cooperação técnica, possibilidades de investimentos nas mais diversas áreas. Ontem, na reunião com empresários, disse que o Brasil queria ser o sócio número um de Cuba ("não o número dois ou o número três, mas o número um"). Sabia que a afirmação teria repercussão, o que, de fato, ocorreu. Denise Crispim, a sempre crítica repórter do *Estado de S. Paulo*, procurou ver a frase como indício de uma rivalidade com a Venezuela, o que tratei de desmentir. "Você está fazendo pouco da generosidade do presidente Chávez" – provoquei.

Ao encontro com Lage compareceram vários ministros e altos funcionários cubanos. O ministro do Comércio, Raúl de la Nuez, fez a exposição, complementada, aqui e ali, por comentários de outras autoridades presentes. Ficou claro que o governo cubano está dando alta prioridade à cooperação com o Brasil.

Essa prioridade refletiu-se na forma calorosa como fui recebido hoje por Raúl Castro. A conversa, que se prolongou com um almoço – de boa qualidade gastronômica, diga-se de passagem –, durou cerca de três horas. Minha impressão é que se teria prolongado ainda mais, não fosse a limitação do meu próprio tempo (em função dos horários de chegada e partida nas ilhas de Bermudas e Açores). Raúl falou de forma livre e franca sobre a participação de Cuba na guerra em Angola; mencionou a "arrogância soviética" e a "esperteza tcheca" na venda de armas (que ainda traziam a marca da suástica!).

Já baixou o trem de aterrissagem. Vamos pousar em St. George!

Breve parada em Bermuda, ilha ensolarada e fresca, com casas de teto branco, em meio a verduras e enseadas. Vagas lembranças da Nova Zelândia, onde estive há 14 anos. Registro algumas das observações mais interessantes de Raúl. Talvez a mais significativa: quando Carter era presidente – entre 1978 e 1982, portanto – os Estados Unidos chegaram a propor uma "barganha" pela qual o embargo a Cuba seria levantado em troca da retirada das forças cubanas de Angola. Raúl chegou quase a admitir alguma dúvida se Cuba teria tomado a decisão correta. Logo, entretanto, confirmou o acerto da permanência de forças cubanas em Angola ("se saíssemos, teria sido a vitória de Holden Roberto, Savimbi e da África do Sul do Apartheid")[31]. Também mencionou as pressões russas – já em 1987/8 – para que Cuba relaxasse a ofensiva militar no sul de Angola (Cuito Cuanavale), às vésperas do encontro de Gorbachev e Reagan em Reykjavík[32]. Contou a reunião de um general cubano com um marechal soviético (não guardei os nomes) em que o primeiro foi tratado como um sargento ("e um sargento russo!"). Novamente, Cuba não aceitou recuar.

Toda a conversa com Raúl Castro foi muito descontraída. Fatos atuais, como as constantes disputas entre Chávez e Uribe, foram entremeadas por referências históricas ao assalto a Moncada[33], o tempo na prisão, a derrocada de Batista etc. A uma observação minha sobre a diferença entre uma vitória eleitoral (como a de Evo Morales) e uma tomada do poder pelas armas, quando uma estrutura do Estado é destruída para constituir-se outra, Raúl disse: "com efeito, no nosso caso, eliminamos a estrutura antiga em 72 horas". Sobre os temas mais atuais, Raúl pareceu concordar com meus comentários sobre necessidade de diálogo (situação interna da Bolívia ou relação entre Venezuela e Colômbia). Por vezes, Pérez Roque aludiu a um comentário meu para provocar alguma troca de ideias. Por exemplo, minha "preferência" pelo "benign neglect" republicano em relação ao "ativismo charmoso" dos democratas e seu efeito magnetizador sobre as elites latino-americanas.

Quanto à minha mensagem principal – o convite de Lula para uma visita ao Brasil por ocasião da grande reunião latino-americana e caribenha no final do ano[34] – Raúl disse: "estou louco para ir". Sempre demonstrando respeito reverencial por Fidel, acrescentou: "mas tenho que ter a permissão do chefe".

---

31 No longo e violento processo de independência de Angola, Holden Roberto liderou a Frente Nacional de Libertação de Angola (FNLA), apoiada pelos Estados Unidos. Jonas Savimbi foi líder da União Nacional para a Independência Total de Angola (UNITA), que, além do financiamento dos norte-americanos, contou também com apoio de tropas sul-africanas. A independência de Angola é finalmente declarada em 1975, pelo Movimento pela Libertação de Angola (MPLA), comandado por Agostinho Neto, que contou com forte apoio do regime cubano, inclusive com o envio de tropas.

32 Gorbachev e Reagan encontraram-se na capital islandesa em 1986, em uma Cúpula cercada de expectativas quanto à redução maciça de artefatos nucleares. Embora não se tenha logrado um acordo em Reykjavík, as negociações foram passo importante na consecução do Tratado de Forças Nucleares de Alcance Intermediário (INF, na sigla em inglês), firmado pelos Estados Unidos e pela URSS no ano seguinte.

33 Em 1953, Fidel e Raúl Castro, juntamente com cerca de 160 homens, tentaram tomar o quartel-general de Moncada e o quartel de Cespedes, com o objetivo de derrubar o governo de Fulgencio Batista. O episódio levaria à prisão e posterior libertação de Fidel, e pode ser considerado um precursor da Revolução Cubana, de 1959.

34 Refiro-me à reunião da CALC que efetivamente ocorreu em Sauípe, Bahia.

Essas notas desencontradas refletem fiapos de uma conversa longa e animada, com a qual, além da simpatia pessoal, Raúl quis mostrar a importância da nova fase das relações com o Brasil[35]. [...]

Durante o voo, converso com minha chefe de gabinete Maria Laura e minha assessora Bárbara Bélkior. Esta última, que foi a anotadora da reunião, relembra frases minhas, de Raúl e de Felipe (os outros praticamente não falaram). A possível ida de Raúl ao Brasil como um acontecimento de significado global. "No exageremos", diz Raúl com seu jeito "self-effacing". Felipe Roque me pede que fale sobre Conselho de Defesa. Quer que transmita a Raúl a minha visão.

Observo a mudança na relação dos cubanos comigo ao longo do governo Lula: dos "companheiros" ao Estado. Cresceu a confiança no chanceler ou sentiram que há limites ao que o partido (PT) pode efetivamente fazer?

A próxima nota, escrita na madrugada entre 1 e 2 de junho, refere-se a outros temas, principalmente à participação do presidente Lula em uma Conferência da FAO. Reproduzo apenas a primeira frase:

1 e 2/6/2008 Em suma, o balanço da viagem a Cuba não poderia ter sido mais positivo. A estória do "sócio número 1" foi muito reproduzida na mídia e recebeu reação positiva de Lage, entre outros.

Com a ascensão de Raúl Castro à posição oficial de presidente, fortaleceram-se as perspectivas de que o regime cubano evoluísse para uma maior abertura. Os resultados positivos da visita de Lula em janeiro e da minha própria no final de maio me estimularam a tratar o tema de Cuba com meus parceiros europeus, com o objetivo de romper o isolamento a que a ilha continuava submetida. Tratei do tema no meu encontro bilateral com o ministro francês, Bernard Kouchner, no dia 5 de junho de 2008, por ocasião de uma reunião na OCDE e, novamente, em Liubliana, capital da Eslovênia, no contexto de "consultas de alto nível" com a *troika* da União Europeia, então presidida pela Eslovênia.

8/6/2008 [...] A viagem à pitoresca capital da Eslovênia tinha dois objetivos: homenagear a meu amigo Danilo Türk, atual presidente da República, e realizar "consultas de alto nível" com a troika da União Europeia, no quadro da parceria estratégica. Tive, também, uma conversa bilateral com o ministro do Exterior esloveno, Dimitri Rupel, um ex-professor de literatura, membro de um partido de centro-direita, que achei muito menos irascível e truculento do que me haviam descrito. Esforçou-se por ser simpático e revelou certa compreensão das nuances psicológicas da política. Foi o que senti a propósito dos comentários que fiz so-

---

35   A transcrição dessas notas pode ser vista em anexo deste livro.

bre Felipe Pérez Roque. Aliás, a questão de Cuba foi um dos pontos centrais das conversas que tive em Liubliana, tanto com Rupel quanto com a troika europeia. Procurei mostrar a importância de uma atitude cooperativa com a ilha no momento de mudanças, que poderiam ser limitadas, mas que eram reais. [...] Com a troika da União Europeia, fui especialmente enfático: "façam o gesto, enquanto ele tem valor".

21/6/2008 Ao reler as notas sobre minhas conversas na capital da Eslovênia sobre Cuba, constato, com agrado, que, se não tive influência, ao menos falei na linha do que viria de fato acontecer. Os jornais de ontem noticiaram a decisão da União Europeia de levantar as sanções contra Cuba. No início da semana, houve referências à intenção europeia de fazer um "gesto de impacto" neste tema. Não sou tolo a ponto de crer que os argumentos que apresentei a Rupel e a Benita[36] tenham tido um papel determinante nesta decisão – que foi muito "empurrada" pela Espanha e, em particular, por meu amigo Miguel Ángel Moratinos – mas a coincidência merece registro. Até o uso da palavra "gesto" de alguma maneira ecoa as conversas em Liubliana.

Em 6 de outubro de 2008, teve lugar no Rio de Janeiro a Reunião Preparatória da Cúpula da América Latina e do Caribe sobre Integração e Desenvolvimento (CALC). Em uma nota escrita no dia 11, refiro-me à reunião ministerial. Antes de transcrever um pequeno trecho em que há uma referência ao ministro cubano, devo explicar o próprio título e a ideia da Conferência. Eu tinha clara a percepção da necessidade de um foro que incluísse todos os países da região, necessidade que era realçada por meus contatos com os países da América Central e do Caribe, além do México. Por outro lado, tinha a preocupação de evitar uma iniciativa que pudesse ser interpretada como hostil ou antagônica aos países desenvolvidos do continente americano, notadamente os Estados Unidos. Também estava consciente, em decorrência de esforços frustrados no Grupo do Rio, de que haveria alguma resistência à participação de Cuba em um foro latino-americano amplo. Para contornar esses possíveis obstáculos, optei por um foro que reunisse os vários mecanismos de integração da região, o que incluiria a Associação dos Estados do Caribe (AEC)[37], da qual Cuba faz parte. Com o tempo, as palavras integração e desenvolvimento se diluiriam no formato mais abrangente da CELAC[38].

---

36   Benita Ferrero-Waldner, comissária de Relações Exteriores da União Europeia.
37   A Associação de Estados do Caribe (AEC) foi criada em 1994 para promover consulta, cooperação e ação concertada entre os países da região. Atualmente, tem 25 Estados-membros e 7 associados.
38   Ver detalhamento do processo em *Laços de confiança: o Brasil na América do Sul* (Benvirá, 2022).

11/10/2008 Já há tempo que não escrevo. Tive uma semana movimentada. A reunião ministerial da CALC correu bem, embora com escassa repercussão na mídia brasileira. Afora o Valor e a indefectível Agência Brasil, só as agências internacionais (EFE, Lusa, BBC) noticiaram o evento. Algumas delas destacaram ser esta a primeira vez que os ministros dos países da América Latina e Caribe se reúnem sem a presença de uma potência de fora da região. O clima de encontro foi muito positivo. Havia, mesmo, como costuma ocorrer em reuniões do tipo, um excesso de ideias, nem sempre compatíveis. Uma boa intervenção do vice-ministro do Panamá me permitiu dar um foco mais preciso à Cúpula, cuja preparação era o objeto do encontro ministerial: a integração e o desenvolvimento da América Latina e Caribe (ou "as Caraíbas", como diz a Agência Lusa) em face das grandes crises da atualidade, a crise financeira, a crise da segurança alimentar, a crise energética e a crise climática. O ministro cubano fez uma apresentação positiva, embora algo longa. Falando logo depois de mim, usou o mesmo mote na coletiva de imprensa, referindo-se às quatro crises. A ministra mexicana, Patricia Espinosa, seguiu numa linha semelhante. Enfim, grande harmonia e muitas expectativas.

Em uma nota de 30 de outubro de 2008 refiro-me brevemente a uma viagem do presidente Lula a Havana em que não pude acompanhá-lo, uma vez que coincidia com a minha primeira visita a Teerã, o primeiro passo de um longo processo que levaria à Declaração de 17 de maio[39]. Lamentei não estar presente, pois me interessava muito acompanhar a crescente aproximação entre Brasília e Havana, sobretudo depois que o governo cubano passou para as mãos mais pragmáticas de Raúl Castro.

Cinco dias depois, em uma escala em Genebra, já na minha viagem de volta, fiz uma breve anotação sobre as expectativas em relação ao presidente dos Estados Unidos, Barack Obama, recém-eleito, dentre as quais destaco a seguinte:

5/11/2008 [...] É cedo, ainda, para saber como o slogan de "mudança", do qual Obama usou e abusou, irá traduzir-se em políticas concretas. É razoável esperar que, internamente, os Estados Unidos se tornem uma sociedade mais amigável ("congenial") e que, no plano internacional, certos exageros unilaterais sejam substituídos pela busca de maior cooperação internacional. Maior diálogo em temas como Cuba[40], Venezuela e Bolívia deverá contribuir para a distensão na nossa região. Em tese, maior afinidade de pensamento (em temas como a fome no mundo, por exemplo) poderá ensejar parcerias mais estreitas com o Brasil de

---

39 V. *Teerã, Ramalá e Doha* (Benvirá, 2015).
40 Efetivamente, houve uma distensão no relacionamento bilateral, que culminou no reatamento das relações diplomáticas entre Washington e Havana, no último ano do governo Obama.

Lula. Mas o espaço para nossa ação diplomática, sobretudo na América Latina e Caribe e na América do Sul – possivelmente diminuirá, dada a grande força de atração que a sociedade americana voltará a ter.

Três dias depois voltaria a referir-me às expectativas sobre o novo presidente norte-americano:

8/11/2008 Na região, é possível que a eleição de Obama enseje alguma oportunidade interessante em relação à Venezuela e, sobretudo, a Cuba. Lembro-me das palavras de Abraham Lowenthal sobre o papel que antevia para o Brasil em uma eventual transição na ilha[41]. Em minhas declarações à imprensa, tenho procurado enfatizar a perspectiva de distensão nas relações Estados Unidos-ALC que a eleição de Obama cria.

No início de dezembro, realizaram-se em Sauípe, na Bahia, as "multicúpulas": Mercosul, Unasul, Grupo do Rio e CALC. Na sequência, o presidente cubano visitou Brasília.

Cuba no Grupo do Rio

19/12/2008 Ontem ainda tivemos a visita de Raúl Castro, primeira de um líder cubano ao Brasil, com a característica de "visita de Estado".

Não vou descrever os variados aspectos das reuniões de Salvador, nem tentarei uma avaliação, que, possivelmente, seria prematura; (até porque não sei ainda que reações e contra iniciativas virão de Washington a este ato inédito de "rebeldia" da América Latina e Caribe). O roteiro foi traçado para futuras cúpulas e para a criação de uma organização latino-americana e caribenha. O próprio México, sofrendo as consequências de estar amarrado a "um elefante moribundo" (nas palavras do presidente mexicano, Felipe Calderón, na reunião privada com Lula), explicitou o projeto. A Cúpula foi histórica. Só Lula e o Brasil poderiam tê-la convocado e, provavelmente, só neste momento. Mas, antes de nos inebriarmos de um triunfalismo de consistência duvidosa, teremos que ser cuidadosos e manter a tênue linha entre a independência madura (exaltada por muitos dos líderes que estiveram na CALC) e arroubos "esquerdistas" ou adolescentes que fragilizariam, ou mesmo comprometeriam, nossa unidade.

---

41 Abraham Lowenthal, um dos mais importantes estudiosos da América Latina nos Estados Unidos, me fez uma visita em março de 2006. Na ocasião, inspirado por ações do Brasil no Haiti e na Venezuela, Lowenthal aludiu ao papel que o Brasil poderia desempenhar em uma futura aproximação entre Washington e Havana.

Não deixa de ser estranha a ausência, nas minhas notas, de referência ao conteúdo da visita de Raúl Castro ao Brasil. Evidentemente, o fato mais importante foi a participação na CALC e a incorporação de Cuba no Grupo do Rio, dois dias antes da visita. Curiosamente, não encontrei registro de comunicado conjunto ou relação de atos assinados, nem na Resenha de Política Exterior do Brasil, nem no *site* do Itamaraty. O discurso pronunciado pelo presidente Lula durante o almoço em homenagem ao presidente cubano relembra as visitas do brasileiro a Havana e menciona o crescimento da cooperação, refletido no aumento do comércio bilateral[42]. Lula assinalou também alguns projetos de cooperação em agricultura, energia, transportes, investimentos e saúde. Agradeceu o apoio de Cuba ao pleito brasileiro em relação ao Conselho de Segurança da ONU e registrou positivamente a adesão de Cuba a dois importantes instrumentos internacionais na área de direitos humanos: os Pactos Internacionais de Direitos Civis e Políticos e de Direitos Econômicos, Sociais e Culturais.

"Não deixarei de pedir-lhe conselhos"

Em 25 de janeiro, o presidente Lula recebeu um telefonema de cortesia do presidente Barack Obama, recém-empossado. O diálogo entre Lula e Obama correu de forma muito fluida e abrangeu os temas mais variados. Dois parágrafos de uma anotação de 27 de janeiro de 2009 mencionam Cuba:

27/1/2009 Anteontem, à noite, dois telefonemas importantes. Obama falou longamente com Lula e Hillary Clinton me chamou. Inicialmente chamadas de cortesia, ambas tiveram bastante substância e ajudaram a fixar a agenda dos próximos encontros (o primeiro, provavelmente em Washington, será em torno do dia 16 de março, quando Lula estará em Nova York para um evento econômico-publicitário promovido pela SECOM). Em algum lugar se encontrarão as transcrições das duas conversas, mas noto que, além da cooperação bilateral (energia e mudança do clima foram os destaques), temas regionais e globais também estiveram presentes. "Não deixarei de pedir-lhe conselhos", disse Obama a Lula, referindo-se a Cuba, Venezuela e outras situações da região. Já no telefonema que recebi de Hillary Clinton, a conversa estendeu-se um pouco sobre Oriente Médio. Tendo eu elogiado a escolha de George Mitchell como enviado especial, a secretária de Estado disse estar ciente do meu recente périplo e manifestou apreço pelo papel que o Brasil pode desempenhar.

---

42   De 2002 a 2007, o comércio bilateral multiplicou-se por cinco, alcançando US$ 412 milhões no final de 2007. Para tornar o comércio mais equilibrado, foi inaugurado um escritório da Apex em Havana.

Antecipando uma viagem a Washington, onde encontraria pela primeira vez a secretária de Estado Hillary Clinton, em fevereiro sinalizavam-se expectativas positivas em relação a Cuba. Em meio a comentários sobre mudanças na América Latina e Caribe, ressaltava-se a centralidade da questão cubana.

Voltaria a escrever sobre o encontro com Hillary no dia 24 de fevereiro. Na mesma nota, refiro-me a outro compromisso em Washington:

24/2/2009 Sobre Cuba, a mensagem é clara. Há sinais de mudança. A região não aceita o isolamento da ilha. Raúl Castro é mais pragmático que Fidel. Estados Unidos devem fazer gesto importante. Tenho notado disposição política. Lembrarei frase de Raúl em Brasília sobre disposição ao diálogo, maior abertura para investimentos estrangeiros, grande número de visitas de chefes de governo latino-americanos e caribenhos a Havana.

[...] Cuba será tema inevitável. Estados Unidos terão que estar preparados (quem sabe, programa de aproximação gradual?) [...]

O outro encontro será com o chefe de seção de interesses de Cuba em Washington, o veterano embaixador Jorge Bolaños, meu conhecido desde o tempo em que foi o chefe da representação diplomática de Cuba no Brasil, ainda na época do governo Sarney – quando visitei Cuba pela primeira vez, acompanhando o então ministro da Ciência e Tecnologia, Luiz Henrique. Depois disso, Bolaños foi vice-ministro para as Américas, ao tempo do Governo do Itamar, quando voltei a Cuba como ministro. Não será de todo mau que a notícia do encontro vaze. Será um sinal do nosso interesse.

"A era das hegemonias terminou"

26/2/2009 O encontro com Hillary Clinton ocorreu mais ou menos como planejado. Para uma primeira reunião, a conversa transcorreu de forma bastante descontraída. Pude repassar os principais pontos: boa relação bilateral sobre a qual podemos construir algo mais importante; importância do diálogo entre as chancelarias, Haiti como emblema da nossa cooperação. Opinei sobre a atitude dos Estados Unidos em relação à região; enfatizei a necessidade de aceitar mudança e maior diversidade ("a era das hegemonias terminou"). Especificamente em relação a Cuba, ressaltei a importância de uma nova atitude. Hillary disse que administração Obama estava pronta para gestos unilaterais. A secretária de Estado e seus assessores presentes demonstraram especial interesse quando mencionei, baseado em conversas com autoridades de Havana, que Cuba estava disposta a dialogar, sem condições prévias. O respeito à diversidade e a

compreensão para mudança eram a base para uma Cúpula das Américas[43] bem-
-sucedida. [...]

Em anotações de março, por ocasião de uma visita ao Oriente Médio, aparece, sem maiores explicações, minha preocupação com mudanças que acabavam de ocorrer em Cuba. Voltaria ao tema no dia 7:

7/3/2009 A semana naturalmente será tomada pela preparação do encontro Lula-Obama, em Washington no próximo sábado. Como alguns ministros estarão acompanhando o presidente ao evento de segunda-feira em Nova York, talvez não seja tão simples garantir um formato que assegure a precedência de temas políticos. (Cuba, América do Sul, G-20). Mas estes, de toda maneira, deverão ser os destaques principais. [...]

Mas a semana que começou em Sharm-El-Sheik ainda não terminou. E foi rica em choques e surpresas. Além do duplo assassinato em Guiné-Bissau (sinal de uma crise mais estrutural), houve os expurgos de Cuba e o mandado de prisão ao presidente do Sudão. [...]

Cuba é uma grande incógnita. Ou talvez não. A explicação dos expurgos pode ser simplesmente a necessidade de Raúl de se sentir no comando do processo. Se isso exigiu a desqualificação (injusta) de dois revolucionários leais ao regime (alguém chamou recentemente a Felipe Pérez Roque de "pitbull de Fidel"), isto é um problema menor. Mas a manutenção dos métodos soviéticos (estalinistas, mesmo) não é um bom sinal. Às vésperas do encontro Lula-Obama, isso nos deixa sem um discurso muito claro. Para complicar, o nosso competente embaixador em Havana teve que sair do posto às pressas em função de um problema de saúde. [...]

Uma boa parte das próximas notas tem a ver com a Cúpula das Américas, que viria a realizar-se em Trinidad & Tobago, e com a reunião de consulta da OEA sobre as sanções impostas a Cuba no âmbito do Tratado Interamericano de Assistência Recíproca (TIAR), em 1962.

20/3/2009 Antes de passar ao último visitante da semana, David Choquehuanca, ministro do Exterior da Bolívia, um breve registro do encontro com o secretário-geral da OEA, José Miguel Insulza. O assunto principal foi o de como reincorporar Cuba à OEA, de onde foi afastada por uma resolução do anacrônico TIAR, em 1962. [...]

---

43 A Cúpula das Américas de Trinidad e Tobago, da qual trato mais adiante, era tema de especial interesse da secretária de Estado.

Vou mandar fazer os estudos jurídicos de como se pode cancelar os efeitos da resolução, sem a necessidade de convocar reunião do TIAR, que deve permanecer em desuso. Esta foi a linha que Insulza e eu exploramos. [...]

Nesta semana, tive ocasião de conversar longamente ao telefone com o novo ministro cubano, meu amigo do tempo da ONU, Bruno Rodríguez. A conversa era oportuna, não só em função dos contatos com Insulza, mas especialmente do encontro, dois ou três dias depois, que Lula viria a ter com Obama. Bruno reafirmou que a política externa de Cuba (e especialmente as relações com o Brasil) não mudaria. Quanto à OEA, Bruno repetiu o que Raul dissera em Brasília: Cuba não tem interesse em retornar ao organismo, "enquanto tiver as características e o nome (sic) atuais". Acrescentou, porém, que apreciaria um gesto de reparação: a revogação da resolução de 1962. De modo interessante (pelo contraste potencial com a atitude previsível ou presumível de países como Venezuela, Bolívia e Equador, para não falar da Nicarágua), Bruno afirmou que o tema Cuba não deveria transformar-se em motivo de confrontação entre a América Latina e os Estados Unidos, nem na Cúpula de Trinidad, nem na Assembleia da OEA, em Honduras. Naturalmente, há esperança de avanço nas relações bilaterais, que poderia ser dificultado por autoproclamados advogados excessivamente vocais. Tratei de informar o presidente Lula dessas opiniões, o que, creio, foi útil para a conversa com Obama.

Sobre visita de Gordon Brown, transcrevo relato de 23/3:

> Brown suscitou, por último, a questão cubana. Afirmou que Obama cumpriu promessa de fazer gesto coerente com o fim da Guerra Fria; caberia agora à parte cubana corresponder. O presidente Lula ponderou que não cabe fazer exigências ao governo cubano.

7/4/2009 De volta de uma viagem de nove dias. Misto de enfado e cansaço. Felizmente tenho a semana santa pela frente. Mas antes, receberei o ministro de Cuba em Brasília. É a primeira visita de Bruno Rodríguez desde o expurgo que levou de roldão o vice-presidente Lage e o chanceler Felipe Roque, entre outros. Será interessante.

[...] Ia-me esquecendo. Em Londres, tive um encontro com a secretária de Estado, centrado principalmente na Cúpula das Américas, Cuba e Rodada de Doha.

"Pequenos gestos"

14/4/2009 Na terça-feira cheguei da Turquia. Na quarta, véspera da semana santa, tivemos a visita de Bruno Rodríguez. Digo "tivemos" porque os cubanos marcaram encontro diretamente com o presidente, do qual, obviamente, participei. Foi, como Bruno fez questão de frisar, sua primeira saída de Cuba depois de nomeado chanceler. A visita relâmpago ligava-se à próxima Cúpula das Américas. Bruno fez uma rápida referência, a título de explicação quase pró-forma, à demissão de Lage e Pérez Roque. Com relação à Cúpula, a mensagem principal que Raúl Castro fez chegar a Lula por meio do chanceler tinha a ver com o temor de que "pequenos gestos" de Washington pudessem levar a um arrefecimento da disposição dos líderes latino-americanos e caribenhos de exigir o fim do embargo econômico. Por "pequenos gestos" Havana entende afrouxamento das restrições relativas a viagens de cubano-americanos e remessas de parentes. Efetivamente essas medidas foram anunciadas pela Casa Branca durante o dia de ontem, juntamente com maior facilidade para investimentos em telecomunicações. Bruno Rodríguez pareceu-me algo nervoso durante o encontro com Lula. Movia-se muito na poltrona e gesticulava bastante. No curso da conversa, em função de opiniões expressas pelo nosso presidente e de algumas observações minhas e do Marco Aurélio, o chanceler concordou que seria contraproducente uma atitude por parte dos latino-americanos que pudesse ser vista como desejo de "encurralar Obama". Em outras palavras, Cuba pretende continuar a valer-se da pressão que possa ser exercida pelos líderes regionais, sem que isso azede o clima aparentemente mais propício para uma reaproximação entre Washington e Havana. Para coordenar esse tipo de postura, firme, porém, moderada, não há pessoa mais indicada que o presidente Lula. Não é à toa – e o fato não passou despercebido das autoridades norte-americanas – que o enviado de Raúl Castro tenha iniciado seus contatos por Brasília e não por Caracas.

Depois do encontro com Lula, Bruno Rodríguez veio ao meu gabinete. Aí, falamos um pouco mais de OEA. Os cubanos seguem na linha de que gostariam de ver uma reparação (sic), mas não têm interesse de voltar à organização "como ela existe hoje". Perguntei também a Bruno o que ele considerava um gesto efetivo de abertura por parte dos Estados Unidos. Meu interlocutor reiterou que o real interesse de Cuba é no fim do embargo; entende, porém, que isso, da mesma forma que a reaproximação entre Havana e Washington, terão que ocorrer de forma gradual. Bruno não deixou de reconhecer que o levantamento da restrição imposta por Washington a viagens a Cuba para todos os cidadãos dos Estados Unidos (e não apenas para cubano-americanos) seria bem recebido por Havana.

Como já mencionei, Bruno Rodríguez havia sido meu colega na ONU. Mantive com ele longas conversas sobre temas variados. A relação de simpatia se estendia às nossas mulheres e à minha filha Anita Amorim, então trabalhando no escritório da Unesco. Já relatei no início deste capítulo que foi por meio de Bruno Rodríguez que procurei criar um clima mais propício para a visita do ministro Lampreia a Havana, esforço afinal posto a perder pela decisão de Lampreia de receber os dissidentes. Em algum momento dessas conversas com

Bruno, quando aludi à possível conveniência de uma atitude moderada de Havana em relação aos Estados Unidos que contribuísse para o fim do embargo, ouvi dele uma afirmação que, apesar de lógica, não deixou de me surpreender, pela candura como foi enunciada: Bruno me disse algo que interpretei como uma avaliação de que o fim do embargo poderia não interessar a Cuba. Na minha percepção, as palavras de Bruno deixavam transparecer que o embargo (que Cuba sempre chamou de bloqueio) era o cimento que mantinha o regime unido.

18/4/2009 A cerimônia oficial de abertura da cúpula foi ontem. Falaram Cristina Kirchner, Daniel Ortega, o presidente de Belize, Obama e o anfitrião Patrick Manning. Todos, cada um a seu modo, falaram de Cuba. O próprio Obama, cujo texto aparentemente já continha alguma referência ao "novo começo", destacado pelos jornais brasileiros de hoje, não escapou de fazer algumas observações improvisadas, em referência a comentários de outros oradores. Afora a peroração longa e cansativa de Ortega, as intervenções não foram vãs. De maneira diversa, os oradores encontraram modos de expressar que Obama não é responsável pelo que ocorreu no passado. O presidente norte-americano indiretamente reconheceu erros cometidos pelos Estados Unidos, referindo-se não apenas a Cuba mas a outras "intervenções", algumas das quais haviam sido recordadas pelo líder nicaraguense. O mais "palpitante" é saber o que vai ocorrer em relação à declaração propriamente. Os países da Alba (ou alguns deles) disseram que não subscreveriam o documento sem referência explícita ao problema cubano. Salvo o que o presidente Lula possa fazer com sua personalidade "engajante", não há muito como agir diplomaticamente. Nos países que constituem o "hard core" da Alba – Venezuela, Bolívia e Nicarágua – os chanceleres não têm nenhuma influência. Alguns nem sequer estão aqui. Assim, tudo fica para os líderes.

Por uma sucessão de acasos (inicialmente tive que dar lugar ao presidente eleito de El Salvador, depois troquei de cadeira com a atual chanceler de El Salvador), a secretária Hillary Clinton veio sentar-se na cadeira que estava vazia ao lado da minha. Passamos bom tempo conversando, enquanto aguardávamos o início da cerimônia. Falamos um pouco sobre Haiti. Hillary referiu-se à recente visita que havia feito; mencionamos a conferência de doadores, que acaba de realizar-se em Washington, e a possível parceria Estados Unidos-Brasil nesse país e em outros do Caribe. Abordamos, naturalmente, o assunto Cuba. Insisti na tese de que o momento não é o de esperar por "gestos", até porque os Estados Unidos haviam feito o que consideram viável a curto prazo e Cuba não aceita que tenha que "dar passos", em reciprocidade. Eu disse que se deveria iniciar o diálogo direto. Hillary pediu meu "conselho" (advice) sobre como fazê-lo. Assinalei que o chefe de seção de interesses em Washington, embaixador Jorge Bolaños, era um homem sério e inteligente e poderia manter um diálogo produtivo com Thomas

Shannon, pessoa que tinha uma imagem positiva na América Latina, inclusive com governos mais "difíceis".

O caminho da cooperação possível

22/4/2009 Haveria que fazer algumas anotações rápidas sobre a Cúpula das Américas. Mas como meu objetivo com estas notas não é fazer uma reportagem, limito-me a dois ou três fatos, em que estive mais envolvido.

Na reunião de Obama com os presidentes da Unasul, Lula fez uma boa intervenção, que ajudou a mostrar o caminho da cooperação possível: respeito às opções, momento democrático da América do Sul/América Latina, necessidade do fim do embargo a Cuba. Aliás, quanto a Cuba, o presidente concluiu seu raciocínio com uma ideia que havíamos discutido durante o voo: esta é a última Cúpula sem a participação de Cuba. A frase, que pode ser lida pelo menos de duas maneiras ("a próxima cúpula terá a participação de Cuba" ou "não haverá próxima Cúpula"), mereceu aplausos e cumprimentos efusivos de vários, especialmente de Chávez. Uma afirmação forte como esta – mas que, ao mesmo tempo, pode ser vista como resultado de análise fria – permite a nosso presidente atuar como elemento moderador e contribuir para o clima de distensão, na medida que o credencia com os mais duros (Chávez, Evo, Correa), sem alienar a simpatia e respeito dos Estados Unidos[44].

Creio que foi ao final desta reunião que Hillary Clinton cumprimentou Lula e agradeceu a referência positiva que fez ao ex-presidente Clinton. Aproveitou para dizer algo simpático a meu respeito[45].

Na conversa que tive com Hillary na véspera, abordei essencialmente dois assuntos: participação dos Estados Unidos no processo de Durban (neste ponto, não tive êxito) e Cuba. [...] [Conforme está transcrito na nota de 18/4, fiz a sugestão de possível contato entre Shannon e Bolaños]. Isto foi na sexta à noite. Ontem, terça-feira, nosso embaixador em Washington, Antonio Patriota, relatou à minha chefe de gabinete, Maria Laura, que estivera no Departamento de Estado e que Thomas Shannon lhe adiantara que, muito breve, iniciaria o diálogo com Jorge Bolaños[46]!

1/6/2009 Novamente a bordo de um Legacy, a caminho, desta vez, de São Pedro Sula, em Honduras, onde terá lugar a Assembleia Geral da OEA. O grande tema é

---

44 Cuba não participou da Cúpula das Américas em 2012, mas participou em 2015, na VII Cúpula, ocasião em que houve encontro entre Raúl Castro e Obama.
45 Disse Hillary a Lula: "I have been hanging around with your Foreign Minister. I hope you don't mind".
46 Poucas vezes uma sugestão do Brasil terá sido seguida tão prontamente.

Cuba. O Brasil, como é natural, tem sido muito procurado para facilitar um fugidio consenso, em tema que poderia ser tratado com simplicidade, mas que segue sendo controverso. Para mim, como disse ontem ao Clóvis Rossi – que reproduziu minhas palavras com razoável precisão na Folha de hoje –, a equação é a seguinte: a vigência da Resolução VI/62 do TIAR é um anacronismo que tem de ser corrigido. Aliás, o próprio TIAR é um anacronismo. Até aí parece haver acordo, embora existam diferentes matizes na forma de proclamá-lo. Venezuela e Nicarágua gostariam de ter uma resolução com estardalhaço, que condene a "injustiça histórica" da exclusão de Cuba, enquanto o Brasil, até para não gerar ruídos nos contatos bilaterais entre Havana e Washington, defende um "enterro burocrático" da famigerada resolução. Esta aliás é a posição que se deveria inferir das próprias palavras de Bruno Rodríguez (tanto por telefone, logo depois de sua posse, quanto em sua visita ao Brasil). Aparentemente, os cubanos agora estariam dando rédea solta aos companheiros da Alba para insistir em fórmulas mais contundentes. Tudo isso, naturalmente, faz parte do jogo de cena que Havana exerce em relação aos Estados Unidos, haja vista a oscilação registrada nos pronunciamentos de Raúl (mas sobretudo de Fidel) em relação à abertura para dialogar "sobre qualquer tema". De outro lado, os Estados Unidos, que já não confiam em Insulza[47], dizem querer nossa ajuda para encontrar fórmula que garanta a continuidade de uma revisão gradual da política para Cuba. Querendo ou não, ficamos no centro das articulações. Nosso novo embaixador na OEA, o ex-chefe de Cerimonial, Ruy Casaes, tem estado muito ativo e chegou a coordenar grupos de redação. Eu próprio recebi ligações de Bruno Rodríguez, Insulza e Hillary Clinton. Há cerca de duas semanas, recebi a visita da anfitriã da Conferência, ministra de Honduras, Patricia Rodas, que veio ao Brasil especificamente para conversar sobre esse tema. Desse encontro surgiria a fórmula que eu já havia discutido brevemente com Insulza durante sua visita a Brasília. Essencialmente, tratar-se-ia de "contornar" o TIAR e adotar, no âmbito da própria OEA, resolução que "deixe sem efeito" a decisão de 62. Sobre isto, não parece haver grande dúvida. Afora os arroubos da Alba, o problema que surge do outro lado (i.e. Estados Unidos, Costa Rica, talvez Colômbia, Canadá e alguns caribenhos) seria o de não pressupor que o regresso de Cuba à organização se dê de forma automática (o que, aliás, não é nem o desejo de Cuba). Para tanto, esses países querem, de forma direta ou indireta, invocar na Resolução a ser adotada instrumentos como a Carta Democrática da OEA, o que equivaleria a uma nova condicionalidade, ou pior, a um novo julgamento de Cuba. A solução que temos procurado dar poderia ser resumida na dupla negativa: "nem automaticidade, nem condicionalidade". Isso poderia ser obtido com uma resolução que, além de "deixar sem efeito etc....", autorize (sic) o Conselho Permanente da OEA a estabelecer um diálogo

---

47 Refiro-me, naturalmente, ao secretário-geral da OEA, José Miguel Insulza.

com Cuba – quando esta assim o solicitar – sobre procedimentos (e não condições) para sua reincorporação plena na Organização. Não havendo referência a instrumentos democráticos ou algo parecido é possível que os cubanos critiquem, mas engulam. Mas será isso suficiente para os Estados Unidos? A longa e franca conversa que tive com Hillary Clinton, a seu pedido, sábado último, não me deu confiança plena a respeito. O fato de Obama estar querendo falar com Lula – o que ocorrerá hoje por volta das onze e pouco (hora de El Salvador e Honduras), quando estarei voando entre Manaus e São Pedro Sula – demonstra a aflição norte-americana com o tema. Meu recado para o presidente (se conseguir falar com ele durante a escala em Manaus) seria: vamos tentar ajudar, mas dentro de limites que não nos desgastem com Cuba, cuja relação deve ser preservada.

[Retomo minha anotação horas depois de minha chegada.]

Honduras: o nome, segundo me dizem, significa "funduras", referência aos vales espremidos entre as montanhas. Aqui, na cidade de São Pedro Sula, próxima ao Atlântico e que, há poucos dias, sofreu o impacto de um terremoto 7.1, com epicentro no mar do Caribe, vamos ter a reunião que tem como único item importante de deliberação a resolução VI/62, que excluiu Cuba do sistema interamericano.

As negociações ainda parecem confusas, com exigências dos Estados Unidos para se juntarem a um texto proposto pelos países membros da ALADI[48], conjuntamente com as nações do Caribe e o Canadá. O grupo Alba está de fora, o que não é bom. Dentro de alguns minutos, nosso embaixador na OEA virá dar-me um briefing. A partir daí, veremos.

Obama e Lula acabaram não se falando. Nosso presidente diz que a posição que temos defendido é a correta, mas não estou seguro de que eu tenha sido capaz de transmitir todas as complexidades da situação. Em todo caso, Lula me confirmou que devemos evitar confrontações com o novo governo norte-americano.

O que terá feito a balança pender para o lado do bom senso?

3/6/2009 O fracasso da reunião de São Pedro Sula, a rigor, não merece uma crônica. O surpreendente é que, em dado momento, estivemos próximos de um resultado positivo. Para começar, a condução do encontro não poderia ter sido mais amadorista. Inicialmente, pensei que a inexperiente chanceler Patricia Rodas estivesse apenas "perdida". Aos poucos, fui chegando à conclusão que era algo mais grave. Não tinha sentido de realidade. Não soube manter a equidistân-

---

48   É curiosa e pouco comum a utilização do grupo ALADI (no caso, sem Cuba, por motivos óbvios) como instrumento de uma negociação política.

cia necessária entre suas posições nacionais (ou melhor, como integrante da Alba) e a de outros interlocutores. Cada vez que o grupo de trabalho, criado por insistência minha com apoio de outros como Chile, Argentina e México, parecia chegar perto de um ponto de equilíbrio, a presidenta da Conferência complicava desnecessariamente a situação. Em certo momento, revelando uma "jogada mal ensaiada" (no dizer de um dos meus assessores), instigou – melhor dito, forçou – o representante nicaraguense a objetar a uma fórmula de conciliação, surpreendentemente sugerida pela Venezuela, seu companheiro na Alba (posteriormente Maduro diria que apenas sistematizara sugestões de outros países). O que custamos a perceber é que havia, na verdade, dois processos. Um que consistia na negociação entre os integrantes do grupo que incluía, além da anfitriã, Venezuela, Nicarágua, Brasil, Argentina, México, Estados Unidos, Canadá, Jamaica e Belize. Este processo na realidade uma "fachada". O verdadeiro núcleo decisório, onde ocorria a triagem das propostas, se dava no interior da Alba e era comandado por Daniel Ortega e por Manuel Zelaya, este em constante contato telefônico com Havana.

A verdade é que, em função de vários fatores, inclusive uma longa conversa que tive com Hillary Clinton, enquanto corria a 1ª sessão plenária, os norte-americanos, que não desejavam aparecer isolados, mas que tinham limitações de política interna, fizeram várias concessões. O texto que parecia consensuado, já depois da partida de Hillary (aí pelas oito da noite), era bastante razoável. Os parágrafos operativos haviam sido simplificados (especialmente o segundo, que dizia respeito aos procedimentos para a efetiva participação de Cuba nos trabalhos de OEA). O núcleo do projeto, i.e., o "deixar sem efeito" a resolução de 62, havia sido mantido. Por outro lado, os conceitos relativos aos princípios e propósitos da Carta e "outros instrumentos fundamentais" apareciam de forma equilibrada, com a inclusão, por sugestão que fiz diretamente a Hillary, da não intervenção e autodeterminação (vide San Tiago Dantas[49]). Até mesmo a palavra "democracia" aparecia sem o qualificativo de "representativa" – o que permitia abrigar as variantes em voga no continente, desde a bolivariana até a participativa.

Foi em torno dessa versão que se deu o lance, digamos, de uma comédia bufa – não fosse pelas consequências funestas que terá para a OEA – em que Maduro retirou sua própria proposta. A essa altura, os "albaneses" pediram tempo para consulta. Os norte-americanos, depois de alguma chicana desnecessária, aceitaram a resolução "ad referendum". Tiveram alguma dificuldade de conectar a secretária de Estado, já a bordo do avião, rumo ao Cairo, mas finalmente o conseguiram. Sem admiti-lo claramente (naturalmente, esperavam a reação do outro lado), obtiveram o endosso. Mas os nossos amigos da Alba simplesmente desapareceram. Depois de mais de duas horas de enervante espera, pedi ao se-

---

49   Refiro-me ao discurso feito por San Tiago Dantas na Reunião de Consulta do TIAR de 1962.

cretário-geral (que se manteve com posições corretas, mas pouco ativo durante todo o processo) que intercedesse junto aos anfitriões para que nos dessem logo uma resposta. Insulza sugeriu que eu o acompanhasse à sala onde Zelaya e Ortega estavam com alguns representantes da Alba, inclusive o ministro Maduro e o embaixador da Nicarágua, integrantes do GT (mas curiosamente sem a ministra Patricia Rodas, que o presidia). Zelaya pediu que Insulza e eu e mais o chanceler chileno, que nos acompanhou na conversa, fôssemos para a sala ao lado, "mais confortável". Na verdade, aproveitaram o tempo para que restos de pizzas fossem retirados do gabinete onde estavam reunidos nossos amigos, que haviam passado parte do tempo em que aguardávamos sua manifestação jantando com os dois presidentes.

A conversa que Insulza, Mariano Fernández e eu tivemos com Ortega e Zelaya foi um diálogo de surdos. O presidente hondurenho ainda procurou ser simpático e cortês, ao mesmo tempo em que, candidamente, revelava os vetos que vinham de Cuba. Já estava de posse, inclusive, da última reflexão de Fidel, relativa aos acontecimentos do dia. Ortega não teve nem mesmo essa preocupação. Com uma expressão tumular, sem esboçar um sorriso, simplesmente defendia os pontos de vista mais radicais, sustentando que se deveria votar o projeto, próximo do texto quase acordado, mas escoimado da enumeração dos princípios. O objetivo óbvio era deixar os Estados Unidos e mais alguns outros em minoria. À luz dessa proposta, os lances cômicos ou canhestros apareceram para mim como parte de uma manobra, eivada de má-fé, em que concessões, teoricamente recíprocas, eram retiradas na última hora. Ortega não ficou feliz em ouvir de mim e do chileno, com argumentos acrescentados por Insulza, que as instruções que eu recebera do presidente Lula não me permitiriam participar de uma votação (já que o nosso objetivo era o consenso). Em determinado momento, depois de meia hora de improdutiva conversa, pedi licença ao presidente Zelaya para retirar-me; cumprimentei cordialmente a Daniel Ortega, inclusive perguntando-lhe quando iria ao Brasil, e despedi-me dos demais chanceleres e embaixadores dos países da Alba. Já não era mais possível voar naquela noite. Voltei ao hotel e hoje de manhã, depois de relatar brevemente os fatos ao presidente (que ontem me telefonara, antes e depois de uma chamada de Obama), embarquei com meus colegas no Legacy, que me leva a Brasília, com escala em Manaus.

17h (hora de Brasília)

Assim que nosso avião pousou em Manaus, o telefone de minha chefe de gabinete soou. Era o Pedro Saldanha, da introdutoria diplomática, com a notícia totalmente inverossímil de que a resolução sobre Cuba, a resolução que, no futuro, será conhecida como a resolução de São Pedro Sula, fora finalmente aprovada, após os países da Alba anunciarem a retirada da objeção ao parágrafo que enumerava conceitos básicos da Organização. Não duvidei do que acabava de me contar o jovem conselheiro do meu gabinete, mas pedi imediatamente uma ligação a Ruy Casaes – que lhe havia passado a informação. Ruy já estava na sala de reunião, para uma sessão formal que seria presidida pelo próprio presidente Zelaya.

O que terá feito a balança pender para o lado do bom senso, depois de procedimentos caóticos e atitudes míopes reveladas ontem, no nível mais alto? Terá uma contagem virtual de votos levado Zelaya e Daniel Ortega à conclusão de que qualquer tentativa de romper o consenso ocorreria em seu desfavor? Terá Chávez, que, apesar dos impulsos, é o mais racional ou, pelo menos, o mais político, influído sobre os outros líderes, vendo o que havia a perder? Certamente, Zelaya estaria, já antes, apesar de acuado por Ortega e por Cuba, bastante desconfortável com a perda da única oportunidade em um século ou mais de colocar São Pedro Sula nos livros de História. Terão meus argumentos e os de Insulza pesado um pouco nessa "volte-face" tão inesperada quanto benvinda?

Tentei dar a boa notícia ao presidente – supondo que ainda não a tivesse recebido – mas o avião que o transportava estava em processo de decolagem e não foi possível completar a chamada. Creio que ficará contente. Afinal, todos os objetivos foram alcançados: enterramos a resolução anacrônica, reparando, sem necessariamente o dizer desta forma, a injustiça histórica com Cuba; mantivemos o consenso essencial a uma organização como a OEA (que ainda pode ter sua utilidade); evitamos a confrontação entre a América Latina e Caribe e a administração Obama: "Who could ask for anything more?".

Sobre este último aspecto, registro que, ao despedir-se de mim, ontem à noite, quando a esperança de acordo era nula, Tom Shannon, secretário assistente e futuro embaixador no Brasil, agradeceu muito os meus esforços para encontrar uma solução de compromisso, com a qual os Estados Unidos pudessem conviver.

Aliás, como bem lembrou a secretária de Estado, quem poderia imaginar que o governo Obama pudesse ter feito avanços na posição norte-americana sobre o tema de Cuba, em tão pouco tempo? Quando me recordo da reunião de Camp David e das palavras de Bush: "They are evil and we do not want to deal with them"[50], sou obrigado a ver mérito na observação da secretária.

A boa notícia veio amenizar o desconforto de passar mais um aniversário a bordo de um avião da FAB e, até a escala em Manaus, curtindo uma frustração[51].

Relendo essa longa anotação sobre a reunião de San Pedro Sula, algumas imagens e observações vêm à minha mente. Uma delas é a descrição feita pela

---

50 "Eles são do mal e não queremos conversas com eles."

51 Em uma palestra proferida no Instituto Rio Branco, pronunciada em 5 de junho de 2009, "no calor dos eventos", discorri amplamente sobre o significado da decisão tomada na reunião de consulta da OEA. V. *Conversas com jovens diplomatas* (Benvirá, 2011), capítulo "Nem automaticidade, nem condicionalidade".

chanceler mexicana, Patricia Espinosa, de uma cena "patética" que presenciou ao passar pelo vestiário do hotel. Quando a reunião parecia fadada ao fracasso, a ministra de Honduras, em tese coordenadora do encontro, encontrava-se no banheiro/spa com os pés mergulhados em uma bacia de água quente. Evidentemente, havia entregado os pontos.

Observo, também, uma declaração do presidente Zelaya de que "San Pedro Sula" terminou a Guerra Fria. Essa percepção sobre o papel histórico do encontro em Honduras ajuda a explicar a flexibilização da posição hondurenha, anfitriã da Assembleia Geral da OEA, que permitiu o acordo. Outro aspecto a notar é que, em Cuba, de onde vinham as "instruções" para Ortega e Zelaya, as posições não pareciam ser homogêneas, como indicavam as conversas anteriores com o ministro Bruno Rodrigues. Em determinado momento, os arroubos de Fidel devem ter prevalecido, mas não é impossível que o raciocínio mais frio de Raúl e do chanceler tenha levado à conclusão de que Cuba teria mais a perder com a ruptura do consenso.

Finalmente, uma observação sobre a minha relação com a secretária de Estado. Logo depois do almoço, quando nos acomodávamos na sala em que se reuniu o Grupo de Trabalho, Hillary Clinton veio sentar-se ao meu lado, para sentir-se protegida (sic).

Cuba desapareceria das minhas anotações por cerca de seis meses. Em nota de 23 de fevereiro de 2010, comento a II Reunião da CALC, quando se formalizou a criação da CELAC. Refiro-me à atitude de Raúl Castro, impedindo a confrontação física entre os presidentes Uribe e Chávez em um momento em que Lula já não estava na sala[52]. Cuba era, na verdade, uma das maiores entusiastas do processo CALC/CELAC e Raúl Castro não queria que tudo fosse posto a perder pela animosidade entre os dois aguerridos presidentes.

Engajamento e paciência

4/3/2010 Ontem visita de Hillary Clinton. Foram cerca de 3 horas de reunião no Itamaraty, inclusive almoço de trabalho. Depois conferência de imprensa, que durou mais de meia hora. Ao final de tudo, encontro com o presidente. Pela primeira vez, houve um atraso motivado por mim, ou melhor, pela atividade em que estava envolvido. Lula chegou a dizer para a imprensa que não ia discutir com Hillary, que só a estava recebendo, a meu pedido, para uma visita de cortesia. Mas, afinal, Lula acabou falando bastante, principalmente sobre América do Sul e América Latina. Buscou transmitir a Hillary a conveniência de que Obama se en-

---

52 Narrei os detalhes do confronto entre os líderes no capítulo sobre a Colômbia em *Laços de confiança: o Brasil na América do Sul*, op. cit.

gaje mais e de forma mais positiva com a região. Quando Lula já havia feito o seu "discurso", Hillary puxou dois assuntos, um dos quais já havia abordado comigo (Irã)[53] – e que teve a resposta esperada – e outro, Cuba, que não havia abordado comigo. Disse estar transmitindo mensagens do presidente Obama. Em relação a Cuba, disse que os esforços de Washington não estavam sendo correspondidos por Havana, o que atribuiu à atual liderança ("enquanto Raúl e Fidel estiverem no poder pouco haverá a fazer"). Lula procurou distinguir um irmão do outro. Afirmou que Raúl era mais pragmático, desejava aproximação com os Estados Unidos e favorecia reformas, principalmente no campo econômico, mas tinha que lidar com a sombra do irmão mais velho. Recomendou engajamento e paciência. Era o que estávamos fazendo.

11/3/2010 Ontem pela manhã telefonou-me o presidente do Senado, José Sarney. Tenho com ele relações antigas, que se tornaram mais próximas em tempos mais recentes. Sarney gosta de conversar sobre política internacional e sempre se interessa por coisas do Itamaraty. Mais de uma vez me ajudou em questões de interesse do Ministério. [...] O ex-presidente recebeu-me em sua casa, que fica muito próxima da residência que ocupo. Estava vestindo um terno escuro com lenço no bolsinho do paletó e tudo mais. Convidou-me a sentar no sofá e, escusando-se por me obrigar àquele encontro já além das horas normais de trabalho, disse que queria abrir-se (sic) comigo sobre algo que o afligia. Referiu-se ao "trabalho excepcional" que eu estava fazendo, o qual teria ajudado o presidente Lula e o próprio Brasil a alcançarem o lugar que hoje têm no mundo. Estava preocupado que "tudo pudesse ser posto a perder" em função de algumas declarações do presidente, que poderiam ser interpretadas como manifestação de uma "volta ao radicalismo". Mencionou as palavras de Lula sobre Cuba, especialmente a comparação que teria feito entre os dissidentes cubanos em greve de fome e os bandidos nas prisões brasileiras. [...]

Ao voltar para casa, pensando um pouco no que ouvira, fiquei com uma ponta de dúvida se as preocupações do ex-presidente diziam respeito apenas às palavras ou se tinham alguma raiz mais profunda, de conteúdo. Como foi o próprio Sarney que restabeleceu relações com Cuba quando o poder de Fidel Castro estava em pleno vigor, não creio que possa haver neste tema qualquer visão crítica do senador. [...]

7/4/2010 Ontem, longa jornada no Senado. A política externa foi muito questionada pelos senadores da oposição. Alguns estão apenas interessados em construir uma plataforma em terreno em que sabem estar em desvantagem. Arthur Virgílio listou mais de uma dezena de erros da diplomacia brasileira (sempre res-

---

53 Ver *Teerã, Ramalá e Doha*, op. cit.

salvando, como quase todos aliás, o apreço que tem por mim). "Não é muito para sete anos e meio", ironizei. Tasso Jereissati foi inicialmente muito agressivo. Procurou, inclusive, constranger-me (o que não conseguiu) lembrando minhas relações com José Serra em contraste com o meu status atual de "neopetista". Não deixei nada sem resposta e procurei manter a calma e o bom humor. As quase cinco horas da audiência pública transcorreram num tom que se foi tornando mais amistoso, o que foi reforçado pelos discursos finais de parlamentares aliados e/ou amigos (Pedro Simon, Crivella[54], Cristovam Buarque e Inácio Arruda). Houve, de início, muita insistência sobre Irã e Oriente Médio. Mas o tema mais delicado – e que merece efetivamente uma reflexão – é [a necessidade de transição democrática em] Cuba. Não podemos pressionar, mas tampouco podemos omitir-nos. Algo parecido com o que fiz no governo Itamar Franco poderia ser tentado por Lula, até com mais chance de êxito. Parlamentares do governo (Suplicy) ou simpáticos a nós (Pedro Simon) fizeram apelos neste sentido. Mas não será fácil [...].

Em agosto, o chanceler cubano voltaria ao Brasil.

9/8/2010 Bruno Rodríguez veio como portador de uma mensagem verbal de Raúl Castro a Lula. Em essência, o dirigente cubano ficara constrangido pela repercussão negativa da visita de Lula a Havana, que coincidiu com a morte de um dissidente, que fazia greve de fome. O constrangimento fora aumentado pela decisão de Havana de libertar cerca de cinquenta prisioneiros (que os cubanos se recusam a classificar como prisioneiros políticos), mediada pela Igreja Católica, mas capitalizada também pelo governo espanhol. Bruno, falando em nome de Raúl, reconheceu que Havana poderia ter agido de forma que o Brasil e seu presidente pudessem ter tido algum crédito na operação. (Na verdade, ao falar para a imprensa o ministro cubano foi tão pouco claro que me senti obrigado a complementar suas palavras, mas a mensagem perdeu-se). Bruno Rodríguez disse que, em ocasião futura, o governo cubano procuraria envolver o Brasil na preparação e/ou divulgação de eventuais "gestos positivos". No entanto, diante de perguntas minhas sobre possíveis gestos desse tipo, Rodríguez foi, na prática, excluindo uma a uma das hipóteses que aventei. Esta conversa se deu no gabinete do presidente, que visivelmente não se sentiu confortado pelas explicações e promessas de Rodríguez. "Vocês dois continuem a conversar", disse Lula referindo-se a Bruno e a mim. "Depois nos encontraremos para um jantarzinho no Alvorada".

---

54 Pode parecer estranha a referência a Marcelo Crivella. Vale lembrar que o partido do senador integrava a base parlamentar do governo e que o próprio Crivella viria a ser ministro da Pesca no governo de Dilma Rousseff.

No meu gabinete conversei, por quase duas horas, com o ministro cubano. A primeira parte, com a presença de assessores, foi quase exclusivamente sobre projetos bilaterais, especialmente o porto de Mariel, e sobre temas internacionais da atualidade como Irã, Oriente Médio e Coreia do Norte. No que se refere a estes, um arguto colaborador meu, o conselheiro Nilo Dytz, comentou, com humor, que o chanceler cubano estava buscando subsídios para as próximas "reflexões"[55] do comandante. Na parte privada da conversa, procurei explorar um pouco mais com meu colega que ações poderiam ser tomadas na área de direitos humanos e afins que tivessem o efeito desejado e, ao mesmo tempo, representassem avanços reais. Bruno foi um pouco menos evasivo do que na entrevista com o presidente e ficamos de voltar a conversar, inclusive no que toca a possível participação do Brasil no diálogo com os Estados Unidos (o que de resto não será nada fácil, uma vez que Washington continua agastada conosco em razão da questão iraniana). O "jantarzinho" no Alvorada, do qual eu havia previamente me escusado junto ao presidente, foi, como eu previra e conforme me contou o próprio Lula, puramente social.

10/9/2010 A caminho de Genebra, desta vez para participar de um evento organizado pelo "International Institute of Strategic Studies" (IISS) de Londres. Terei também encontros com a alta comissária de Direitos Humanos (Navanethem Pillay); com o alto comissário para Assuntos Humanitários (ex-primeiro-ministro de Portugal, o simpático e eficiente António Guterres) e o secretário-geral (será este o título?) da Cruz Vermelha, Jakob Kellenberger.

Ontem, despachei com o presidente uma carta a Raúl Castro, escrita em tom de reflexão "fideliana", mas de conteúdo bastante pragmático. Em resumo, além das manifestações de apreço pelas conquistas da revolução, a carta aponta para as mudanças necessárias (algumas já em curso) nos campos econômico e político. Evitando tom intervencionista ou "patronizing", a missiva a ser assinada por Lula revela a disposição brasileira de trilhar junto com Cuba esta jornada de adaptação à economia globalizada e oferece as relações com o Mercosul como instrumento de preservação da independência de Cuba ("autonomia pela diversificação", para usar a expressão de um acadêmico sobre a política externa brasileira, que li outro dia). Lula já havia visto uma primeira versão e releu ontem com atenção a versão revisada (após a visita de Bruno Rodríguez, que não gerou, contudo, grandes alterações). Indagou qual o objetivo real que nos levaria a enviar a mensagem e ouviu atento as minhas explicações sobre os novos desafios que Cuba terá que enfrentar se quiser adaptar-se aos novos tempos. Mencionei, também, os "gestos" sugeridos a Cuba, sobretudo na área de direitos humanos, a al-

---

55 Como se recordarão muitos dos leitores, depois de deixar a presidência, Fidel Castro passou a expressar suas opiniões, em tom, por assim dizer, filosófico, por meio de artigos no jornal *Granma*.

guns dos quais há alusões, muito de leve, na própria carta. Entremeei minhas explicações com citações de entrevista recente de Fidel, dada a um jornalista da revista Atlantic (Jeffrey Goldberg), em que o ex-presidente diz coisas notáveis, entre elas, que "o modelo de Cuba está superado"[56]. Estas declarações do vetusto líder sublinhavam, a meu ver, a oportunidade da carta. Esta impressão me foi confirmada em conversa que tive com o embaixador de Cuba, Carlos Zamora, no final da tarde, com quem "testei as águas", como se diz, além de pedir que verificasse a viabilidade de uma visita minha a Raúl (e também a Bruno, naturalmente) a caminho da Assembleia Geral, isto é, daqui a uma semana.

12/9/2010 Informações de Brasília dão como confirmadas as viagens a Cuba e Haiti, na ida e na volta de Nova York, respectivamente. Serão interessantes, cada uma a seu modo. Mostrarão, também, ainda que não seja este seu objetivo, que estamos trabalhando até o último dia. E com propósitos construtivos e não apenas para "cumprir tabela".

18/9/2010 Hoje, quando meu pai cumpriria 106 anos, estou em Cuba, como portador de uma carta de Lula (que elaborei com minha assessoria) a Raúl. Ontem, à noite, estive rapidamente com Bruno Rodríguez, que veio com sua mulher, Olga, visitar-me no hotel onde estou com Ana. Evitei as "Casas de Protocolo" já algo velhuscas. Da última vez, por sinal, tivemos que matar uma aranha caranguejeira com um "spray" tão forte que o quarto onde íamos dormir ficou inutilizável. "Deve ser um remanescente do arsenal soviético de armas químicas", brincou um dos meus assessores. Hoje cedo terei reunião com vários ministros sobre projetos de cooperação (o mais importante é o do porto de Mariel), antes do encontro com Raúl. Não está excluída a hipótese de que possa ver Fidel, dado seu interesse pelo tema do Irã.

A carta de Lula é uma "reflexão" sobre o futuro de Cuba e sua inserção no mundo, passando pela relação com o Brasil e com o Mercosul. Também sugere gestos em Direitos Humanos e reafirma compromisso de cooperação. É uma reedição, atualizada e adaptada aos interlocutores e circunstâncias, da mensagem de Itamar a Fidel, de que fui portador em 1994. O momento, coincidindo com a "despedida" de Lula, é oportuno, dadas as últimas declarações de Fidel sobre o "modelo cubano" (cuja interpretação foi, porém, desmentida) e as mudanças econômicas (especialmente na máquina do Estado). Espero que a carta esteja adequadamente arquivada.

---

56 GOLDBERG, Jeffrey. Fidel: 'Cuban model doesn't even work for us anymore'. In: *The Atlantic*, 8 de setembro de 2010.

Demonstrações de confiança

19/9/2010 Aguardo a partida na varanda da suíte que me foi reservada no Hotel Meliá. A suíte leva o nome de uma cantora lírica cubana, Rita Montaner. Ontem, vimos um bom espetáculo do "Ballet Español de Cuba", com números muito criativos, cenários simples e bonitos e algumas bailarinas e bailarinos de primeira qualidade. Como o nome da companhia indica, tratava-se de dança flamenca. A propósito, nunca me esqueci de uma dançarina, Rosa Durán, a quem assisti da primeira vez em que visitei Madrid com minha mãe e, um ano e meio depois, de novo, com minha mulher e o meu amigo Celso Terra. Lembro-me que o meu xará comentou, diante da beleza da dança de Rosa Durán, que chegava a atingir níveis quase espirituais de expressividade, sem perder a sensualidade, que era inconcebível imaginar que houvesse no mundo coisas tão terríveis como as armas nucleares. (A preocupação com essas armas ficou algo fora de moda, mas volta à tona com as últimas crises no Oriente Médio, especialmente no Irã, e se tornou quase uma obsessão de Fidel em suas últimas reflexões. Aliás, eu mesmo viria a ocupar-me bastante do tema, em momentos distintos da minha vida).

A manhã de ontem foi de intenso trabalho. Saí, como previsto, um pouco antes das nove para um encontro presidido por Ricardo Cabrizas, vice-presidente do Conselho de Ministros. Cabrizas é meu conhecido desde o tempo em que se encarregava de comércio e chefiava as delegações cubanas à OMC. Participou de várias reuniões do G-20, às quais me tocava presidir. O encontro contou com vários outros ministros e vice-ministros (inclusive "Fidelito", filho do Comandante, que se ocupa de Ciência e Tecnologia). Tratamos, de forma rápida e objetiva, dos vários projetos em andamento, que poderão levar a um aprofundamento das relações com Cuba, que tem avançado muito nos últimos anos. O destaque maior é para o porto de águas profundas de Mariel. Houve rápidas menções ao comércio de alimentos, à cooperação científica e a projetos de investimento. Esta reunião ministerial que "Celso ha convocado", na expressão algo irônica de Bruno Rodríguez, teve que ser comprimida. Ao chegar ao edifício onde ficam vários órgãos do governo, fui advertido pelo protocolo cubano que o presidente Raúl Castro me receberia às 10 horas. Minutos antes, fui conduzido pelo próprio Cabrizas ao meu carro, no qual entrou apenas uma pessoa, em guaiabeira (como todos), que se sentou no banco da frente, ao lado do chofer. Nem sequer o funcionário do cerimonial cubano me acompanhou, embora uma van (em que, como verifiquei depois, estava um funcionário meu conhecido, Ernesto Pulgarón, que costuma servir de intérprete para o português a Fidel) nos seguisse à distância. Meus colegas que haviam assistido à reunião com Cabrizas e os outros ministros foram despachados em outra direção. Se já não estivesse acostumado com as práticas cubanas, temeria ser sequestrado. Minutos depois, entrei pela porta principal de outro edifício, quase contíguo ao anterior, que depois fiquei sabendo tratar-se do Ministério da Defesa. Isso explicava o número de funcionários em uniforme militar, que me havia inicialmente surpreendido. Fui levado rapidamente ao escritório de Raúl, o mesmo que, segundo ele próprio, ocupava antes de ser elevado ao cargo de presidente, em função da enfermidade do irmão. Raúl, que estava em companhia de Bruno Rodríguez, recebeu-me de forma muito afetuosa e alegre, o que ficou registrado nas fotos que recebi ontem mesmo, à noite. Foi uma longa conversa, substantiva e rica em detalhes, que, em linhas gerais, seguiu o roteiro contido na própria carta de Lula, cuja tradução Bruno leu em voz alta, a pedido de Raúl.

Tudo, ou quase tudo, do que foi conversado figurará no relato que será feito a partir do meu "debriefing". Deixo para acrescentar algum aspecto que tenha sido omitido quando tiver a oportunidade de transcrevê-lo (o que provavelmente só ocorrerá dentro de vários dias). Desde já, registro que foi uma conversa longa, de quase três horas, de grande cordialidade e franqueza e durante a qual o presidente cubano me deu várias demonstrações de confiança. Bruno Rodríguez falou muito pouco, apenas para dar um ou outro esclarecimento. O diálogo ficou limitado praticamente a Raúl e a mim. Ao final, Raúl Castro acompanhou-me até o automóvel, que fez chegar à entrada privativa que ele utiliza ("tratamento reservado a Chefes de Estado", brincou). Parti, só com o chofer, em direção ao hotel, onde me esperavam minha mulher, meus assessores e o encarregado de Negócios, Vilmar Coutinho, acompanhado de sua esposa Tânia.

Reproduzo em anexo relato da minha conversa com Raúl Castro, feito pela secretária Tainá, a partir do "debriefing" que fiz para os meus colaboradores ainda em Havana.

Em 23 de setembro, mencionei Cuba no discurso que pronunciei na abertura da Assembleia Geral da ONU (à qual o presidente Lula decidiu não comparecer devido à proximidade das eleições):

> [...] O Brasil reitera seu repúdio – que é de todos os latino-americanos e caribenhos – ao ilegítimo bloqueio a Cuba, cujo único resultado tem sido o de prejudicar milhões de cubanos em sua luta pelo desenvolvimento.

Em uma nota de tom já nostálgico pelo iminente fim do governo, escrita em 5 de dezembro em Mar del Plata, por ocasião da Cúpula Iberoamericana, volto a fazer referência à carta de Lula a Raúl Castro. A menção a Cuba aparece no segundo parágrafo da anotação:

5/12/2010 Ontem soltamos a nota com cópia das cartas de Abbas e Lula sobre o reconhecimento da Palestina. A imprensa se deu por satisfeita com algumas poucas informações, transmitidas de forma entrecortada pelos microfones do aeroporto, onde soprava forte vento. Hoje é que virão os comentários. Ontem mesmo Israel emitiu nota crítica, dizendo que nossa ação contraria o processo de paz, os compromissos palestinos etc... Nada disso é verdadeiro. A iniciativa vem na hora certa, devido ao impasse causado pela recusa israelense em congelar os assentamentos. A Foreign Policy, rápida, "postou" no seu site a ação do presidente Lula e seu transformativo (sic) ministro do Exterior. Como disse um dos meus jovens colegas da Assessoria de Imprensa: "they are running out of adjectives".

Também, ontem, já depois que me havia recolhido, resolvi voltar à suíte do presidente. Essencialmente, queria falar sobre a divulgação da carta a Raúl Castro. Ele concordou. Trata-se apenas de desenhar a estratégia. Ao final, depois que os outros "áulicos" (pessoal do cerimonial, nosso e da presidência, assessoria de imprensa etc...) se retiraram, Lula ofereceu um cafezinho expresso, que, ele sabe, eu raramente recuso, mesmo à noite. Falamos um pouco do futuro. Continua não excluindo que Dilma me chame para algo, mas ele está mesmo mais interessado é no que possamos fazer juntos: "agora, vamos descansar" (encantou-o a ideia de passarmos os dois casais alguns dias em Buenos Aires). "Aí, lá para março, vou chamar uns companheiros, você, o Franklin, para ver o que vamos fazer!" Não escondi que o que me causa mais aflição não é a ausência do cargo (qualquer cargo) e suas pompas. Mas já não sei viver (e trabalhar) sem uma secretária e uma assessora. (Motorista, é mais fácil de substituir: sempre se pode usar o táxi!)

Da minha janela, vejo o mar, de lado. Lembra um pouco as praias do Mar do Norte (Scheveningen) ou, com boa vontade, Rimni. O sol bate forte sobre a vidraça, mas as poucas pessoas na rua, guardas, seguranças, estão bem agasalhados). Vou tomar café com meus assessores (Liliam, Nilo, Bruno, além da Laurinha). Depois me junto ao presidente para um café da manhã com o primeiro-ministro de Portugal. Por incrível que pareça, será questão de ajuda financeira que possamos prestar à "mãe-pátria".

HAITI

Até ter sido nomeado ministro pelo presidente Itamar Franco, pouco me havia ocupado do Haiti, o mais pobre de todos os países das Américas, o único classificado pela ONU como "país de menor desenvolvimento relativo". A referência mais próxima que tinha do país era antes de natureza pessoal e afetiva, pois aí falecera um grande amigo, o jovem diplomata Celso Ortega Terra, tragado por uma inundação enquanto tentava salvar uma mulher haitiana.

Mesmo no governo Itamar, a atenção que dei ao Haiti tinha mais a ver com questões de princípio, relacionadas com a intervenção de uma força multinacional, a *Uphold Democracy*[1], que depôs o governo militar de Raoul Cédras e restituiu o poder a Jean Baptiste Aristide. A operação foi patrocinada por Washington durante o governo Clinton, do qual Aristide se aproximara durante o exílio. Independentemente do mérito e dos objetivos, a ação nos preocupava, à luz do princípio da não intervenção. A operação foi autorizada pelo Conselho de Segurança da ONU, do qual o Brasil fazia parte nessa ocasião (biênio 1993-1994). Nas votações a respeito, o Brasil se absteve, acompanhado apenas da China, em um gesto de relativa rebeldia, em um momento em que o "multilateralismo assertivo" sob a liderança de Washington vigorava a todo vapor. Recordo-me que mesmo a abstenção pareceu ao presidente Itamar insuficiente, algo como "ficar em cima do muro". Foi necessária alguma persuasão de minha parte, com os argumentos que fornecia nosso representante nas Nações Unidas, o embaixador Ronaldo Sardenberg, para demover o presidente de uma atitude que seria considerada excessivamente confrontacionista.

Antecipando um pouco a narrativa, foi necessário algum malabarismo mental para distinguir a situação de 1994 daquela que viria a ocorrer dez anos depois, quando o Brasil não só aceitou participar, como também exerceu o comando da Minustah[2]. O argumento principal foi o de que, nos anos 1990, tratou-se de uma operação multinacional, sob a liderança dos Estados Unidos, ainda que autorizada pela ONU, enquanto, em 2004, o que estava em tela era

---

1   Autorizada pela Resolução 940 do Conselho de Segurança da ONU, a operação foi liderada pelos Estados Unidos, com contribuição da Polônia e da Argentina, e atuou no Haiti entre setembro de 1994 e março de 1995.

2   Missão das Nações Unidas para a Estabilização do Haiti.

uma missão de paz da própria ONU (capacetes azuis). Uma distinção sutil, mas importante. A propósito de 2004, o Brasil não participou da operação militar que resultou na saída de Aristide de Porto Príncipe, a qual antecedeu a criação da Minustah.

Essas questões vão aparecer nas diversas anotações que se seguem. Há um ponto, entretanto, em relação ao qual minhas notas são praticamente omissas: o do momento exato da decisão presidencial de enviar militares brasileiros ao Haiti. Segundo o relato de um estudioso do tema, a decisão teria sido anunciada pelo porta-voz da presidência, André Singer, a propósito de uma conversa telefônica com o presidente George W. Bush[3]. Curiosamente, eu não tenho registro a respeito, embora, como se verá, antes e depois desse fato, a questão tenha sido discutida tanto internamente quanto em âmbito internacional com meus interlocutores.

Entre o episódio de 1994 e o envolvimento profundo do Brasil no Haiti a partir de 2004, eu me ocupei, embora lateralmente, da questão haitiana no período em que representei o Brasil no Conselho de Segurança (1998-1999). Feitas essas observações preliminares, as anotações (inclusive as que contêm reminiscências de períodos anteriores) praticamente falam por si mesmas.

2/7/1999 Na próxima semana, começará a reunião do ECOSOC[4]. Como é correto e tradicional, o embaixador na sede da ONU, em Nova York, Gelson Fonseca, virá para a primeira semana. Eu não integro a delegação, o que também corresponde à prática. Ainda assim, fui convidado para um debate de alto nível sobre o ECOSOC, a realizar-se em Turim, relacionado com a Presidência italiana do órgão. [...]

O motivo mais imediato do convite, feito pelo representante permanente da Itália, Paolo Fulci, está ligado à minha participação pessoal num tema, que, depois de muito esforço, terminou por entrar na agenda do ECOSOC, apesar das resistências iniciais de alguns membros permanentes do CSNU. Trata-se, essencialmente, da questão de como abordar uma situação já não caracterizada como ameaça à paz e à segurança, mas que continua a merecer cuidados da comunidade internacional. Tais situações, que, grosso modo, podem ser equiparadas às cobertas pelo conceito de "post-conflict peace building" ou de ações humanitárias na esteira de conflitos, não dispunham de um foro intergovernamental que as acompanhasse. Logo que o Brasil entrou para o CSNU em 1998, passei a defender que o ECOSOC se ocupasse dos aspectos socioeconômicos e/ou humani-

---

3   SEITENFUS, Ricardo. *Haiti: dilemas e fracassos internacionais* (Unijuí, 2014). Segundo notícia da BBC em 4 de março de 2004, a participação dos soldados brasileiros deveria ocorrer apenas em "uma segunda etapa", a "depender da logística das Forças Armadas".

4   Conselho Econômico e Social das Nações Unidas.

tários, especificamente no caso do Haiti – que era o que estava em pauta. Na ocasião, o Reino Unido, entre outros, reagiu de maneira muito negativa, o que chegou a gerar um dos poucos diálogos ásperos que tive no Conselho, neste caso com Sir John Weston (embaixador britânico). Com o tempo, fui refinando a ideia. Valendo-me de uma "dica" do representante da Rússia, o meu amigo Sergei Lavrov[5], sugeri que se devia operacionalizar o artigo 65 da Carta, que se refere à possibilidade de o Conselho de Segurança pedir assistência ao ECOSOC[6]. Depois de várias tentativas e passos intermediários, conseguimos, no final de 1998, que a resolução que prorrogou o mandato de força policial no Haiti[7]incluísse convite (sic) ao ECOSOC para ocupar-se, juntamente com outros órgãos, dos aspectos econômico-sociais da situação haitiana[8].

A importância disso tudo resume-se no seguinte: ao retirar um dispositivo da Carta do seu "estado de dormência" (como o SG Kofi Annan viria a afirmar em relatório à Assembleia, em 1998), pela primeira vez se criava a oportunidade para que ações humanitárias ou de desenvolvimento em uma situação pós-conflito fossem tratadas em um foro intergovernamental das Nações Unidas. Isto cobria, na prática, uma lacuna do sistema; além disso, era uma forma de valorizar o próprio ECOSOC, órgão que ficara à deriva e em busca de identidade, dando-lhe uma atribuição concreta e específica. Foi obviamente este o aspecto que interessou a Fulci, cujo início de mandato na Presidência do ECOSOC havia coincidido com a presidência brasileira do Conselho de Segurança durante a minha gestão. Fulci elegeu esta questão, em particular o caso do Haiti, em prioridade. Daí, entendo o convite para que eu participe do encontro em Turim.

Já mencionei aqui (ver Cuba) reminiscências de um encontro, à margem da Assembleia Geral da OEA em Belém do Pará, em junho de 1994, com o vice-secretário de Estado Strobe Talbott em uma anotação relativa à conversa com a economista Laura Tyson. Transcrevo trecho em que o Haiti é mencionado:

---

5   Essa não foi a única cooperação que mantive com o embaixador Lavrov. Atuamos conjuntamente em questões como o Iraque (neste caso, também com a ativa participação de Alain Déjammet, da França) e Kosovo. Anos mais tarde, ambos ministros, Lavrov e eu acertamos, em uma conversa à margem de uma reunião da ONU, a transformação dos "BRIC", até então mera sigla criada pelo economista Jim O'Neil, em um foro de concertação política.

6   Art. 65 da Carta da ONU: "O Conselho Econômico e Social poderá fornecer informações ao Conselho de Segurança e, a pedido deste, prestar-lhe assistência".

7   A Missão da ONU de Polícia Civil no Haiti (MIPONUH, na sigla em inglês) foi criada pela Resolução 1141 (1997) do Conselho de Segurança da ONU. A MIPONUH (diferentemente de suas antecessoras UNTMIH, UNSMIH e UNMIH) não tinha componente militar.

8   Os países desenvolvidos, entre os quais os membros permanentes ocidentais do CSNU, preferiam tratar desses aspectos em reuniões informais de "grupos de doadores", o que lhes assegurava o controle das ações internacionais.

16/5/2002 [...] A conversa com Strobe concentrou-se em dois pontos. Cúpula das Américas e Haiti. Neste segundo caso, os Estados Unidos queriam testar até que ponto iriam as nossas resistências, em nome do princípio da não intervenção, a algum tipo de ação militar. Antes já nos tínhamos recusado a acompanhar "demonstrações navais" norte-americanas (que aliás terminaram em fiasco), em parte porque, mesmo sem ter nenhuma simpatia pelo regime de Cédras (por sinal, Aristide foi recebido por Itamar durante esta mesma reunião da OEA), não víamos na situação nenhuma ameaça à paz e à segurança internacionais. Tratava-se principalmente de uma questão migratória dos Estados Unidos. Havia, evidentemente, sérios problemas de direitos humanos, mas achávamos que estes poderiam e deveriam ser encaminhados pelos meios da OEA (inclusive sanção econômica, com possível participação da ONU), sem uso de força. Na ocasião, Talbott assegurou-me que a eventual presença militar se daria sob o capítulo VI ("solução pacífica de conflitos") e não sob o capítulo VII ("enforcement"), com o que poderíamos em princípio concordar. Afinal, as coisas se passaram de forma diferente e o Brasil se viu praticamente isolado (com a companhia da China), ao abster-se no voto que teve lugar no CSNU, dois ou três meses depois do meu encontro com Talbott.

A Minustah

Voltando ao governo do presidente Lula, constato que o Haiti só é mencionado, muito *en passant*, em uma anotação de 21 de março de 2004, escrita durante uma viagem a Pequim. O país faz parte de uma lista de temas que me ocupavam naquele momento, juntamente com ALCA, Venezuela, CDH etc. Como já referi várias vezes, minhas anotações desse período eram muito rarefeitas e deixam de lado muitos temas importantes. Cito de memória alguns fatos relacionados à decisão de enviar tropas ao Haiti. A gravidade da situação no país era, evidentemente, um tema de preocupação. Tínhamos a clara noção de que Aristide perdera o controle da situação, ao mesmo tempo que cresciam as ações de bandos armados, inclusive as comandadas pelos ex-militares, retirados do poder em 1994. Os partidários de Aristide também se comportavam de maneira violenta em relação a opositores. Com esse pano de fundo, os governos de alguns países, sobretudo França e Estados Unidos, passaram a contatar-nos com o objetivo de obter a participação (ou, eventualmente, mesmo liderança) do Brasil em eventual ação militar no Haiti. Recordo-me especialmente de um telefonema do ministro Dominique de Villepin, durante o carnaval de 2004, estando eu de férias na cidade de Tiradentes. Villepin, com quem mantinha relações muito próximas, em virtude da oposição à invasão do Iraque, procurou enfatizar a importância de uma participação brasileira no contexto do papel regional e global do Brasil. Recordo, a propósito, que o ministro francês apoiara explicitamente o pleito brasileiro em relação ao Conselho de Segurança por ocasião de uma visita que fiz a Paris no contexto de uma Comissão Mista Brasil-França. Durante o telefonema, lembrei os motivos que nos levaram à abstenção da citada Resolução 940 de 1994. Salientei que o Brasil via com reservas a participação em "forças multinacionais", ainda que autorizadas pela ONU. Não me recordo exatamente de todo o teor da conversa. Mas não devo ter fechado a porta totalmente à eventual presença brasileira em uma força de paz criada sob a égide da ONU (capacetes azuis). A distinção pode parecer algo bizantina, mas não deixava de ter implicações práticas e políticas. A força multinacional tinha como objetivo intervir em uma situação interna e era liderada por um país ou grupo de países. Uma força de paz, como veio a ser a Minustah, além de obedecer ao comando político da própria ONU, visaria a prevenir choques armados em uma situação já criada. Essa diferença se refletia na base legal da operação. Enquanto a força multinacional viria a invocar o capítulo VII[9], a força da ONU derivou o seu fundamento do capítulo VI (manutenção da paz, após acordo), ainda que com elementos do capítulo VII, para situações específicas[10].

Semanas após o telefonema de Villepin, Chirac chamaria a Lula sobre o tema. Colin Powell também me ligou sobre a situação haitiana, já em momento mais avançado da crise. À época, a força multinacional já fora constituída e a conversa se concentrou na participação de tropas brasileiras e o eventual comando do que viria a ser a Minustah. Houve conversas paralelas entre Donald Rumsfeld, secretário de Defesa norte-americano, e o nosso ministro e meu amigo, José Viegas. Segundo a lembrança que tenho dos meus diálogos com Viegas, tratou-se principalmente do número de efetivos brasileiros empregados e a designação de um general nosso como *Force Commander*. Até então, minha inclinação era por uma participação mais reduzida, mas convenci-me da importância de termos o comando da operação. Para mim, era essencial que a nossa presença se desse em um contexto totalmente "onusiano". Como já disse, essa era uma das diferenças importantes em relação a 1994.

Na sequência da decisão de participar da Minustah, Viegas e eu fizemos uma apresentação conjunta em reunião de líderes do Congresso. Apesar da resistência inicial de alguns parlamentares, o envio das forças foi aprovado sem maiores dificuldades. Críticas continuaram a ser feitas após a chegada das nossas tropas. Mas a ida de parlamentares, como o senador Cristovam Buarque e o deputado Fernando Gabeira, a Porto Príncipe convenceu-os da importância da nossa participação. Alguns deles chegaram a defender que "deveríamos fazer mais".

---

9   Ver Resolução S/RES/1529 (2004).
10 Ver Resolução S/RES/1542 (2004).

O "jogo da paz"

Em uma anotação de 29 de agosto de 2004, refiro-me a duas importantes vitórias: Venezuela e Haiti. No caso do Haiti, não é claro a que fato específico estava me referindo, mas é muito provável que estivesse aludindo à boa repercussão do "jogo da paz", entre as seleções brasileira e haitiana. Acompanhei o presidente nessa partida de grande simbolismo. Foi esta, aliás, a minha primeira viagem ao Haiti. Recordo-me haver estranhado a ausência do meu amigo José Viegas, que se empenhara na participação dos nossos militares na Minustah. Interpretei esse fato como decorrência dos problemas que começava a ter no âmbito do Ministério da Defesa e que acabariam levando à sua saída alguns meses mais tarde. Tais problemas, entretanto, nada tinham a ver com o Haiti.

A iniciativa do "jogo da paz" foi do próprio presidente, em contato com a CBF. Talvez tenha sido um dos momentos em que o *soft power* do Brasil se tornou mais evidente. O percurso entre o aeroporto e o palácio presidencial e deste ao Estádio foi memorável. Nossos jogadores foram de pé, levados pelos blindados das tropas brasileiras da Minustah, em meio a avenidas cercadas por multidões que queriam ver os "deuses", na expressão usada pelo primeiro-ministro do governo provisório, Gérard Latortue. Segundo os relatos jornalísticos, que nunca exageram para elogiar, um milhão de pessoas foi às ruas. A presença pacífica de tanta gente contrastava com a visão dos canais de Porto Príncipe entulhados de destroços, que incluíam carcaças de automóveis e, segundo me disseram, cadáveres. Contrastava, sobretudo, com a imagem de um país violento, assolado por bandos armados e traficantes de drogas. A inédita partida de futebol, em que a seleção brasileira impiedosamente derrotou o Haiti por seis a zero, foi objeto de reportagens jornalísticas (recordo-me especialmente de um longo artigo no *Der Spiegel*[11]) e documentários cinematográficos. Foi no filme *O dia em que o Brasil esteve aqui*, de Caíto Ortiz e João Dornelas, que, pela primeira vez, ouvi o conceito de "poder brando" ser usado em uma situação concreta relativa ao Brasil, por um sociólogo haitiano. O jogo seria a primeira iniciativa (e a de maior impacto) de uma série de ações que procuraram criar uma maior aproximação entre as sociedades haitiana e brasileira. Várias atividades culturais foram realizadas nos meses e anos que se seguiram, entre as quais a exposição conjunta de pintores *naïf* brasileiros e haitianos bem como intercâmbios de visitas de grupos musicais e religiosos de origem africana. Ações de cooperação, algumas delas com participação da sociedade civil, foram realizadas com o mesmo objetivo.

O Haiti foi uma preocupação constante. Fiz inúmeras visitas a Porto Príncipe, algumas vezes em companhia do presidente. No início, minha atenção ti-

---

11 SMOLTCZYK, Alexander. Der Fußballfrieden. *Der Spiegel*, 30 de agosto de 2004.

nha dois focos principais: a estabilização da situação de segurança, que, em última análise, dependia muito mais do comando militar e a legitimação da presença do Brasil, sobretudo junto aos países da Caricom, em geral nações pequenas, ciosas de sua soberania e do princípio da não intervenção. Dois meses depois do "jogo da paz", eu me reuni com os ministros das Relações Exteriores do grupo à margem da AGNU. Em 5 de outubro de 2004, refiro-me à visita ao Brasil da ministra do Exterior de Barbados, Billie Miller, no mesmo dia em que recebi o secretário de Estado Colin Powell. Segundo a anotação, a "maior preocupação no momento é com o Haiti, que será objeto de conversas com ambos".

No que tange à segurança, havia uma constante pressão dos países interessados, sobretudo desenvolvidos, no sentido de ações mais "enérgicas" por parte das tropas brasileiras. Da nossa parte, preocupava-nos a possibilidade de que uma atuação mais robusta pudesse causar vítimas civis[12]. Colin Powell foi muito elogioso em relação à atuação brasileira na Minustah. Na mesma ocasião, o secretário de Estado afirmou que "o Brasil é um candidato sólido para ocupar uma vaga de membro permanente no Conselho de Segurança".

14/10/2004 Ontem, dia cheio: Palestra na UnB. Despacho com o presidente: Haiti (Aristide), OMC (dúvidas sobre candidatura), obras de infraestrutura etc.

A anotação anterior é lacônica e pouco esclarece. Imagino que a minha referência ao Aristide se devesse à sua localização provisória em um país do Caribe e à busca de um local definitivo para o seu exílio, que terminaria sendo a África do Sul. É possível, mas não guardo lembrança nítida sobre isso, que tenha havido alguma solicitação para que fosse concedido asilo no Brasil.

Em nota de 20 de outubro sobre outras questões (Mercosul-OMC, entre outros), minha preocupação volta a aparecer:

---

12 O assunto até hoje gera polêmica. ONGs produziram relatórios sobre um verdadeiro massacre que teria ocorrido em uma operação em Cité Soleil. À época, os ruídos que eu ouvia de países desenvolvidos e da própria ONU eram de sentido inverso: a ação da Minustah e, em particular, das tropas brasileiras era considerada excessivamente suave. Uma reportagem da revista *Economist* chegou a citar qualificativos altamente pejorativos aos nossos soldados: "In Pétionville, a wealthy enclave on the slopes of a hill overlooking the capital, the Brazilian troops are referred to disparagingly as *les Brésiliennes*, in the feminine gender". A mesma matéria refere-se à queixa do general Augusto Heleno sobre "pressões extremas" para o uso da violência. Segundo o general, ele era o comandante de uma "força de manutenção da paz" e não uma "força de ocupação". O artigo assinala, entretanto, em termos que soam elogiosos, a crescente "robustez" da Minustah, que estaria começando a mostrar sua "musculatura" ("flex its muscles"). E prossegue: "On December 14th several hundred UN troops in armoured personnel carriers stormed the waterfront Cité Soleil slum, in a surprise attack on a pro-Aristide gang-lord, Dread Wilme. Several people were killed and wounded, according to residents, though the UN said it had no reports of deaths". In: "Operation deep pockets", *The Economist*, 16 de dezembro de 2004.

20/10/2004 [...] Muito mais preocupantes, pela repercussão que podem ter e pela dificuldade intrínseca da situação, são as críticas em relação à nossa presença no Haiti. Tenho trabalhado internamente sobre isso, nos mais diversos planos (militar, político, cooperação), mas obviamente não há garantia de êxito. Foi uma aposta de risco e temos de fazer o máximo esforço para que seja bem-sucedida.

E, logo em seguida, no dia 25 de outubro:

25/10/2004 [...] Hoje, também, reunião sobre China no Planalto (Preferiria ter uma sobre Haiti!).

Um trabalho incessante

28/10/2004 A "batalha" do Haiti continua, dentro e fora. Internacionalmente, tropas, desburocratização dos recursos, apoio à cooperação técnica. Aqui, oposição de setores do Congresso e da Imprensa. Estou convencido (e creio que o presidente Lula também) que fizemos a coisa certa, mas é um trabalho incessante. Ontem o Viegas (que, creio, está para sair) avisou-me da questão da renovação da autorização legislativa. Pedi que estudassem se é realmente necessária. De qualquer forma, o convencimento político do Congresso é uma tarefa que não pode ser deixada de lado. A dificuldade é que neste fim de semana ainda irei a Lisboa (reunião extraordinária da CPLP sobre Guiné-Bissau) e na semana próxima, teremos o Grupo do Rio. O dia teria que ter mais horas.

29/10/2004 Ontem, belo concerto no Itamaraty. [...] A ministra sul-africana Nkosazana Zuma, com quem havia estado em conversações de trabalho durante o dia, honrou-nos com sua presença. É uma pessoa de quem gosto especialmente. Tem uma sabedoria que se expressa de maneira muito particular, muito mais pelo modo como relata as experiências do que por formulações abstratas. Sinto nela uma tranquilidade que só existe em quem conhece a vida. Tem sido uma parceira importante no IBAS, em questões multilaterais e na cooperação bilateral. Ontem, falamos muito de Haiti. Contou-me fatos que eu ignorava, relacionados com a desavença entre a França e Aristide, sobretudo a partir do momento em que este passou a cobrar a devolução dos pagamentos feitos à França (a título de compensação pelas propriedades francesas!), desde a independência até os anos 70 do século passado. Como no caso das conversas que tenho tido no Caribe, acentuei a necessidade de olharmos para a frente, com o que a ministra concordou. Talvez sua visita ao Brasil e as discussões que manteve comigo e com o próprio presidente possam ser úteis para a condução da situação no Haiti. A influência que a África do Sul pode exercer sobre Aristide é potencialmente benéfica, da mesma forma que será positivo "ouvirmos", por essa via indireta, o que o ex-presidente tem a dizer. A dificuldade é como incluir Aristide no processo, sem sua volta física ao Haiti neste momento, dada a ojeriza a ele devotada por americanos e franceses, cuja cooperação no Conselho de Segurança é indispensável. É bem verdade que a eleição nos Estados Unidos pode modificar um dos dados da equação.

Hoje voltarei a conversar com a ministra Zuma. Tenho também um almoço com Marco Aurélio Garcia – que tem tido sempre a gentileza de me relatar os contatos feitos nas missões em que é enviado pelo presidente, normalmente envolvendo forças de oposição ou elementos da sociedade civil (desta vez, Colômbia, Venezuela e Bolívia). Falaremos também de Uruguai (candidatura à OMC) e de Haiti (para onde viajará durante a próxima semana).

Neste fim de semana de todos os santos e de homenagem aos mortos, viajarei para Portugal, em função de reunião extraordinária da CPLP sobre Guiné-Bissau. Ficarei apenas um dia, para voltar a tempo da Cúpula do Grupo do Rio. Depois virão os sete chefes de Estado (China e Rússia, entre eles) e os vários chanceleres (Joschka Fischer etc.) No mês de novembro. Só nesta última semana de outubro foram três. Devo também representar o presidente na "Cúpula Ibero-americana", com possível esticada ao Haiti[13].

Minhas notas são omissas quanto às inúmeras conversas telefônicas sobre o Haiti com outros chanceleres e líderes de organizações internacionais. Uma menção *en passant* aparece em uma anotação de 1º de dezembro, e refere-se ao secretário-geral da ONU Kofi Annan. Frequentemente, o tema Haiti foi objeto de ligações com o secretário-geral da OEA e com o representante especial do secretário-geral da ONU, o chileno Juan Gabriel Valdés.

Nos dias 4 e 5 de novembro, realizou-se, no Rio de Janeiro, a Cúpula do Grupo do Rio. Quatro dias depois, escrevi uma nota a respeito:

9/11/2004 [...] a Cúpula esteve acima das minhas expectativas. A discussão sobre Haiti foi muito substanciosa e, apesar de alguns excessos de Chávez, muito produtiva. Tanto assim que ontem mesmo a ministra de Barbados falou-me longamente da questão, enfatizando que era importante que as ações do G-Rio e do Caricom ficassem "side-by-side". A questão do emissário de Lula para ver o Aristide parece ter gerado alguma polêmica. É claro que se trata de um "canal de comunicação" e não de uma missão para lidar com um "presidente no exílio" ou algo parecido. Enfim, as questões estão evoluindo no campo político e da segu-

---

13 A "esticada" ao Haiti acabou não ocorrendo naquele momento. Faria uma visita a Porto Príncipe um mês depois, mas aproveitaria a Cúpula e o avião reserva presidencial para deslocar-me a Barbados, onde me encontrei com ministros da Caricom em uma reunião especial sobre o Haiti.

rança, mas muito há a fazer, a começar pela questão do apoio técnico-econô-mico-financeiro.

10/11/2004 Ontem tive interessante conversa com o norte-americano Luigi Enaudi, que ocupa atualmente o posto de secretário-geral da OEA, após a renún-cia de Miguel Angel Rodriguez (ex-presidente da Costa Rica). Creio que veio bus-car apoio para sua gestão (ainda que interina), mas o tema mais importante foi Haiti. Nossas visões não são muito distintas: diálogo com todas as partes, recon-ciliação etc. Enfatizou muito a natureza fluida das forças políticas ("o Lavalas[14] não é um partido"). Reconhece a necessidade de canal de comunicação com Aris-tide, mas quase "advertia" contra o risco de permitir sua volta. Também deixou transparecer (embora esta não tenha sido uma nota determinante no discurso) críticas à falta de efetividade da Minustah.

Nosso esforço concentrado continua. Terá sido correto embarcarmos numa ta-refa que consome tanta energia? Se tudo isso servir para salvar o Haiti, ótimo!

Na sequência de uma visita do presidente do Vietnã e do ministro do Exterior da Alemanha, Joschka Fischer, comento outros eventos recentes:

24/11/2004 [...] Na volta de Barbados, com meus assessores e o professor Ricardo Seitenfus, que enviei a Porto Príncipe para colaborar com o representante do SGONU[15] (Juan Gabriel Valdés), viemos fazendo uma avaliação dos últimos aconte-cimentos e das múltiplas preocupações geradas pelas recém-findas reuniões.

5/12/2004 Recebi chamada de Colin Powell sobre Haiti. Nenhuma reclamação; deu conta de seu recente diálogo, inclusive com leve puxão de orelha no pri-meiro-ministro, Gérard Latortue[16]. Sutilmente, em meio a elogios, percebi estí-mulo para "seguirmos fortalecendo" nossa ação em Cité Soleil.

O importante agora será seguir pondo em prática os projetos de assistência ("empréstimo-ponte" com o Banco Mundial), cooperação em áreas como me-

---

14 O "Lavalas" é um movimento político de massa criado por grupos ligados a Aristide, no final da década de 1980. Divergências internas no seio do Lavalas ocasionaram sua subdivisão em dois grupos: o Fanmi Lavalas, pró-Aristide, e a Organização Política Lavalas (OPL), de oposição ao governo de Aristide.

15 Secretário-geral da ONU.

16 Latortue frequentemente fazia declarações inconvenientes, seja em relação à possibilidade de diálogo entre as forças políticas haitianas, seja com críticas à atuação da Minustah. Em uma das vezes que reclamei diretamente com ele, procurou desculpar-se dizendo que havia falado em *créole*, e que não esperava a repercussão internacional do que dissera. Em outro momento, deu claramente a entender que estava cansado da função que lhe havia sido confiada e ansioso por voltar a Miami (sic).

renda e material escolar, coleta de lixo etc. Amanhã o Ruy Nogueira terá encontro com empresas, alguma se aventurará?[17]

Um clima positivo

11/1/2005 Gostaria de ter escrito sobre a minha ida ao Haiti com a memória ainda fresca. Infelizmente não foi possível. Depois da minha jornada intensa em Porto Príncipe, fui ao Suriname. Um resfriado mal curado que já trazia de antes das reuniões de Belo Horizonte e Ouro Preto e que só se agravou com a intensa atividade que fui obrigado a manter, piorou ainda mais na viagem aos dois países, realizada praticamente em seguida à Cúpula do Mercosul. Aos problemas que habitualmente tenho com a pressurização antiquada dos aviões da FAB somaram-se as horas passadas dentro de veículos com ar-condicionado, no próprio Haiti, que as condições de segurança não recomendariam desligar. Este estado complicou-se mais em Paramaribo, pois, sendo o único ministro brasileiro e tendo como contrapartida oito membros do gabinete surinamês, tive que reagir (falar) a cada intervenção. Por isso, no dia 23, nem fui ao trabalho e limitei minha atividade a uma rápida visita de fim de ano ao presidente Lula, para desejar-lhe feliz natal e, por que não?, chorar um pouco pelo dinheiro do Itamaraty.

Parti para o Haiti, no domingo, dia 19, num dos Boeings reservas do presidente (um "sucatinha"), acompanhado de vários embaixadores e de outros funcionários do Itamaraty. Integraram a Missão alguns altos funcionários de outros ministérios, como o presidente da Embrapa, Clayton Campanhola, e o presidente da Fundação Palmares Ubiratan Castro de Araújo, um sujeito gordo e bonachão, que já me havia acompanhado em alguma viagem à África. Outros órgãos estavam também representados: Ministério da Justiça (desarmamento), Educação, Saúde, Segurança Institucional (infelizmente, neste caso, não pela pessoa mais indicada) e Secretaria de Promoção da Igualdade Racial. Levamos também dois empresários da área de engenharia e construção e alguns jornalistas. Pernoitamos em Boa Vista, de onde voamos diretamente para o nosso destino. Com a diferença de hora, pudemos chegar a Porto Príncipe bastante cedo, por volta de oito da manhã. Registro, aqui, algo que disse de público e que reflete o que efetivamente senti naquela manhã do dia 20 de dezembro, quando iniciava o que seria a minha última missão do ano (se a considerar conjuntamente com a visita ao Suriname).

---

17 Ao longo do período de presença militar brasileira no Haiti, empenhei-me em interessar empresas brasileiras em investir naquele país. Em certo momento, cheguei a ter esperança, em decorrência de iniciativa de setores da indústria têxtil, que empresários brasileiros se valessem de esquemas preferenciais norte-americanos, como o programa "Hope".

Havia, durante a viagem, convidado, em grupos, vários dos passageiros para a cabine privativa, normalmente utilizada pelo presidente: diplomatas, representantes de outros órgãos, empresários e jornalistas. Mas pouco antes da aterrissagem, encontrei-me só, cada um tendo voltado a seus assentos originais. Isso permitiu concentrar-me em minhas próprias emoções e sentimentos. De alguma maneira, veio a sensação de que aquela era possivelmente a mais importante missão que realizara, não tanto pela complexidade diplomática, mas, sobretudo, pelo que ela representava em termos pessoais e de Brasil, como engajamento em uma tarefa reconhecidamente difícil.

O 737 sobrevoou a área portuária da cidade, fez uma curva em U e aproximou-se do aeroporto. Antes percebera os morros despidos de vegetação, o cenário desordenado e, finalmente, à medida que se aproximava o momento da aterrissagem, as favelas, que constituem boa parte das habitações de Port-au-Prince. A estrutura e o movimento do porto foram as surpresas mais positivas.

Desembarquei com o sentimento de que minha presença, naquele dia, ali, poderia – diferentemente da grande maioria das visitas – fazer alguma diferença. Não sei se meus antecessores teriam negociado melhor ou pior do que eu com os americanos na ALCA e com os europeus no contexto Mercosul-UE. Mas atrevo-me a pensar que poucos teriam decidido fazer uma visita daquelas, já nos dias finais do ano e depois de uma exaustiva reunião do Mercosul – normalmente o fecho anual de nossas atividades diplomáticas.

Fui recebido pelo ministro das Relações Exteriores e saudado por uma pequena banda de música, que cantava em "créole" e batucava de forma não muito distante da nossa. Depois de breve entrevista no próprio aeroporto, iniciei minha agenda com a visita à brigada brasileira, onde pude elogiar o General Vilela[18], que havia conduzido, com firmeza e habilidade, delicada operação de desocupação da residência do ex-presidente Aristide, evento de potencial altamente explosivo[19]. Tomei um café na cantina dos oficiais, reguei uma muda de Pau Brasil que o presidente Lula havia plantado e, após ter sido homenageado pelo efetivo ali presente, dirigi-me à Chancelaria.

---

18 João Carlos Vilela Morgero, à época general de brigada, comandava o BRABAT (batalhão brasileiro), que integrava a Minustah. Anos mais tarde, reencontrei o general Vilela no Ministério da Defesa, onde exercia a função de comandante das operações terrestres. Diferentemente de alguns de seus colegas generais com passagem pelo Haiti, Vilela passou para a reserva como general de exército, e não se envolveu com a política.

19 A residência de Aristide, então no exílio, havia sido invadida por ex-militares. O risco de um confronto sangrento, com muitas mortes, inclusive de civis, era real e me fazia lembrar a tragédia, alguns anos antes, de Waco, no Texas. Afinal, graças à habilidade do general, a casa foi retomada sem que um tiro fosse disparado.

Não vou detalhar todos os encontros que tive com o governo (presidente, primeiro-ministro, ministro do Exterior)[20] e com a oposição (cinco grupos, na parte da tarde). Foram intensas reuniões, nas quais procurei transmitir mensagens claras sobre o nosso engajamento "para valer" com o Haiti, nossas expectativas sobre o diálogo político e sobre o envolvimento da comunidade internacional. Pude sentir a grande desconfiança entre Governo e oposição, sobretudo o Lavalas, mas também as facções de "centro-direita". Um país destruído, com uma situação de miserabilidade crônica e uma elite vivendo isolada do povo, quando não ausente fisicamente do país. Os acordos assinados durante a minha visita criaram um clima positivo. O exemplo de cooperação Sul-Sul continuaria a repercutir depois de minha partida, segundo o depoimento de Lelé,[21] que ficou por mais um dia. Outra notícia positiva foi a libertação de alguns (ainda poucos) presos políticos já no final de 2004 ou início de 2005. Para completar o quadro de emoções intensas e contraditórias, visitei uma pequena escola, onde distribuí cerca de 200 "kits" de material escolar, primeira remessa de um total de 15.000. As crianças, todas impecavelmente vestidas, em uniformes de um verde sóbrio, mas alegre, entoaram canções de boas-vindas, enquanto agitavam bandeiras brasileiras e haitianas. Foi difícil conter a emoção. A reportagem da Radiobrás registrou as imagens e os sons, numa montagem sóbria e objetiva. Helena Chagas escreveu, em sua coluna, matéria que captou os dilemas e as esperanças da nossa ação no Haiti. [...][22]

"Tsunami socioeconômico"

11/1/2005 Primeira viagem do ano. Conselho de Segurança-Haiti. A passagem por NY tornou-se obrigatória em função da nossa ação no Haiti, mas foi pouco conveniente, do ponto de vista prático, pois já tinha marcado visitas a cinco países africanos: Cabo Verde, Guiné-Bissau, Senegal, Nigéria e Camarões. Darão sinal claro de que a política africana continua ativa. O próprio presidente me disse que pensava fazer outra visita à África neste ano. Hoje, além do discurso, espero ter oportunidade de conversar um pouco com Billie Miller e outras personalidades presentes, como Juan Gabriel Valdés. Aparentemente Kofi Annan estará viajando, em função do Tsunami na Ásia. [...] O meu tempo em NY será curto, mas

---

20 Boniface Alexandre foi presidente após a queda de Aristide, de 2004 a 2006. Gérard Latortue foi primeiro-ministro no mesmo período. O ministro das Relações Exteriores Yvon Siméon ocupou o cargo de março de 2004 a janeiro de 2005.

21 Trata-se da diplomata Maria Nazareth Farani, que seria minha chefe de gabinete.

22 Em um adendo escrito em 22 de outubro de 2010 (ver adiante), recapitulo aspectos dessa minha primeira visita, em meio a comentários mais amplos sobre o sentido de nossa presença na Minustah.

não havia como deixar de vir, em se tratando de Haiti e da presidência argentina no Conselho de Segurança.

13/1/2005 Meu discurso no CSNU teve boa repercussão. Mesmo contrariando certas recomendações dos assessores, referi-me ao "Tsunami socioeconômico" que assola o Haiti há dois séculos. Teve impacto. Aproveitei para ter um pequeno encontro com os ministros da Caricom. Minha amiga Billie Miller, que falou em nome do grupo na reunião formal, foi muito dura, sobretudo na análise. Nas conversas privadas, tem-se mostrado mais pragmática, assim como os dois outros ministros presentes: "Rudy" Insanally (da Guiana) e Fred Mitchell das Bahamas. Aliás, este último está enviando de volta o embaixador a Porto Príncipe, que havia sido retirado após a queda de Aristide. Contei aos ministros e embaixadores presentes (inclusive um alto representante da Caricom) as conversas que tive no Haiti. Reiterei a importância da inserção do país na região e a mensagem que havia passado neste sentido a Latortue. Renovei a oferta de segurança a um eventual representante caribenho.

Na reunião do Conselho, havia uns quatro ou cinco ministros (se incluir o "Ministre Délégué" da França). Dada a dimensão da nossa presença e a presidência argentina, eu não poderia faltar. Soube, depois, que o *Jornal Nacional* (que é o que, de fato, a grande maioria das pessoas vê) cobriu o evento.

8/3/2005 [...] Faço esta anotação, principalmente, para não deixar sem registro o encontro extraordinário que tive com o presidente da Comissão da União Africana, o ex-presidente de Mali, Alpha Oumar Konaré. Difícil traduzir em poucas palavras uma conversa rica que mantivemos por cerca de hora e meia, sem intérpretes. A ocasião foi histórica – reconhecemos ambos. Foi a primeira visita de um ministro brasileiro (e, certamente, latino-americano) à União Africana, inclusive a sua antecessora, a OUA. Konaré falou com grande orgulho e também com franqueza das conquistas, nos planos institucional, de paz e segurança, e de integração econômica, alcançadas pelos africanos nos últimos anos. Falou também da importância dos laços com a América Latina e, em especial, com o Brasil nos mais diversos campos. Deu-me a boa notícia de que os ministros de Relações Exteriores da África, reunidos ontem e hoje, aqui em Adis Abeba, já decidiram pela opção A[23]. Depois, Konaré diria ter visto os sinais de satisfação no meu semblante. Falamos longamente de Haiti. Compartilhamos informações e percepções e concordamos em aprofundar nossa cooperação ("nous vous suivons", disse Konaré, "nous irons côte-à-côte"[24]). A convergência de pontos de vistas foi tão grande

---

23 Trata-se de referência à Reforma do Conselho de Segurança da ONU. A opção A, constante de relatório do secretário-geral sobre a proposta do Painel de Alto Nível, era a favorecida pelo Brasil.

24 Em tradução livre: "nós os seguiremos"; "iremos lado a lado".

que poderia ser parte de um comunicado conjunto. Frisamos (ele, primeiro; eu, depois) a importância de retirar a questão do Haiti do eixo exclusivo Paris-Washington. Falei-lhe dos motivos que nos inspiraram, especialmente a "latino-americanização" (como tenho expressado) do Haiti, a qual, agora, deve ser vista como "latino-africanização". Konaré contou dos contatos que teve com Aristide, na presença de Thabo Mbeki, e dos conselhos que lhe deu. Sua visão coincide perfeitamente com a nossa. Do meu lado, falei dos esforços para levar o Governo a um diálogo autêntico e das críticas que recebemos, por vezes, por atuarmos como força de estabilização e não como linha auxiliar da polícia. Relatei-lhe episódio dos últimos dias em que garantimos o direito de Lavalas de se manifestar pacificamente, contrariando os propósitos repressivos da polícia local.

Na mesma viagem à África, o Haiti reapareceria, a propósito de encontro na África do Sul. Na anotação que fiz a respeito, transparece a minha satisfação com o fato de Pretória ter aceitado a inclusão do Haiti entre os beneficiários.

11/3/2005 Sobrevoando o deserto de Kalahari, após visita à África do Sul [...] A reunião do IBAS propriamente foi muito positiva. [...] Outra evolução importante diz respeito ao fundo IBAS para ajuda a outros países. Concordamos em aporte anual de US$ 1 milhão (como vou obter?!) e foram ventilados projetos na Ásia (Laos e Sri Lanka), na Palestina e no Haiti (grande movimento por parte da África do Sul, à luz da questão Aristide etc).

Nos meses que se seguiram, o Haiti continuou a ser tema de conversas com a secretária de Estado norte-americana Condoleezza Rice e em minhas visitas a países da Caricom. Transcrevo nota escrita em Assunção, durante cúpula do Mercosul:

20/6/2005 Semana intensa também no que diz respeito ao CSNU (G-4)[25] e ao Haiti. Sobre o segundo tema, participei de uma conferência telefônica com Condolezza Rice, na qual estavam presentes também o ministro canadense (Pierre Pettigrew), o representante da ONU em Porto Príncipe e o secretário-geral da OEA. Alguns elementos positivos (avanços no registro eleitoral e no diálogo dos partidos) e outros preocupantes, especialmente as ações de força da Minustah envolvendo também repressão a criminosos comuns (sequestros). Inquietaram-me especialmente as expressões que Valdés usou em relação à ação em Cité-Soleil: "ocupação"; "áreas liberadas"! Apesar do canal direto que

---

25 G-4, neste contexto, refere-se ao grupo que incluía Brasil, Alemanha, Índia e Japão, os quatro declarados pretendentes a uma vaga no Conselho de Segurança.

abri durante a Assembleia da OEA, o general Heleno[26] não me chamou. Deve estar confiante. Ao final da chamada de conferência, Condoleezza dispensou os demais e pediu que ficasse na linha. Queria falar sobre as "ideias" norte-americanas para a reforma da ONU.

Em duas curtas anotações, trato do Haiti como tema do Grupo do Rio:

25/8/2005 [...] A reunião do G-Rio (chanceleres) que os argentinos resolveram manter, em que pese ao cancelamento do encontro de presidentes, servirá para discutir Haiti e pouco mais. [...]

28/8/2005 A reunião do G-Rio transcorreu sem grandes surpresas. Haiti foi o tema principal. Ouvimos exposição detalhada do Representante especial do SGONU, Juan Gabriel Valdés, e outra, mais breve, do secretário-geral da OEA, José Miguel Insulza. Seguiram-se intervenções de apoio à Minustah, que provavelmente inibiram o ministro venezuelano Alí Rodríguez de seguir uma linha crítica e pró-Aristide. Em conversa particular, Rodríguez disse-me que havia conversado com Chávez no sentido de evitar declarações que parecessem críticas do Brasil[27]. [...]

Juntar cautela e firmeza

20/9/2005 Depois de cinco dias intensos em Nova York (três discursos do presidente, inclusive um inédito no Conselho de Segurança; meu próprio discurso na abertura do Debate Geral, inúmeras bilaterais, trilaterais (IBAS), ASPA, quadrilaterais (G-4) etc., fiz minha terceira viagem ao Haiti em pouco mais de um ano. A primeira foi com o presidente Lula, no dia do "Jogo da Paz", a segunda pouco antes do Natal do ano passado e, agora, às vésperas das eleições, previstas para fins de novembro. Tive encontros com o primeiro-ministro Latortue, com membros do Conselho Eleitoral e com candidatos vários à presidência da República: o ex-presidente René Préval (próximo ao Lavalas), o ex-ministro (em muitos governos)

---

26 Refiro-me aqui ao general Augusto Heleno Ribeiro Pereira, primeiro comandante da Minustah, cuja atuação, especialmente em relação à Cité-Soleil, viria a ser objeto de denúncia por entidades de direitos humanos. Como já registrei em nota anterior, a crítica que se fazia à atuação da Minustah era de sentido inverso: ser muito branda.

27 A posição inicial de Chávez sobre a ação da ONU no Haiti foi muito crítica e, em certos aspectos, aproximava-se daquelas defendidas por setores mais à esquerda no Brasil. Com o tempo, entretanto, essa situação mudou, inicialmente com a eleição de René Préval, e estendeu-se no governo de Michel Martelly, que chegou ao poder com forte apoio dos Estados Unidos. Já como ministro da Defesa, ao entrar certa vez no gabinete de Martelly, no que sobrara do palácio presidencial depois do terremoto de 2010, deparei-me com dois cartazes. Um deles mostrava o presidente haitiano com Barack Obama. No outro, Martelly confraternizava com Hugo Chávez.

Marc Bazin (apoiado pelo Lavalas ou parte dele) e o ex-prefeito de Port-au-Prince Evans Paul foram os que me deixaram melhor impressão. A situação de segurança, de um modo geral, melhorou em relação a minha última estada, embora haja lugares ainda críticos (Cité Soleil é o principal). Com alguns dos candidatos e com o general Urano Bacelar[28] – que substituiu o general Heleno – discutimos algumas alternativas. Préval chegou a oferecer-se para contatos com lideranças políticas que apoiavam Aristide e que estariam dispostas a cooperar, até porque desejam participar das eleições. A dificuldade não pequena é distinguir os grupos de motivação política das "gangues". A burguesia reacionária de Pétionville, com apoio da mídia, torna a dificuldade ainda maior, pois não deseja nenhuma comunicação com o Lavalas.

Como fizemos um caminho diferente desta vez, entre o aeroporto e o Hotel Montana, não pude fazer uma comparação com as impressões anteriores. As ruas por onde passamos eram bem pavimentadas. Havia muito comércio de ambulantes nas beiradas das ruas (difícil chamá-las de calçadas) e poucas cenas de "miséria explícita". Também vi menos lixo, mas a diferença talvez seja atribuível ao trajeto. Uma nota interessante: René Preval – talvez o candidato de maior ligação com as populações mais pobres – preferiu evitar o hotel onde eu estou hospedado. Pediu para encontrar-me na residência do embaixador do Brasil. Não queria ser visto na construção que, de certa forma, simboliza a desigualdade social no Haiti. Os outros candidatos (inclusive o do Lavalas) não se importaram. É de notar-se também que a preocupação com o regresso de Aristide diminuiu. O mesmo ocorreu em relação aos ex-militares. Mas continua a existir. Daí a necessidade de juntar cautela e firmeza nas ações da Minustah.

Na mesma nota, refiro-me ao discurso que pronunciei dias antes na Assembleia Geral das Nações Unidas. Transcrevo o parágrafo sobre o Haiti, que se segue à referência que fiz às nossas relações com a África:

> A mesma solidariedade inspira a participação do Brasil nos esforços de paz das Nações Unidas no Haiti. O envolvimento do Brasil, bem como de outros países latino-americanos, no Haiti não tem precedentes tanto em termos de presença de efetivos militares quanto de articulação política. Animam-nos três objetivos principais: 1) a criação de um ambiente de segurança; 2) a promoção do diálogo entre as forças políticas, com vistas a uma verdadeira transição democrática; e 3) o efetivo apoio internacional para a reconstrução social e econômica do Haiti. O Haiti será, possivelmente, o primeiro caso-teste para a Comissão de Construção da Paz.

---

28 General de divisão do Exército Brasileiro, Urano Bacelar foi comandante militar da Minustah de agosto de 2005 a janeiro de 2006, quando veio a falecer.

Em 28 de setembro, faço um rápido registro do encontro com Condoleezza Rice em Washington. O Haiti foi objeto do *tête-a-tête* e do encontro ampliado.

28/9/2005 Quanto à conversa em âmbito expandido, durante o almoço, transcorreu com grande fluidez. Não houve divergências importantes sobre o Haiti.

A observação sobre a ausência de divergências com os Estados Unidos não é casual. Alguns meses antes, eu havia tido um diálogo que se anunciava difícil com a secretária de Estado à margem de uma Assembleia Geral da OEA em Ft. Lauderdale, Flórida. Havia, na ocasião, uma forte cobrança para que a Minustah e as forças brasileiras agissem com maior energia. Cheguei mesmo a dizer que o Brasil estaria pronto a retirar as suas tropas e permitir que fossem substituídas por efetivos de outra nacionalidade, quem sabe mais "aguerridos". A hipótese deixou Condoleezza muito assustada e levou-a a reiterar plena confiança na atuação dos nossos militares.

9/1/2006 Férias na Bahia. 2006, na verdade, começou com a morte brutal do general Bacelar, comandante das forças no Haiti. O fato trouxe-me de volta à realidade, de maneira dramática. O telefonema com Condoleezza et alia já estava marcado. Vim do Rio – o mais rápido que pude – para Brasília. Reunião com vice-presidente[29], comandante do Exército e ministro do Gabinete Institucional, no Itamaraty. Vários telefonemas para o presidente e duas chamadas para Kofi Annan. Questão de assegurar amplitude das investigações e, também, garantir continuidade do comando brasileiro. Telefonema ontem do nosso embaixador deixou ainda mais clara a complexidade da situação: o candidato mais à "esquerda" (René Preval) é financiado por Taiwan. Os partidos (e grupos) de direita, a famigerada "bourgeoisie" de Pétionville, quer o adiamento das eleições. A centro-esquerda (os aliados da internacional socialista) também! Afinal, parece que marcaram o dia 7 de fevereiro. Haverá nova conferência telefônica hoje (Condoleezza, Insulza, Walker, Taiana, Pettigrew e, espero, Valdés). Será para tratar dos aspectos políticos. Também tenho que estar atento às investigações sobre a morte do general brasileiro. Embora as circunstâncias no Haiti favoreçam todo tipo de especulação conspiratória, os indícios materiais parecem apontar mesmo para a hipótese do suicídio. A questão é: foi um suicídio "político"? Ou terão influído outros fatores que desconhecemos?

---

29 José Alencar, naquele momento, acumulava a vice-presidência com o Ministério da Defesa, após a saída de José Viegas.

O assunto mais preocupante continua a ser o Haiti

12/1/2006 O assunto mais preocupante continua a ser o Haiti. Estamos bem entrosados com o Exército. O comandante da Força (General Albuquerque[30]) teve palavras de reconhecimento pelo bom entendimento com o Itamaraty, na "ordem do dia" que leu por ocasião da homenagem prestada ao general Bacelar ontem pela manhã. Como era de esperar, os jornais têm aproveitado o incidente para questionar a permanência do Brasil no Haiti. Teremos que redobrar nossa atenção, aprofundando a discussão sobre os aspectos de segurança; entendimento/ pacto em torno das eleições e reconstrução/ajuda humanitária. [...]

Nos dois telefonemas-conferências sobre o Haiti, houve claro apoio a "liderança" brasileira. Condoleezza e Ignacio Walker foram os mais enfáticos. O subsecretário Tom Shannon repetiu os elogios e as expressões de apoio. É um ponto em que a agenda dos Estados Unidos e a nossa coincidem, embora com nuances quanto à tática.

11/2/2006 [...] Já na África do Sul, há poucas horas, depois de longo trajeto de automóvel (que deveria ter ocorrido de helicóptero – o que foi impossível por causa da chuva), tive uma breve, mas boa conversa com minha amiga Nkozasana Zuma (Haiti e Conselho de Segurança). Revelou-se cautelosa e cooperativa sobre o primeiro tema e muito interessada em impulsionar o segundo. [...]

15/2/2006 [...] Depois da volta da África do Sul, onde teve lugar o café da manhã sobre a OMC, proposto por Lula, além de importante encontro com Blair (também sobre OMC), voltei ao Brasil com o presidente. Fizemos escala em São Paulo. Ao pé do avião, antes de embarcarmos para Brasília, soube do agravamento da situação no Haiti, em função das incertezas do resultado eleitoral. Tudo indicava que Préval ganharia no primeiro turno. A diferença foi diminuindo – possivelmente em função, também, de fraudes em urnas onde o controle internacional era menor. Embora a contagem não tivesse terminado, Préval ficou aproximadamente com 49%; o segundo lugar, Manigat, com menos de 12%. Por uma peculiaridade haitiana, os votos brancos – excessivamente numerosos, de forma suspeita, em um país onde o voto não é obrigatório – são computados como válidos. Não fosse assim, Préval seria o ganhador – fraude ou não fraude. Evidentemente, alguns destes detalhes foram aparecendo depois. O que soube ali, pela minha chefe de Gabinete, foi o suficiente para me fazer ver a gravidade da crise, inclusive para nós. O cenário era óbvio: protestos de massas, a Minustah sendo chamada a agir. E o dilema: manter a ordem a um custo alto demais (e que não devíamos pagar)

---

30 O general Francisco Roberto de Albuquerque foi comandante do Exército de 2003 a 2007.

ou sermos acusados de lenientes. Avisei o presidente quando desembarcamos em Brasília.

Segunda e terça-feira fiz ou recebi muitas chamadas: Condoleezza, Kofi Annan, Douste-Blazy, o novo chanceler do Canadá[31] etc. Também mobilizei nosso embaixador na ONU, Ronaldo Sardenberg, e mantive contato constante com o Paulo Cordeiro[32] no Haiti. Falei com o bispo Desmond Tutu – que naquele momento estava "cercado" no Hotel Montana (mais tarde invadido pela massa) e com o candidato Préval. Para mim, desde o primeiro momento estava claro (e ainda está) que era importante uma solução rápida. Todos concordam que a vitória de Préval no segundo turno é absolutamente certa. Manigat resiste porque crê que pode ganhar ou simplesmente quer negociar? Kofi Annan concorda que o ideal seria a desistência de Manigat. Mas como fazer isso sem criar a impressão de intromissão excessiva? Condoleezza, para minha surpresa, não estava tão bem informada. Inicialmente parecia ver o segundo turno como algo natural. Mas soube que contatos posteriores dos nossos diplomatas em Washington e Porto Príncipe revelaram mais flexibilidade dos norte-americanos. Outro que sabia pouco era o ministro francês, a quem acordei anteontem para ver se ajudava a persuadir Manigat. Por enquanto estamos nisto: Préval, com amplo apoio popular, se declara vitorioso (provavelmente com razão); o povo pode rebelar-se de forma mais violenta do que ocorreu até agora se houver anúncio de segundo turno; uma comissão reexamina os resultados, inclusive valendo-se possivelmente de inferências estatísticas; o presidente Lagos tem a mesma preocupação minha (que tratei de compartilhar com Lula) no sentido de encontrar uma fórmula que permita a rápida proclamação de Préval. Ontem, pedi, via minha chefe de gabinete, que Marco Aurélio Garcia tentasse, por meio de seus amigos no Chile, convencer Manigat, que tinha vínculos com a democracia-cristã, a "conceder" a vitória de Préval. Instruí Felicio[33] a buscar contato com o ministro de Trinidad e Tobago (Knowlson Gift), já que Manigat viveu e deu aulas por algum tempo naquele país. O curioso é que o enfrentamento não é claramente direita-esquerda. Manigat, pelo que se diz, é uma figura algo arrogante, mas é um intelectual que se opôs à ditadura Duvalier (é bem verdade que após tê-la servido por algum tempo) e tem apoio da Democracia Cristã.

---

31 Philippe Douste-Blazy foi ministro de Relações Exteriores da França de junho de 2005 a maio de 2007. Peter MacKay era o ministro de Relações Exteriores do Canadá de fevereiro de 2006 a agosto de 2007.

32 O diplomata Paulo Cordeiro serviu como embaixador em Porto Príncipe de 2005 a 2008.

33 O então ministro e hoje embaixador aposentado José Eduardo Felício se ocupava do meu gabinete de temas latino-americanos.

O motor da solução

17/2/2006 Esta etapa da crise haitiana terminou bem. Um jornal de hoje anuncia que o "jeitinho brasileiro" permitiu a proclamação do resultado no Haiti. Na realidade, não foi bem assim. A solução encontrada (distribuição dos votos brancos entre os vários candidatos), que garantiu a vitória de Préval no primeiro turno nasceu no próprio Haiti, fruto de conversas entre os vários interlocutores – Conselho Eleitoral Provisório (CEP), embaixadores do Core Group, OEA, ONU.

Nosso papel foi sobretudo o de manter a pressão por solução rápida. Nisto, sim, fomos o motor da solução, evitando que falsos pruridos impedissem que se chegasse a um resultado. Digo isso com tranquilidade, pois o conjunto de circunstâncias – pequena diferença, número maior de votos para Préval do que para a soma dos candidatos, suspeita fundamentada de irregularidades nos votos em branco – me fizeram ter a certeza de que Préval havia de fato vencido as eleições. Mas alguns dos interlocutores não tinham a mesma opinião ou hesitavam atuar de forma mais decidida. Kofi Annan, por exemplo, inicialmente garantira a Manigat que "as regras seriam seguidas" – o que poderia ser interpretado (e foi) como estímulo a que resistisse. Condoleezza também falava em segundo turno (na primeira vez que conversamos); depois evoluiu um pouco no sentido de colocar esperanças no diálogo intermediado por Insulza – que nunca se realizou. Curiosamente, a secretária de Estado dizia que não devíamos "impor" uma solução (o que é quase inacreditável se pensarmos na forma como Aristide saiu). Douste-Blazy nada fez. Os canadenses hesitavam. Na nossa posição, havia Lagos – com quem conversei longamente anteontem e que partilhava nossa preocupação quanto ao risco de que as tropas fossem defrontadas com a possibilidade de atirar sobre o povo – o que, ambos concordamos, não fariam! Desde o início, parti do princípio de que o excesso de apego literal à lei – de si esdrúxula, por incluir os votos brancos entre os válidos, em um contexto de bem fundamentadas suspeitas de fraude – era o caminho para o desastre. "Summum jus, summa injuria", diz o ditado romano. Ademais, como todos advertiam, Préval seria, em qualquer hipótese, o vencedor no segundo turno. Mas o grande risco seria que o povo haitiano – que já demonstrara disposição para tanto ao invadir o Hotel Montana, onde ficava o CEP – resolvesse ele próprio "proclamar" a eleição. Algo parecido com o que ocorreu na Sérvia, há alguns anos. Só que, neste caso, Milosevic seria a Minustah. A conversa com Lagos me animou a seguir na orientação que já vinha dando ao embaixador Paulo Cordeiro: "Temos que encontrar soluções agora". Foi o que afinal obtivemos. Em paralelo, tivemos conversas com caribenhos, especialmente Knowlson Gift, de Trinidad e Tobago, cujo primeiro-ministro, Patrick Manning, é no momento o líder da Caricom. Manigat morara e dera aulas em Trinidad e Tobago, como fiquei sabendo pelas buscas na Internet que meus assessores fizeram.

Falei também com K. D. Knight, ministro de Relações Exteriores da Jamaica. Nada disso demoveu Manigat da insistência no segundo turno, mas essas gestões terão contribuído para amaciar sua reação. Embora Manigat tenha falado retoricamente golpe de Estado, disse que não contestava a decisão do CEP de reconhecer a vitória de Préval. [...] Haverá eleições legislativas e locais pela frente. Sempre há risco, mas vencemos uma etapa crucial!

Em minha mente, tive dois exemplos de "interpretação flexível" da lei, para evitar situações extremas: uma, séria, foi a assunção de Sarney, em um quadro constitucional duvidoso. Como poderia ele, vice-presidente, suceder a um presidente que nunca assumira? O pragmatismo prevaleceu e vigorou o "espírito" da lei. O segundo exemplo, mais jocoso, foi o que dei ao Paulo Cordeiro para convencer a Valdés, àquela altura ainda vacilante (em função da burocracia da ONU, imagino). De alguma forma, meu comentário chegou a Lagos, que me disse: "o chanceler do Brasil, em sua sapiência, recordou a final da partida Brasil-Itália, em 1970". O "score" era 4 a 1; faltavam dois ou três minutos, fora prorrogação, a torcida começou a invadir o campo. O juiz, sabiamente, apitou o fim do jogo. No futebol, como na política – e na vida –, é preciso seguir as normas, mas também é necessário interpretá-las, segundo o seu espírito, e não apenas a sua letra (sempre, naturalmente, com muito cuidado!).

Nossa presença no Haiti foi um fator fundamental para a aproximação com o Caribe

Três dias depois da nota anterior, no dia 20 de fevereiro, proferi uma palestra para os alunos do Instituto Rio Branco. É interessante notar que tenha achado importante falar sobre a questão haitiana para os estudantes da diplomacia. Como de hábito, falava com base em notas bastante esquemáticas. Não é o caso de reproduzi-las aqui. Na época, comentei:

20/2/2006 [...] As notas foram escritas pela manhã com o objetivo de servirem de roteiro para uma aula que havia concordado em dar no Instituto. Resolvi falar sobre um tema atual, a recente eleição no Haiti [...]. Coincidentemente, havia sido marcada, por iniciativa de Condoleezza Rice, uma teleconferência sobre o mesmo tema para hoje às 11 horas. [...] Só que alguém se esqueceu de advertir para o fim do nosso horário de verão. Assim, ao final da minha exposição, e depois de haver respondido a uma pergunta e enquanto outro aluno se preparava para formular a segunda questão (que seria a última, de qualquer modo), Lelé interrompeu a "sessão" para informar que só estavam esperando por mim para a chamada, que acabei recebendo na sala do diretor do Instituto. [...]

Muitos dos pontos do esquema que havia preparado para a palestra já foram objeto de comentários ao longo deste texto. Nem todos, porém. A referência ao meu apelo para a volta do BID e do Banco Mundial ao Haiti não é descabida. Recordo-me de haver telefonado aos presidentes de ambas as instituições quando de minha primeira visita – sem contar com a do jogo – a Porto Príncipe. Essas instituições hesitavam em enviar funcionários ao Haiti, alegando principalmente motivos de segurança. "Mas eu estou falando daqui de Porto Príncipe!", tive de dizer a um dos meus interlocutores de uma das instituições financeiras em Washington. Havia também questões técnicas, uma vez que, de acordo com as normas dos bancos, o Haiti em "default" não poderia receber novos aportes. O diálogo com o Banco Mundial e com o BID permaneceu intenso e nem sempre trouxe resultados. Apesar de todos os nossos esforços – que, no meu caso, se prolongaram durante o período em que fui ministro da Defesa –, não foi possível, por exemplo, montar uma arquitetura financeira para apoio à construção de uma hidrelétrica em Artibonite.

O Haiti foi também laboratório para esquemas de cooperação trilateral com países como Canadá, Espanha e França. Juntamente com Índia e África do Sul, nossos parceiros no IBAS, o Brasil desenvolveu um inovador projeto sobre coleta de resíduos sólidos, que recebeu prêmio das Nações Unidas como exemplo de cooperação Sul-Sul.

Em 10 de março, Préval visitaria o Brasil na condição de presidente eleito, enquanto eu me encontrava em viagem à Europa. A mídia registrou o fato de que Préval viajou com Lula para a posse da presidenta Bachelet no Chile. Também reproduziu algumas de suas declarações feitas em Brasília. Saliento duas, a primeira em relação à permanência das forças da Minustah: "Nossa Justiça e nossa polícia são muito fracas, e seria irresponsável de nossa parte requerer a saída da Minustah. Mas é melhor redefinir o mandato para adaptá-lo à atual situação"[34]. Sobre as eleições, disse: "A comunidade internacional acompanhou o processo eleitoral e o Brasil não fez qualquer imposição sobre o resultado, que foi totalmente independente".

Em nota de 28 de abril, transcrita na seção relativa ao Caricom, descrevo como a questão do Haiti me faria viajar a Granada para um encontro com os

---

34 DIANNI, Cláudia. "Préval quer mudanças em ação da ONU". *Folha de S.Paulo*, 11 de março de 2006. No mesmo dia, a *Folha* publicou também artigo de Ricardo Seitenfus, "Préval no Brasil: do simbolismo à concretude". Seleciono alguns trechos: "A atual visita ao Brasil do Presidente eleito do Haiti, René Préval, é impregnada de profundo simbolismo e projeta alentadas esperanças. [...] Préval decidiu dar primazia à América do Sul e, nesta, ao Brasil. [...] é a manifestação do reconhecimento público e solene da contribuição brasileira ao restabelecimento da democracia e do respeito à vontade popular [...]. O autor ainda descreve o interesse de Préval em proceder a uma guinada do relacionamento externo do Haiti, diminuindo a dependência da ex-metrópole França e dos Estados Unidos.

ministros dos Estados-membros da entidade. Creio que até hoje continuo a ser o único ministro brasileiro das Relações Exteriores a tê-lo feito. Como já assinalei, nossa presença no Haiti foi um fator fundamental para a aproximação com o Caribe, durante o governo do presidente Lula, com reflexos positivos em termos de cooperação, e até em eleições para organismos internacionais[35].

27/5/2006 A semana, que começou com a viagem à Bolívia, terminou com a visita do presidente Chirac. Mas de quebra houve a reunião de doadores ao Haiti na terça-feira. Vieram alguns ministros (Argentina) e equivalentes (secretário-geral da OEA), vários vice-ministros (Canadá, Chile, México, Uruguai), além do secretário de Estado assistente dos Estados Unidos, Thomas Shannon e dos representantes do secretário-geral da ONU, tanto o que parte – Juan Gabriel Valdés, do Chile – quanto o que vai assumir – Edmond Mulet, da Guatemala. Presente também uma representativa missão do Haiti, chefiada pelo ministro do Planejamento, que incluiu vários parlamentares. Foi um acontecimento importante. Que me recorde, é a primeira reunião de doadores realizada em país em desenvolvimento não beneficiário da ajuda externa. Foram assinados vários acordos envolvendo Brasil e Haiti e alguns instrumentos trilaterais (com Banco Mundial e o Canadá, entre outros). O subsecretário encarregado da cooperação, Ruy Nogueira, foi o responsável pelo evento bem-sucedido. [...]

Na sequência da LVI AGNU, voltaria a Porto Príncipe:

23/9/2006 A rápida passagem pelo Haiti foi quase uma higiene mental em relação à correria e atropelo de Nova York, a sucessão de reuniões em pequenas salas abafadas, a descortesia dos policiais etc.

O presidente René Préval me aguardava ao pé da escada do avião. Dirigimo-nos à bem refrigerada sala privada do aeroporto e aí conversamos por cerca de quarenta ou quarenta e cinco minutos, dez ou quinze dos quais sem testemunhas. Reiterei a disposição do Brasil de continuar cooperando com o Haiti, inclusive em tarefas relativas à construção do Estado (polícia, judiciário, orçamento etc.). Préval disse estar terminando a costura política interna. Está também muito empenhado em controlar as gangues (os "bandidos", como dizem vocês, comentou ele, dirigindo-se ao general comandante da Minustah[36]). Lá para o fim do ano, Préval pretenderia voltar a viajar ("faire de la diplomatie") em busca de coopera-

---

35 Tanto na eleição para a Direção Geral da FAO quanto na escolha do diretor-Ggral da OMC, já durante o primeiro mandato do governo Dilma Rousseff, os países da Caricom apoiaram maciçamente o Brasil.

36 O general Elito (José Elito Carvalho Siqueira) viria a ser ministro-chefe do Gabinete Institucional durante o primeiro mandato de Dilma Rousseff.

ção. Pareceu bastante seguro da situação, apesar dos episódios de violência. Quando ficamos a sós, mencionei, com o cuidado de não dar a impressão de subscrevê-la eu próprio, a preocupação, que o presidente Thabo Mbeki, da África do Sul, nos havia transmitido em Brasília, relativamente à falta de contato com Aristide. Préval disse que tomaria iniciativa neste sentido no momento oportuno, quando o gesto não fosse percebido como um sinal de fraqueza. "Aristide será sempre uma mecha acesa. A questão é não haver gasolina em volta para causar o incêndio". Foi o que disse.

Conversei também com o embaixador Mulet, atual chefe civil da Minustah e com o general Elito, que comanda a força militar. De ambos, percebi sinais positivos. Por exemplo, fiquei sabendo que Cité Militaire e Cité Soleil, antes áreas proibidas, já são parcialmente controladas (ou quase totalmente, no caso da primeira) pela Minustah.

Finalmente, participei de uma cerimônia na sede do BRABAT em que simbolicamente inauguramos um Centro de Estudos Brasileiros, que recebeu computadores doados pelo SERPRO, trazidos pela Ana Amorim. Depois descerrei uma placa, que ainda terá que ser colocada na parede do Centro. No fundo, tratou-se de uma "inauguração virtual". Havia embaixadores sul-americanos e alguns cooperantes (inclusive a brasileira que coordena o programa do IBAS de coleta de lixo).

Com a ressalva de que minha visita se restringiu aos bairros adjacentes ao aeroporto, achei a situação melhor do que antes. Havia menos lixo nas ruas, movimento de tratores e escavadeiras e dois aviões (além do que me trouxe) nas pistas (um da ONU e outro da American Airlines). Apesar da imensidão das tarefas por realizar, fiquei com a sensação de que estamos contribuindo para uma melhora concreta da situação do povo haitiano.

No primeiro semestre de 2007, são poucas e breves as referências ao Haiti em minhas anotações. Reflexo, talvez, de uma relativa estabilização no período que se seguiu à conturbada reeleição de René Préval. Como sempre, o tema aparece em minhas conversas com a secretária de Estado, dessa vez no contexto da visita do presidente George W. Bush ao Brasil, em março de 2007. O Haiti seria também mencionado nas conversas entre Lula e Bush. As oportunidades de cooperação trilateral em benefício do Haiti foram objeto de conversas que mantive na Noruega (também em março) e no Canadá, em maio. Com a Noruega, estabelecemos um seminário sobre "paz e reconciliação", no espírito de Oslo, com foco no Haiti e no Oriente Médio. No Canadá, o ministro MacKay e eu decidimos aprofundar a cooperação trilateral iniciada no governo anterior. Vínhamos desenvolvendo em conjunto um projeto para vacinação em larga escala da população haitiana. A cooperação com o Haiti seria tema do meu encontro com a governadora geral, Michaëlle Jean, ela própria haitiana de nascimento. Mais tarde (em outubro), trataria da cooperação trilateral com o Haiti em conversa com a ministra de Relações Exteriores da Suíça, Micheline Calmy-Rey.

Crise no Haiti

29/9/2007 [...] De Manaus fui para o Haiti, acompanhado de Ana e de membros do meu gabinete. Logo na chegada a Port-au-Prince, ao embarcarmos no micro--ônibus para o primeiro compromisso, tivemos a trágica notícia da morte de um jovem assessor meu, Alexandre Kotzias. O choque foi tão grande que a chefe de meu gabinete e outra colaboradora não puderam acompanhar-me nos primeiros encontros no batalhão brasileiro. Tampouco participaram do almoço com o presidente Préval. Também eu fiquei abalado, mas não pude fugir ao programa.

Antes de viajar, sabia que a situação política passava por momento delicado. Préval dava sinais de querer adiar eleições para o Senado e de reformar a Constituição. É verdade que as leis haitianas, como já havia verificado por ocasião das eleições para presidente, são "excessivamente" democráticas[37]. Há uma abundância de eleições, em todos os níveis, e o presidente fica manietado para tomar decisões (destituir o primeiro-ministro, por exemplo). Préval pediu para falar comigo privadamente (com a presença apenas do nosso embaixador, Paulo Cordeiro) e expôs suas ideias sobre o assunto. Ouvi com muita atenção. Recordei nosso comportamento durante a sua eleição, frisando nosso pragmatismo, sempre e quando a essência do processo democrático fosse mantida. Não deixei de expressar preocupação com possível reação de setores mais radicais e com eventual "deslegitimação" de nossa presença no Haiti – supostamente para assegurar a democracia. Préval escutou atentamente. Ponderou, contudo, que o risco maior era a eleição de candidatos associados ao ex-presidente Aristide, que poderia suscitar o ressurgimento de tendências contestatórias. A conversa foi inconclusiva, mas as preocupações, de um lado e de outro, foram anotadas.

No almoço, com a presença do primeiro-ministro, do ministro do Exterior, do ministro da Fazenda e de uma conselheira (ou noiva de Préval, como este me cochichou), falamos mais de cooperação técnica e econômica, com ênfase no etanol.

À tarde, fui visitar a favela de Cité Soleil, até há pouco reduto inexpugnável dos malfeitores de Port-au-Prince e, agora, ao que parece, plenamente controlada pelo exército brasileiro. Estive no prédio que abriga nossos militares (e também a polícia haitiana), onde falei com a imprensa. Percorri ruas repletas de gente e cheguei a uma praça, onde um grande número de crianças (quinhentas,

---

37 Entre outros aspectos, as regras eleitorais do Haiti, baseadas em larga medida no sistema francês, contrastavam com a escassa participação da população nos pleitos, o que, de certa forma, anulava o objetivo teórico das normas.

mil?) fazia fila para receber um lanche e material escolar – obviamente um evento organizado para coincidir com a minha visita. Foi emocionante andar por aquelas ruas antes intransitáveis, apertar a mão de adultos e acariciar o rosto de crianças, sem sentir, em momento algum, sinal de hostilidade.

Ao cair da tarde, embarcamos para Nova York. [...]

9/4/2008 [...] o final da tarde de ontem foi tomado com a crise no Haiti, onde a falta de alimentos acessíveis à população gerou revoltas, motins, queima de veículos e de pneus – cenas que não se repetiam desde o início da ação da Minustah. Já há pelo menos um morto. Procuramos agir com rapidez, mobilizando ajuda e movimentando organismos como o Programa Mundial de Alimentos (PMA), o Conselho de Segurança (soube depois que este emitira uma nota), a OEA etc.

O episódio é triste em si. Além disso, é revelador da instabilidade estrutural do Haiti, e lança uma sombra sobre um dos "showcases" da nossa política externa. Mas vamos continuar atuando.

Em 25 de abril, por indicação do próprio homenageado, proferi uma palestra, na COPPE[38], comemorativa do centenário de Oscar Niemeyer. Reproduzo trecho sobre o Haiti, em que enfatizo a "não indiferença" como um critério norteador de algumas atitudes do Brasil no plano internacional.

> [...] Um exemplo de nossa solidariedade [...] com os países mais vulneráveis da região é o nosso compromisso com o Haiti, país a que nos aproximam tantas similitudes, de raça, de cultura, de religião, de amor pelo futebol. Os haitianos torcem pela Seleção brasileira e sofrem [por ela] [...] mais do que os próprios brasileiros [...]. Quando o Brasil ganhou a Copa Sul-americana há pouco tempo, houve dois dias de feriado no Haiti.
>
> Decidimos integrar a Missão de Estabilização das Nações Unidas naquele país caribenho, assumindo o comando militar da operação. Adotamos, porém, um enfoque multidimensional – inovador nas operações de paz da ONU – que, sem descuidar da segurança, tem enfrentado [...] as causas políticas e sociais da instabilidade. O Brasil não poderia permanecer alheio a uma situação de verdadeira falência do Estado no Haiti, com provável repercussão em toda a região.
>
> Moveu-nos uma solidariedade ativa, ou seja, a não indiferença. Cumpre ressaltar que, ao defender a não indiferença, como fizemos ao propor a criação do grupo de amigos da Venezuela, em 2003, ameaçada então por conflitos internos, não estamos inventando um princípio novo e sim sugerindo

---

38 Coordenação dos Programas de Pós-Graduação de Engenharia (COPPE) da Universidade Federal do Rio de Janeiro (UFRJ).

uma maneira distinta de ver a não intervenção. Agregamos [...] uma dimensão ética e moral de solidariedade [...], sem interferir nas escolhas e no direito soberano de cada povo de resolver o seu próprio destino.

Progressos frágeis

29/5/2008 [...] A viagem que fiz ao Haiti, em companhia do presidente, foi a sexta ou a sétima. Serviu sobretudo como forte sinal do compromisso brasileiro com aquele país. Ouvimos de Préval – instado por mim a definir prioridades – grande ênfase na construção de barragens que sejam fontes de energia e de irrigação. Ficamos de enviar missão interdisciplinar. No dia 13 de agosto, Préval irá ao Brasil[39].

Apesar da crise alimentar, que chegou a provocar choques e demonstrações violentas, há cerca de três semanas, encontrei Port-au-Prince mais limpa, com mais gente com ar de estar "going about their business". Indiscutivelmente há progressos, mas são frágeis. Como disse Préval, há muitas ONGs no Haiti, mas falta transparência e coordenação. Pensei que a melhor ajuda que podíamos dar ao Haiti era justamente na área de planejamento, elaboração de projetos etc. Mas ele não mordeu a isca, preferindo enfatizar a questão das barragens. Falou um pouco da Minustah, do desejo de reconfigurá-la com mais objetivos humanitários (engenharia, por exemplo). Detectei, da parte de Hédi Annabi[40], representante do secretário-geral das Nações Unidas e velho conhecido meu, que haveria dificuldades técnico-jurídicas da parte da ONU em efetivar tal mudança. Em todo o caso, já vamos enviar (se o Congresso aprovar) mais uma companhia de engenharia – o que deve ajudar. Para as obras maiores, será necessário trabalhar com as empresas privadas. Em princípio, há disposição do presidente de mobilizar os recursos necessários para isso (BNDES, PROEX – Banco do Brasil).

Préval, que parece algo cansado, foi muito carinhoso comigo e chegou a confundir o nome de Lula com o meu, ao dar as boas-vindas na conferência de imprensa.

Atropelando um pouco a cronologia dos eventos, talvez caiba aqui uma breve referência ao encaminhamento do pedido de Préval. A questão da barragem de Artibonite ficará como uma das grandes frustrações da minha gestão no

---

39 Não encontrei registro, nem nas minhas anotações nem na *Resenha de Política Exterior* do Itamaraty, sobre essa programada visita. O mais provável é que não tenha ocorrido, possivelmente em função dos problemas do presidente Préval. Por outro lado, minha agenda dá conta de um encontro entre os dois presidentes, à margem da Assembleia Geral da ONU, em setembro, mas nada anotei a respeito.

40 Annabi faleceu no terremoto do Haiti de 2010.

Itamaraty. Na sequência do pedido Préval, enviamos missão técnica. O serviço de engenharia do Exército Brasileiro desenvolveria detalhado projeto para a construção de uma hidrelétrica. Devido a complicações de várias naturezas (inclusive sociais, em relação aos habitantes da área), o projeto somente ficou pronto no segundo semestre de 2010, e foi por mim entregue pessoalmente ao presidente Préval durante minha última visita àquele país como chanceler. Antes disso, como uma das respostas ao terremoto, o Brasil comprometeu-se, durante a Conferência de Cancún, que formalizou a CELAC, em 2010, a contribuir com US$ 40 milhões para a construção da barragem, cujo custo total estimava-se na época em cerca de US$ 200 milhões. Prontamente, depositamos a quantia na conta do Banco Mundial destinada à reconstrução do Haiti. Nossa expectativa era a de que outros países e/ou instituições internacionais, como o BID, por exemplo, pudessem fazer os aportes que permitissem a integralização daquele valor. Isso, entretanto, nunca ocorreu. Dificuldades burocráticas limitaram a ação do BID e as nações mais ricas preferiram colocar recursos em outros projetos. Mesmo depois de haver assumido a pasta da Defesa, continuei a empenhar-me na concretização daquela iniciativa, que seria o maior legado visível da nossa presença no Haiti. Hipóteses várias foram consideradas, inclusive a de créditos a empresas construtoras brasileiras. A hesitação inicial do sucessor de Préval, Michel Martelly, certamente não ajudou, mas um menor interesse em ações dessa natureza limitou o alcance dos meus esforços. Apesar de um artigo do ex-presidente Lula, para o qual contribuí com subsídios, instar à continuidade do projeto, o governo brasileiro acabou defrontado com a necessidade de autorizar a destinação dos recursos a outras iniciativas menos "estruturantes".

Voltaria a escrever sobre o Haiti a propósito de uma reunião da FAO, que contou com a participação do presidente Lula.

8/6/2008 Início de volta ao Brasil, depois de longa viagem que me levou ao Haiti, El Salvador, Cuba, Roma (FAO e bilaterais da OMC), Paris (OCDE, OMC e miniministerial), Eslovênia (bilateral e União Europeia) e Genebra (bilateral de comércio e futebol). Temas e lugares diferentes se sucederam desde que parti de Brasília com o presidente Lula, a quem deixei em El Salvador – para ir a Cuba, enquanto ele ia a Belém – e a quem reencontrei em Roma. Aí o primeiro compromisso que tive foi a reunião na FAO sobre o Haiti. Ministro, mesmo, além do titular da pasta de Agricultura do país objeto do encontro, só eu. Lá estavam alguns dirigentes importantes (FIDA, PMA, USAID, além do Vice da FAO)[41]. Estavam também repre-

---

41 Refiro-me, respectivamente, ao Fundo Internacional de Desenvolvimento Agrícola, ao Programa Mundial de Alimentos, à Agência dos Estados Unidos para o Desenvolvimento Internacional e à Organização das Nações Unidas para Alimentação e Agricultura.

sentados os países mais envolvidos na ajuda ao Haiti, como Espanha, Canadá, Estados Unidos, União Europeia, Argentina, França, entre outros. O secretário-geral Ban Ki-Moon também esteve presente, por uns vinte minutos. Fez um discurso no qual reiterou o engajamento da ONU. Vários países discorreram sobre ajuda que já dão e/ou pretendem dar. Embora não fosse uma reunião de doadores, os anúncios foram importantes para acentuar a mobilização em torno do Haiti, com o qual estamos tão comprometidos. [...]

Ao rever minhas anotações, constato que, diferentemente dos outros anos, não aproveitei minha ida à Assembleia Geral da ONU para uma visita ao Haiti. O país não sairia, entretanto, das nossas preocupações.

11/10/2008 [...] Antes da visita do meu colega português, Luís Amado, participei ontem de duas reuniões intensas: uma, pela manhã, no Planalto, com o presidente e vários ministros sobre o Plano Nacional de Defesa (assunto que deixo para outro dia) e outra, à tarde, na sala Ruy Barbosa, sobre Haiti, muito concorrida e bastante densa em ideias e projetos (e, também, dificuldades a superar). O secretário de Direitos Humanos, Paulo Vannuchi, copresidiu a reunião comigo. Estiveram presentes vários ministros (Planejamento, Justiça, Agricultura, Desenvolvimento Social, Minas e Energia), o comandante do Exército, Enzo Peri, e muitos secretários executivos. Quase todas as áreas do governo estavam representadas e a grande maioria dos participantes fez uso da palavra. Em suma, muito material para seguir trabalhando em prol daquele pobre país. A questão é: nossas ações chegarão a tempo de ajudá-lo de fato? [...]

O comparecimento, pouco comum, de tantos ministros ilustra a prioridade que o governo, e o próprio presidente, atribuíam ao Haiti. É interessante notar a presença do comandante do Exército. Além da importante participação na Minustah, caberia à instituição elaborar o projeto para a hidrelétrica de Artibonite, principal solicitação do presidente Préval na última visita que Lula fizera àquele país.

12/12/2008 De volta de uma viagem a Genebra, a que devo referir-me preferencialmente? Ao fracasso esperado da mais recente tentativa de reavivar a Rodada? Ou à minha participação nas celebrações do 60° aniversário da Declaração dos Direitos Humanos? [...] Encontrei Ban Ki-Moon na sua suíte do Hotel Intercontinental. Foi extremamente cordial. O secretário-geral elogiou meu discurso no CDH e relembrou outras contribuições que eu teria dado (segundo ele) ao sistema multilateral. Mencionou as "Amorim proposals" (que chamou de "Amorim formula") na Conferência do Desarmamento e as "propostas" na OMC (creio que se referia ao G-20). Talvez tenha pensado também nos "panels" do

Iraque. [...] Falamos um pouco sobre Guiné-Bissau e Haiti, que mereciam atenção prioritária. Ban Ki-Moon pediu a seus assessores que marcassem reuniões internas sobre esses dois países. [...]

No início de 2009, demos os primeiros passos em relação à nova administração norte-americana. O Haiti era um tema que não poderia faltar, como ilustra uma anotação preparatória para um encontro com Hillary Clinton.

24/2/2009 No plano bilateral, além da cooperação, já estruturada, poderei lembrar-lhe o memorando sobre promoção da igualdade racial. Haiti e Cuba deverão tomar boa parte da conversa. Sobre o primeiro, o projeto mais importante que poderemos desenvolver juntos diz respeito à abertura do projeto "Hope"[42] para produção por empresas brasileiras de confecção, com flexibilização das regras de origem. Há, inclusive, disposição da ABIT de conceder reciprocidade. Este projeto mais os de biocombustíveis constituem exemplos (modelos) da cooperação triangular Estados Unidos-Brasil-país X, no continente. [...]

Antes do encontro terei duas outras reuniões importantes, além do "briefing" do Antonio Patriota. Ambas ocorrerão amanhã pela manhã. No café da manhã receberei o nosso embaixador no Haiti para conhecer melhor as últimas peripécias políticas, em função das próximas eleições. Há um ano e meio, o principal tema de minha conversa com Préval foi justamente a necessidade de realizar as eleições ao Senado. Agora o problema é a decisão do CNE de não reconhecer os candidatos da Fanmi Lavalas, o grupo de Aristide. Há temores de manifestações e da reação (ou ausência dela) de parte de alguns integrantes da Minustah. A rigor, seria importante que eu fosse ao Haiti, mas isso só será possível com o sacrifício de outros itens da minha pesadíssima agenda. A última viagem que fiz ao Haiti, acompanhando o presidente, foi um pouco desperdiçada. Muitos ministros e pouca ação. De concreto ficou o projeto da barragem, no qual continuamos a trabalhar. Há também interesse de uma empresa brasileira na construção de uma estrada, além do mencionado "Hope". O resto é uma coleção de pequenos projetos, que não deixam de ter seu mérito, mas que pouco contribuem para mudar o país.

Em uma nota de 26 de julho de 2009, refiro-me às dificuldades no Mercosul para concretizar o projeto "Hope 2", que, em tese, facilitaria a instalação de empresas brasileiras da indústria têxtil no Haiti. A viabilidade da iniciativa de-

---

42   Por meio desse projeto, o governo norte-americano concedia tratamento tarifário favorável às exportações de produtos têxteis provenientes do Haiti. A questão técnica em relação às empresas brasileiras dizia respeito a regras de origem. A exigência de reciprocidade por parte dos norte-americanos e os obstáculos levantados pelo Paraguai no Mercosul acabariam dificultando a implantação da ideia.

pendia de uma flexibilização das regras de origem exigidas no Haiti por parte dos Estados Unidos. Naturalmente, Washington solicitava que houvesse alguma reciprocidade, o que implicava passo semelhante por parte do Mercosul, já que as regras da União Aduaneira (frequentemente desrespeitadas, de resto) não nos permitiriam fazê-lo unilateralmente. A anotação em apreço refere-se especialmente ao Paraguai, que se recusara a conceder *waiver* para as importações de produtos têxteis haitianos pelo Brasil.

Cooperação trilateral

18/9/2009 Mais uma vez a bordo de um avião da FAB, rumo ao Haiti. É uma viagem que eu havia programado para não perder o contato com a realidade do país onde estamos tão envolvidos e cuja situação exige constante atualização e análise. A visita acabará tendo um caráter algo distinto, dada a insistência do midiático Bernard Kouchner em acoplar-se a ela, transformando-a numa espécie de missão conjunta. Mas mesmo isso, comentava eu com a Maria Laura, minha chefe de gabinete, demonstra a mudança de "standing" do Brasil no mundo. Quem diria, há alguns anos, que aparecer com o ministro brasileiro no Haiti seria um trunfo político para um ministro francês? Como, pessoalmente, gosto de Bernard Kouchner, e como a visita conjunta pode render frutos em benefício do próprio Haiti, aceitei a proposta do meu irrequieto colega europeu, que de resto me tem tratado com grande distinção. [...]

Ainda 18 de setembro de 2009, um dia longo.

[...] Afinal, o compartilhamento da visita com Kouchner não chegou a interferir nos pontos que eu queria tratar. E houve até uma certa graça nesse formato pouco usual de uma visita dupla. Préval parecia tranquilo na audiência que nos concedeu ao lado da primeira-ministra Michele Pierre-Louis. Esta estaria, segundo dizem, ameaçada de voto de desconfiança, em virtude de decisão sobre salário-mínimo (que foi por sinal bastante aumentado, mas não chegou ao nível reivindicado pelos trabalhadores, apoiados pelos estudantes). A primeira-ministra tampouco revelou nervosismo e parecia à vontade com o presidente, em que pese o rumor de que este não se empenharia em defendê-la. Tudo isso, segundo um analista (Guy Noël), ligado à "Premier", em função de um embate de poder entre chefe de Estado e chefe de governo. Préval foi categórico em dizer que não desejaria reeleição – o que é reconhecido pelo mesmo analista crítico com quem mantive uma conversa de cerca de meia hora, na base brasileira, ao final da visita. Durante a audiência, depois de uma apresentação geral sobre a decisão de iniciar cooperação trilateral com o Haiti, como parte da parceria estratégica Brasil-França e de referência específica ao banco de leite materno, como marco inicial, ouvimos as avaliações de Préval sobre a política haitiana. Está visivelmente satisfeito com a primeira aprovação de mudanças constitucionais, que só poderão concretizar-se na nova legislatura. De forma que me pareceu algo obscura, disse desejar que as eleições para deputados e senadores (1/3) se realizem antes de fevereiro. Seria a maneira de garantir que o próximo presidente seja eleito já sob a nova constituição, se entendi bem. De todos os problemas que o país enfrenta, o que mais o preocupa é o da inadequação/corrupção da justiça. Hédi Annabi, o Chefe Civil da Minustah, que almoçou conosco, nas instalações do batalhão brasileiro, confirma a gravidade do problema da justiça, embora tenha dúvidas de que Préval deseje resolvê-lo de forma adequada. Diagnóstico semelhante foi feito pelos embaixadores da Argentina e Chile, que encontrei nas dependências do comandante do batalhão, após despedir-me de Kouchner.

Devo dizer que meu colega francês portou-se com muita elegância. Aceitou fazer os deslocamentos na viatura brasileira; ostentou um emblema brasileiro, que teria ficado no bolso do paletó desde a recente viagem ao Brasil e não hesitou em aceitar o meu convite para, juntamente com o ministro da Saúde haitiano, participar de improvisada cerimônia de recebimento de um lote de cem mil vacinas antirrábicas provenientes do Brasil. Em compensação (se é que se pode dizer assim), a assinatura do memorando de entendimento sobre leite materno se deu em um prédio haitiano (misto de clínica e laboratório, muito bem arranjado e organizado por sinal) onde a presença francesa era dominante. Aí cumprimentamos pacientes em tratamento de AIDS (ou com suspeita de terem contraído o HIV) e tuberculose e vimos os preparativos para um laboratório de pesquisa biológica, de nível P3, o que me surpreendeu. De modo geral, achei a cidade mais limpa do que das outras vezes. O bonito dia de sol me permitiu curtir a visita do Hotel Montana, no alto de Pétionville, com direito, inclusive, a simpáticas bicadas de um casal de pássaros (o macho preto com manchas amarelas nas asas) na porta da varanda. Mas meu contato direto com a população foi menor do que em visitas anteriores, sobretudo o da última vez que estive no Haiti (sem contar a mais recente visita com o presidente), quando andei pelo meio de Cité Soleil, há exatamente dois anos.

Em 21 de novembro, o presidente Obama escreveu uma longa carta ao presidente Lula na qual tratou de várias questões, como a situação em Honduras, o programa nuclear iraniano, a iminente conferência sobre clima em Copenhague e as estagnadas negociações da Rodada de Doha. Não tratou de Haiti. Em sua resposta, datada de 26 de novembro, o nosso presidente levantou o tema haitiano nos seguintes termos:

> Aproveito para mencionar outra questão em que a cooperação entre Brasil e Estados Unidos se tem revelado de grande valia, mas pode ainda ser aprofun-

dada. Refiro-me ao Haiti, onde o Brasil lidera a Força de Paz da ONU e tem desenvolvido uma quantidade de projetos de cooperação. Chamo a atenção para dois deles. Atendendo a um pedido do Presidente Préval, o Brasil realizou estudo de viabilidade de uma importante barragem em Artibonite, que beneficiaria milhares de haitianos. A realização da obra demandará uma quantia de cerca de 150 milhões de dólares. Já houve conversas preliminares a respeito entre nossos ministros de Energia. É um projeto que se presta à cooperação entre os governos e os setores privados de ambos os países, sempre, é claro, com a participação das autoridades haitianas. A outra iniciativa refere-se à possibilidade de inclusão no projeto Hope II das exportações haitianas de confecções com insumos brasileiros. Evidentemente, o Brasil ofereceria reciprocidade a bens produzidos no Haiti que tivessem insumos norte-americanos. Estou ciente dos esforços do ex-presidente Clinton em interessar o empresariado privado no soerguimento do Haiti. Creio que o envolvimento pessoal do presidente atual daria grande impulso à cooperação. Com o objetivo de levar adiante essas propostas, estaria disposto a realizar uma visita conjunta ao Haiti no início do ano. Projetos como estes, além do mérito intrínseco de apoio à população do país mais pobre das Américas, dariam visibilidade concreta à cooperação Brasil-Estados Unidos, com impacto sobre toda a região.

Na mesma data da carta-resposta, recebi uma chamada telefônica da secretária de Estado. Hillary queria tratar comigo de três dos temas já abordados pelo presidente Obama em sua missiva: projeto de resolução sobre o Irã na AIEA; situação de Honduras; e Conferência de Copenhague. Do relato que fiz do telefonema, consta o seguinte parágrafo:

26/11/2009 [...] Antes de terminar meus comentários, lembrei que a carta do presidente Lula ao presidente Obama não se limitou a responder aos quatro pontos levantados por esse último, mas mencionou também questões sobre o Oriente Médio e o Haiti. Salientei a opinião de Lula de que o Haiti oferece uma oportunidade concreta de cooperação Brasil-Estados Unidos, a um tempo de caráter prático e simbólico.

Terremoto

Em 12 de janeiro, um terremoto de proporções bíblicas assolou o Haiti[43].

---

43 O terremoto que assolou o Haiti em 2010 alcançou a magnitude de 7 graus na escala Richter e provocou a morte de cerca de 300 mil pessoas. Outras 350 mil foram feridas e cerca de 1,5 milhão ficaram desabrigadas.

19/1/2010 Desde que cheguei da viagem ao Egito, Turquia, Genebra e Paris, pouco tratei de Oriente Médio. [...] A partir de meados da semana passada (precisamente, dia 12 de janeiro), uma realidade mais próxima se fez presente de maneira dramática. O terremoto que devastou Porto Príncipe, ceifando inúmeras vidas, inclusive de brasileiros, absorveu minhas atenções. Soube da tragédia vendo o noticiário da CNN. Ainda assim, fui eu quem acabou dando a notícia ao presidente, que agiu com rapidez enviando o ministro da Defesa, Nelson Jobim, ao Haiti já no dia seguinte. O embaixador Igor Kipman estava no Brasil e cheguei a marcar com ele uma reunião um dia depois ao do desastre. Acompanhou Jobim a Porto Príncipe e a partir de então tem sido a nossa principal fonte de informação e um elemento que nos permite coordenar as ações no Haiti. Isto não tem sido fácil em função da maciça presença de tropas americanas por fora do esquema da Minustah.

Em algum momento da semana passada, sexta-feira, creio, tive que ligar para Hillary Clinton para educadamente mostrar-lhe que o Brasil tinha que ser tratado com a devida prioridade e que todas as ações que dissessem respeito à segurança deveriam ser coordenadas com a Minustah. Desde então, a coordenação entre os militares no terreno parece ter melhorado, mas volta e meia surgem sobressaltos. Além deste telefonema, já antes havia falado com a própria secretária de Estado, pois a cooperação com os Estados Unidos é essencial. Também houve chamadas do presidente Obama ao presidente Lula (duas até aqui). Recebi também vários telefonemas de solidariedade, entre os quais os do ministro do Canadá Lawrence Cannon e o da Austrália Stephen Smith.

A morte de Zilda Arns[44] chocou o Brasil. Eu havia estado com ela várias vezes discutindo a cooperação da ABC com a Pastoral da Criança em países africanos, no Timor e no próprio Haiti. O falecimento de Luiz Carlos da Costa, o brasileiro de mais alta hierarquia na ONU, número 2 da missão no Haiti, juntamente com o enviado especial Hédi Annabi, foi um abalo brutal. Conheci Luiz Carlos desde os tempos em que servi em Nova York e mantinha com ele uma boa relação de trabalho [...]. Como no caso de Annabi, sua morte custou a ser confirmada, o que prolongou a agonia. O corpo de Luiz Carlos da Costa deverá vir ao Rio na quinta-feira para ser velado no antigo Palácio Itamaraty e em seguida voltará a Nova York, onde acontecerá o sepultamento. Algo parecido ocorreu com Sérgio Vieira de Mello há pouco mais de seis anos. Essas mortes trágicas sublinham o risco que correm os funcionários da ONU que atuam no terreno em lugares de crise, independentemente do seu nível. Outra alta funcionária brasileira, ligada ao Fundo de População da ONU, e mulher do atual secretário-geral do Itamaraty, Tânia

---

44 A pediatra brasileira Zilda Arns, coordenadora da Pastoral da Criança, desenvolvia importante papel no combate à mortalidade infantil no Haiti. Faleceu em decorrência do terremoto, quando desabou a igreja onde proferia palestra sobre o tema.

Patriota, estava em Porto Príncipe mas escapou ilesa, da mesma forma que sua colega, a representante do PNUD – Kim Bolduc – que antes dirigiu o escritório do órgão aqui em Brasília e que, por sinal, sobrevivera ao atentado no Iraque que tirou a vida de Sérgio Vieira de Mello.

A tarefa de socorrer o povo haitiano e trabalhar pela reconstrução é enorme. A distribuição das doações é lenta e não está livre de tumultos. A separação entre as tarefas humanitárias e as de segurança não é simples, o que certamente continuará a trazer complicações para a ação do Minustah e especialmente para a relação com as tropas dos Estados Unidos[45]. Se tudo der certo, além do socorro ao povo haitiano, ter-se-ão criado as condições para uma cooperação efetiva entre Brasília e Washington, antecipada na carta de 26 de novembro de 2009 de Lula a Obama. Há também a necessidade de não permitir que o governo haitiano se desarticule totalmente, ao mesmo tempo que se escutam chamados para intervenção mais forte da comunidade internacional na administração do país. Isso não seria bom nem para o Haiti, nem para a Comunidade Internacional. O desafio é grande e exigirá muita tenacidade de todos os envolvidos.

No telefonema com Obama, ontem, Lula disse que me encarregaria de coordenar o que entendi ser um comitê de ministros brasileiros para ocupar-se da ajuda ao Haiti. Não sei se tinha em mente uma ação de natureza mais política. Presumo que sim, pois a coordenação das ações humanitárias e correlatas já está a cargo do general Felix, chefe do Gabinete Institucional. Enfim, haverá muitos ajustes a fazer tanto internamente quanto no plano internacional. Neste último, assinalo a teleconferência que se realizou anteontem, domingo, da qual participei no Itamaraty do Rio. Entre outros assuntos falou-se de uma conferência de doadores – ideia que inicialmente eu havia proposto a Hillary e que aparentemente havia despertado alguma resistência da secretária de Estado. O Canadá resolveu tomar a iniciativa. Propôs um encontro preparatório em Montreal no dia 25. O ministro canadense falou de uma reunião de nível ministerial, mas ainda não está claro o formato que terá o encontro. Seja como for, o Brasil já ofereceu US$ 15 milhões, o que é uma quantia respeitável para nós. Desta vez saímos na frente. Tenho feito reuniões constantes no Itamaraty, cujas principais chefias estão mobilizadas para o tema. O secretário-geral Antonio Patriota já foi ao Haiti e esteve ontem na República Dominicana, onde participou de reunião com países caribenhos, convocada pelo presidente Leonel Fernández. Não é improvável que eu mesmo tenha de ir a Porto Príncipe até o fim da semana. Caso se confirme que a reunião em Montreal será em nível ministerial é possível que de lá vá para o Canadá. [...]

---

45 Logo em seguida ao terremoto, Washington enviou cerca de 15 mil militares para o Haiti, e isso gerava evidentes problemas de coordenação com as forças da Minustah.

Um dia antes de haver escrito essa nota, eu havia pronunciado uma palestra na Academia Brasileira de Letras sobre Joaquim Nabuco[46]. Concluí meu discurso com uma reflexão sobre a tragédia haitiana. Por uma dessas coincidências difíceis de explicar, eu me havia deparado com uma citação extraída de um poema dramático de Lamartine:

"Il fait jour dans votre âme ainsi que sur vos fronts.
La nôtre est une nuit où nous nous égarons.[47]

Este verso do poema trágico "Toussaint Louverture" de Lamartine é utilizado por Nabuco como epígrafe do seu "O Abolicionismo". A evocação do herói da independência haitiana é de uma dramática oportunidade. Este achado, quase casual, em meio ao garimpo dos textos de Nabuco, me leva a concluir esta palestra com uma sentida e profunda homenagem aos muitos – brasileiros, haitianos e pessoas de uma plêiade de nacionalidades – que tiveram suas vidas ceifadas pelo terremoto que vitimou o Haiti no dia 12 último. E não só a eles, mas aos que, com teimosia, lutam por sobreviver – ou para fazer com que outros sobrevivam. O Brasil assumiu um compromisso irreversível com o presente e com o futuro deste país irmão e seu povo sofrido. Nossas Forças Armadas lideram o componente militar da operação de paz da ONU no Haiti desde 2004, tendo contribuído para a estabilização do país e para o bem-estar dos haitianos. Muitos dos brasileiros que perdemos na tragédia da semana passada se encontravam no Haiti para ajudar nesta tarefa. Pôde-se rastrear, no pensamento de Joaquim Nabuco, a solidariedade regional – e por que não dizer as afinidades afro-americanas? – como um princípio de ação diplomática. Nabuco acreditava que os destinos dos países do continente estavam entrelaçados. O sofrimento do povo haitiano é, agora mais do que nunca, comungado pelo povo brasileiro – e motivo especial para o nosso engajamento. A homenagem ao embaixador Joaquim Nabuco e ao seu empenho pela dignidade de todos os seres humanos é, por extensão, uma homenagem aos que se dedicam, inclusive às vezes com o sacrifício da própria vida, à melhora das condições de vida do homem sobre a Terra."

---

46   Palestra intitulada "As duas vidas de Joaquim Nabuco: o reformador e o diplomata", 2010, Fundação Alexandre de Gusmão (FUNAG).

47   Em tradução livre: "É dia na vossa alma, assim como diante de vossas faces. A nossa é uma noite na qual nós nos perdemos".

Tragédia haitiana

22/1/2010 A caminho do Haiti, com parada em São Domingos. A visita que farei amanhã a Porto Príncipe será a primeira depois do terremoto que assolou o país e produziu milhares de vítimas, inclusive 21 brasileiros (18 militares, a Zilda Arns, o Luiz Carlos da Costa e uma menor de idade, aparentemente adotada por um casal austríaco). O primeiro ponto de tensão será a própria chegada ao aeroporto, agora controlado por forças norte-americanas. Providências foram tomadas para evitar um "incidente diplomático". Aparentemente, o "slot" estaria garantido para amanhã de manhã. Achei mais prático (e seguro) passar a noite na República Dominicana. O nosso embaixador, Igor Kipman, ainda tentou convencer-me a dormir em Porto Príncipe, em sua residência. Segundo ele, o Préval já se teria queixado (não sei se desta vez) que o "Celso nunca dorme aqui". De fato, apenas uma vez passei a noite no Haiti, embora já tenha estado lá oito vezes (esta será a nona). Estava inclinado a aceder à ponderação de Igor, mas meus assessores advertiram que um pernoite meu na capital haitiana aumentaria o "stress" do pessoal de segurança, já às voltas com muitos problemas. Achei um pouco de exagero, mas o terremoto que ocorreu de terça para quarta (6.1 na escala Richter) convenceu-me que era prudente deixar o atendimento à queixa de Préval para outra ocasião. O Haiti tem continuado a ser o tema dominante. Ontem mesmo participei de duas cerimônias de homenagem a mortos brasileiros na tragédia haitiana: uma no Rio, onde foi velado o corpo de Luiz Carlos da Costa, e outra em Brasília, em que foi prestado tributo aos 18 militares. Surpreendeu-me que houvesse vários de alta patente, dois coronéis, um tenente coronel e um major, entre as vítimas. Normalmente, nesse tipo de desastre são os mais humildes que são atingidos. Diante do falecimento do próprio chefe civil da Minustah, Hédi Annabi, e do seu alterno, o brasileiro Luiz Carlos, não espanta que militares graduados também tenham sido vítimas fatais da catástrofe. Parti cedo para o Rio de Janeiro. Não estava me sentindo muito bem, em função de uma pequena inflamação de ouvido, mas consegui ser atendido por um otorrino meu conhecido antes da viagem. Ainda assim, estava parcialmente surdo no momento em que tive de pronunciar algumas palavras na cerimônia, realizada no salão nobre da Biblioteca do Palácio Itamaraty. Lembrei, no meu breve discurso, que ali eram feitos exames de ingresso ao Instituto Rio Branco, apontei para o simbolismo de velarmos ali mesmo um alto funcionário da ONU, que "ingressava para a história" e que deveria ser exemplo para futuros diplomatas. Conheci Luiz Carlos da Costa em Nova York, quando fui embaixador nas Nações Unidas. Sempre mantive com ele ótimas relações, importantes para o nosso acompanhamento de conflitos e situações em que éramos contribuintes de tropas. Encontrei-o algumas vezes no próprio Haiti, a última delas em setembro do ano passado. Luiz Carlos ambicionava um posto mais alto no próprio DPKO[48], aspiração que procurei apoiar, sem êxito (minha relação com Ban Ki-Moon nunca foi tão próxima quanto a que tive com Kofi Annan).

O corpo de Luiz Carlos veio de Nova York, transportado por um dos Embraer-195, que funcionam como aviões-reserva do presidente. Além de funcionários da ONU, acompanharam-no a viúva, Cristina, e duas filhas, Ana Maria e Mariana. A mulher do nosso compatriota procurou demonstrar força e firmeza, recusando, por exemplo, o convite para descansar antes da cerimônia. Suas palavras foram pronunciadas com vigor. Estando mais perto dela, durante todo o tempo da cerimônia, pude acompanhar sua emoção contida, inclusive pela maneira como procurava sustentar as filhas: "não chore; respire". Mais que estima, sua breve alocução revelou verdadeiro amor pelo companheiro perdido.

Voltei imediatamente para Brasília, a tempo de participar, com o presidente, o vice-presidente, presidentes do Senado e da Câmara, além dos demais ministros, da homenagem aos soldados e oficiais mortos. As famílias estavam naturalmente emocionadas, mas a maioria parecia estar enfrentando com coragem e até orgulho aquele momento de reconhecimento pelo valor dos filhos, maridos, pais ... Uma cena me chamou atenção. Uma senhora, que estava sentada na primeira fila, provavelmente mãe de uma das vítimas, pediu para trocar de lugar com um senhor que estava na fila de trás, talvez seu marido, no momento em que o presidente iniciava a apresentação de condolências aos familiares. Terá ela desejado evitar, como pensei na hora, cumprimentar o presidente, menos, imagino, por razões políticas do que, talvez, por atribuir ao chefe da nação a responsabilidade pela perda do ente querido? A solenidade transcorreu com o garbo próprio às cerimônias militares, com hino, toque de silêncio, imposição de condecorações.

23/1/2010 São Domingos. Estou na varanda de uma suíte no 12º andar. O sol ainda está bem escondido. Tenho o mar à minha esquerda, mas mal é perceptível, agora que acendi a lâmpada para poder escrever essas linhas. Ouço, entretanto, o barulho das ondas, que por vezes se confunde com o tráfego de automóveis e eventuais caminhões. Uma incômoda mariposa, atraída certamente pela luz, me obriga a recolher-me ao apartamento. Antes, porém, pude contemplar algumas estrelas brilhando no negrume do céu. Já tomei meu chuveiro e telefonei para a Ana (no Brasil são duas horas a mais). Minha mulher tinha a minha neta Yasemin do outro lado da linha, mas não pude escutá-la. É possível que ela tenha ouvido alguma palavra minha.

Aguardo que me chamem para o café da manhã. Em seguida parto para o Haiti. Decolaremos, se tudo correr bem, às 8h. Serão 7h em Porto Príncipe. É curiosa essa diferença de horário entre dois países que compartilham uma ilha afinal não

---

48   Departamento de Operações de Paz da ONU, na sigla em inglês.

tão grande. Ontem, houve novos tremores em Porto Príncipe. À noite, vi cenas bastante acabrunhantes de Jacmel, cidade que teria sido mais afetada pelo terremoto de 6.1, há três dias.

Na mesma anotação, refiro-me à conversa que tive com o presidente dominicano:

23/1/2010 [...] Falamos mais tempo sobre o Haiti, as necessidades de reconstrução, a conferência de doadores, que Leonel Fernández deseja realizar em São Domingos. Disse-lhe que me parecia o local ideal, dada a assistência da República Dominicana e os sacrifícios que ela própria tem feito. Fernández revelou a intenção de fazer desembocar esses esforços no encontro América Latina e Caribe-União Europeia em maio. Observei que o apoio europeu era bem-vindo, mas que não podíamos nos limitar a ele. Fernández concordou. Sobre o Haiti, propriamente, temos ideias muito parecidas. Acentuamos ambos a necessidade de reforçar o governo e de não permitir que Préval seja submerso pela presença internacional (sobretudo a que está fora dos quadros da Minustah). Isso exigirá atitude mais positiva do próprio Préval.

Enquanto conversávamos, chegou o ministro Carlos Morales Troncoso, que vinha justamente do Haiti. Mencionou o tremor que ocorreu ontem e, juntamente com Leonel, lembrou um episódio de alguns anos atrás, que eu preferiria não ter ouvido às vésperas de embarcar. Mas estou confiante de que tudo ocorrerá bem e que chegarei a Montreal mais bem municiado para participar da Conferência Ministerial organizada pelos canadenses. [...]

Chegamos cedo à base aérea, onde tivemos que esperar o horário preciso que nos permitisse chegar a Porto Príncipe no "slot" que o comando norte-americano nos alocara. [...]

Estamos prontos para decolar. A viagem dura cerca de uma hora. Agora será o Haiti.

Ainda 23/01. São cerca de 22h, hora do Haiti (e também hora de Montreal). Faltam cerca de trinta minutos para a chegada à cidade canadense. Vou tentar rememorar um pouco os fatos e as impressões do dia. Chegamos ao aeroporto Toussaint Louverture, às 7h30. Nosso "slot" foi respeitado. A recepção no aeroporto foi simples. O embaixador Igor Kipman nos levou imediatamente ao alojamento da administração do hospital argentino (por que terá escolhido este local?), onde encontrei-me com alguns brasileiros que atuam no Haiti: A Tânia Patriota, representante do Programa para População e mulher do meu secretário-geral, que bravamente continua em Porto Príncipe após ter sobrevivido, algo miraculosamente, ao terremoto; o Ricardo Seitenfus, o cientista político gaúcho, que atuou como nosso consultor no início da missão e que hoje representa a OEA em Port-au-Prince; a Eliana Nicolini, que dirige o programa do IBAS (que hoje, ao que parece, conta também com apoio financeiro do PNUD) de coleta de resíduos sólidos na favela Carrefour-Feuilles; e um funcionário do BID, Eduardo Almeida, a quem por sinal estou dando uma carona a Montreal. Devo a eles as primeiras impressões, sempre acompanhadas de alguma emoção, desta estada na capital haitiana. Cada um me descreveu o que estava fazendo sua instituição e me deu sua versão dos problemas mais urgentes. Nem sempre houve concordância quanto às soluções. Na questão da moradia, por exemplo, enquanto o representante do BID acentuou a urgência de se construírem abrigos provisórios, em lugares distantes do centro, Eliana defendeu a ideia de que os habitantes deveriam ser ajudados a reconstruir suas próprias casas ou barracos. Alguém, diplomaticamente, sugeriu que as soluções eram complementares, que cada caso deveria ser tratado à sua maneira etc... Fiz algumas perguntas sobre a situação geral da ajuda humanitária. Todos pareceram concordar que aos poucos a situação estava melhorando. Eliana enfatizou a importância da remoção dos escombros (e dos cadáveres!) em Carrefour-Feuilles. Ricardo Seitenfus falou de sua própria chegada a Porto Príncipe; de como encontrou seu apartamento destruído e não conteve a emoção ao referir-se à perda de sua medalha de ordem do Rio Branco, que me prontifiquei a repor.

Da unidade médica argentina, dirigimo-nos ao distrito policial, em que está alojada a sede do governo, inclusive os escritórios (se é que se pode dar esse nome à precária sala de reuniões, com uma única mesa) do presidente e do primeiro-ministro.

24/1/2010 Hoje, domingo, meu único compromisso oficial é um jantar "informal" oferecido pelo ministro do Exterior do Canadá. Haverá, naturalmente, um almoço para a delegação, na residência do nosso representante junto aos organismos internacionais sediados aqui. Assim, terei bastante tempo para descansar, ler e... escrever.

Retomo o relato das peripécias de ontem no Haiti. Ao chegar à chefatura de polícia, onde está instalado provisoriamente o governo, vi que várias reuniões se desenvolviam paralelamente. No pátio da tal delegacia, por exemplo, havia um encontro que entendi ser da "CIVPOL"[49], cujo novo comandante é um general argentino. Dando um passo atrás nas minhas lembranças: nos curtos percursos entre o aeroporto e a sede do hospital e daí até o acanhado prédio onde está abrigado o governo – ou o que resta dele – havia pequenas aglomerações de elementos da população local, talvez algo mais numerosas do que aquelas que pude observar em visitas anteriores recentes, mas nada que chamasse especialmente atenção. Mais tarde, veria os mercados espontâneos que se formam nas

---

49   A Minustah, além do segmento militar, envolveu também um componente de Polícia Civil, conhecido como CIVPOL.

ruas (vendas de comida, roupa, sapatos etc...). Sempre que próximos dos batalhões ou dos escritórios estrangeiros, os víveres e bens necessários aos próprios haitianos eram substituídos por peças de artesanato. Os fregueses potenciais passeavam calmamente, sem nenhum sinal de tensão.

O primeiro-ministro Jean-Max Bellerive conversou longamente comigo. Pareceu-me um homem bem focalizado nos problemas, com noção das prioridades. Naturalmente, agradeceu o esforço do Brasil, "cuja ajuda chegou antes mesmo de ser pedida". Adiantei-lhe a minha/nossa visão de que era importante garantir a coordenação das Nações Unidas e, ao mesmo tempo, fortalecer a presença do governo haitiano. Neste contexto, Bellerive pediu-me que pensássemos em formar quadros da administração, que havia sido muito afetada.

Em comentário, que tinha uma ponta de humor negro – e que por isso mesmo não reproduzi para a mídia – Bellerive disse que, devido à hora em que ocorreu o terremoto (por volta das 17h), as vítimas sob os escombros dos prédios públicos eram justamente os funcionários mais dedicados, os que cumpriam o expediente integral!

Bellerive minimizou a presença de tropas norte-americanas, citando um número muito baixo (cerca de 1200); o que contraria as estimativas da Minustah (pouco mais de três mil, segundo o general Floriano Peixoto). A mídia tem apresentado cifras de quatro ou cinco vezes este último número. Segundo nossos oficiais – que de resto sempre procuraram frisar a boa coordenação com o comando norte-americano – os números mais elevados incluem o total de homens e mulheres que estariam disponibilizados para qualquer eventualidade.

Durante a conversa com Bellerive, soube que o presidente Préval estava retido em uma missa que, naquele momento, se realizava nas ruínas da catedral, em memória do arcebispo, que falecera em sua residência, igualmente destruída pelo cataclismo.

Bellerive, que estava acompanhado de um assessor do presidente Préval, insistiu que a ajuda humanitária deveria prosseguir, mesmo quando se iniciasse a fase de reconstrução. Pareceu-me, sobretudo, ter boa noção dos papéis dos vários atores, embora, por conveniência de momento, tenha revelado certa condescendência, que, com o tempo, poderá se tornar perigosa, com a presença de forças estrangeiras, fora da Minustah. Mas eu também me pergunto, neste momento, em que tudo falta, qual a alternativa? Embora devamos estar atentos ao problema, não podemos transformá-lo no foco principal de nossas preocupações, agora. Ou, muito menos, torná-lo um empecilho a que prossiga o trabalho de ajuda ao Haiti.

Do encontro com o primeiro-ministro, fui às instalações provisórias da Minustah, interinamente chefiada pelo guatemalteco Edmond Mulet, que já foi o representante especial do secretário-geral para o Haiti. Mulet falou-me do memorando de entendimento que assinara com o general Ken Keen, que chefia a força-tarefa dos Estados Unidos. Acentuou o caráter transitório das forças norte-americanas, que ademais estariam bem coordenadas com o comando militar da Minustah, depoimento que confirmou a impressão transmitida pelos militares brasileiros. Depois de um certo tempo em que estivemos acompanhados apenas de assessores diretos, Mulet fez entrar o general Floriano Peixoto e a Kim Bolduc, representante do PNUD em Porto Príncipe. Kim Bolduc dirigiu o escritório em Brasília e servira em Moçambique. Estava no prédio da ONU, no Iraque, no momento do atentado que vitimou fatalmente Sérgio Vieira de Mello. Ela própria foi ferida na ocasião. De nacionalidade canadense, Kim Bolduc nasceu no Vietnã. É uma mulher franzina, de rosto fino e um nariz aquilino. Tem um olhar penetrante e sempre demonstra grande conhecimento dos temas de que trata. Da conversa com Kim Bolduc resultou a decisão de enviar imediatamente ao Haiti, o ministro Marcos Farani, presidente da Agência Brasileira de Cooperação.

Saímos do escritório improvisado da ONU e dirigimo-nos a pé ao setor de embarque do aeroporto. Confesso que em nenhum momento senti uma presença norte-americana muito ostensiva, a ponto de incomodar. Até pelo contrário, o nosso embaixador é que me chamou a atenção para o fato de que, à minha chegada, o comando norte-americano do aeroporto havia colocado, "para me proteger", um helicóptero próximo ao local onde o Legacy, que me transportara, ficou estacionado.

Acompanhado do embaixador, da embaixatriz Roseana (uma mulher baixinha e decidida, que tem atuado muito nas buscas e na entrega de alimentos) e do general Floriano, entrei no helicóptero pilotado e tripulado por oficiais argentinos. Confesso que, de início, fiquei um pouco temeroso, não tanto do que pudesse ocorrer, mas mais por alguma demonstração de fraqueza de minha parte. Isto porque, contrariamente aos helicópteros militares em que havia voado, neste o cinto de segurança não dispunha de um sistema em "x" ou em cruz. Na verdade, era como o cinto de um avião comercial normal. Isto não me teria preocupado tanto se não fosse a sugestão do general de que ele e eu ficássemos sentados não na fila de cadeiras, mas em bancos laterais quase projetados para um dos lados, "a fim de termos uma visão melhor". Para agravar, a porta lateral do nosso lado, presumivelmente com o mesmo objetivo, permaneceu aberta. Segurei-me firmemente em uma haste vertical e tratei de não dar má impressão. Depois de uns cinco a sete minutos de voo, inclusive sobre o mar e com o helicóptero por vezes inclinando-se em direção ao solo, o general resolveu pedir que a porta – que de qualquer forma dispunha de uma enorme janela, de onde se podia ver tudo – fosse fechada. "Está ventando muito", disse ele, provavelmente por delicadeza.

O sobrevoo de Porto Príncipe foi impressionante. Áreas inteiras (sobretudo nas encostas) destruídas completamente. Prédios importantes, como o Palácio do Governo, a sede dos Ministérios e a sede da Justiça, afundados como brinquedos de papel, que um menino entediado tivesse resolvido destruir com um soco. A catedral neogótica, num passe de mágica no espaço-tempo, se transformara em uma autêntica ruína medieval, como Cluny ou as velhas abadias inglesas. É como se Porto Príncipe tivesse sofrido um grande e impiedoso bombardeio aéreo, como o de Dresden. O hotel Montana, onde fiquei hospedado algumas vezes – tendo mesmo pernoitado aí, há quatro anos e meio, em uma das ocasiões em que Ana me acompanhou (quando recebi seis ou sete candidatos a presidente) –, foi reduzido a pó. Alguns edifícios permaneceram inclinados e cairão a qualquer momento. Pude ver do alto como alguns desses prédios se projetaram para baixo, soterrando pequenas casas ou casebres. Além da destruição – "de proporções bíblicas", como disse depois à imprensa – impressionou-me também o caos urbano de Porto Príncipe. Não se trata só de favelas, que devem constituir oitenta a noventa por cento de uma aglomeração de bem mais de dois milhões de habitantes, mas da total ausência de ordenamento do espaço, com barracos que, de tão colados, parecem sair um do outro. Difícil de imaginar como as pessoas transitam ou transitavam por aí. Compreensível também a dificuldade da polícia e da Minustah de manter o controle sobre certas áreas. Paradoxalmente, os casebres mais frágeis, sobretudo aqueles situados em lugares planos, que não estavam abaixo de edifícios maiores, resistiram melhor. Isto não impediu que perdêssemos muitos soldados na chamada "Casa Azul" de Cité Soleil, próxima à outra que visitei há cerca de dois anos. À distância, ao menos, um dos únicos edifícios monumentais que permaneceu de pé foi o estádio de futebol, onde, em 2004, a equipe brasileira enfrentou a seleção haitiana e que agora está sendo utilizado para distribuição de mantimentos.

O helicóptero pousou na área do batalhão brasileiro (BRABAT, como é conhecido), de onde fomos, de carro, até o Centro Cultural Celso Terra, poupado pelo terremoto (salvo uma parte do muro externo), cujas instalações estão sendo utilizadas como sede da Embaixada. O percurso tomou uns bons quarenta minutos, pois a via principal estava com muito tráfego (o que é um bom sinal!). Seguimos pela encosta que leva ao Centro, por ruelas e ladeiras sem calçamento, com pista, na maior parte, suficiente apenas para uma viatura, o que nos fez parar com frequência. A população pobre do lugar – uma espécie de "Pedregal", da época em que eu tinha um sítio perto de Brasília – parecia levar seus afazeres com relativa tranquilidade, em meio às casas parcial ou totalmente destruídas. Aqui e ali, havia acampamentos, com tendas cobertas de plástico (em geral azul, não sei por que razão), como os muitos que já vira no sobrevoo de helicóptero. Vez por outra, um casebre de alvenaria havia perdido apenas a parede lateral, e, como em um museu antropológico, se podiam ver as pessoas no seu interior acanhado, dividindo espaço em camas que eram também sofás. Em outros casos, moradores mais precavidos haviam colocado mesas e cadeiras do lado de fora. Certamente, dormiam ao relento, beneficiando-se (!) da longa estiagem. Aliás um dos grandes temores é o de que não haja abrigos suficientes – ou tempo de reconstruir as casas – até o período de chuva, que normalmente começa em maio.

Desta vez, diferentemente de outras, o carro em que me desloquei ao lado do embaixador e sua mulher não era escoltado por blindados da Minustah ou seguranças a pé. Apenas um oficial nos acompanhava no banco da frente, ao lado do chofer. Nem teria sido necessário. Apesar do drama em que vive a população, não houve sequer um esboço de gesto ameaçador ou agressivo, apesar de o quatro por quatro ser evidentemente um carro oficial, que ostentava, ademais, a bandeira do Brasil. O máximo que vi foi, em dois momentos, pessoas abrirem os braços, o que interpretei como um sinal de decepção por não estarmos levando comida ou outro tipo de ajuda. Mas isso, repito, sem nenhum sinal ameaçador ou mesmo de revolta, que, se existia, era surda.

No centro cultural Brasil-Haiti Celso Ortega Terra, pude dirigir-me aos diplomatas e outros funcionários que, corajosamente, continuarão a prestar serviços ao Brasil e, de uma forma ou de outra, a ajudar o povo haitiano. Felizmente, nenhum funcionário da Embaixada ou do Centro Cultural foi ferido e a maioria está morando em suas casas. Emocionado (embora de forma contida), pronunciei algumas palavras de agradecimento e apreço aos funcionários e profissionais e troquei algumas impressões com alguns outros brasileiros presentes, entre os quais o Rubem César, presidente da Viva Rio, que realiza notável trabalho em Belair, uma das favelas mais pobres e violentas. Recordei o sacrifício de Celso Terra, meu grande amigo, que morreu muito jovem (uns vinte e três anos talvez), nos idos dos anos 1960, enquanto tentava salvar uma mulher haitiana de uma enchente e que hoje dá nome ao Centro Cultural.

À tarde, almocei no BRABAT. Ouvi algumas exposições sobre o que tem feito nossa tropa, inclusive a unidade hospitalar. Dei entrevista à imprensa, em que acentuei a importância de fortalecer as instituições haitianas. Perguntado sobre um novo plano Marshall, disse que preferia falar de um Plano Lula – um pouco para evitar a permanente referência a símbolos estrangeiros, tão a gosto de nossa mídia. Acabei não vendo o presidente Préval, que não se teria sentido bem após a missa.

Às 17h30 aproximadamente, dentro do "slot" concedido pelas autoridades norte-americanas, decolamos rumo ao Canadá.

Liderança do governo haitiano, coordenação pela ONU, engajamento de longo prazo

26/1/2010 Antes de partir de Montreal, houve alguma confusão com relação ao sobrevoo na França. Cheguei a ligar para Bernard Kouchner, que me disse que agiria prontamente. "Afinal, há muitos interesses aeronáuticos entre o Brasil e a

França"[50], brinquei. O avião se apronta para partir. Se o sono não se abater sobre mim, depois da decolagem, comentarei um pouco sobre a conferência, que terminou razoavelmente. Afinal, o Brasil foi sempre tratado com destaque. Coube-me abrir a sessão intergovernamental e fui o único chanceler latino-americano a ser convidado para o pódio, na conferência de imprensa. Os outros eram Lawrence Cannon, o anfitrião canadense; Hillary Clinton; a vice-presidente espanhola em representação da União Europeia e Bernard Kouchner. Por uma confusão de protocolo, a ministra espanhola da cooperação acabou tomando lugar da Helen Clark, que seria a representante do sistema ONU. O documento final, lido pelo presidente, cobriu as nossas principais preocupações: liderança do governo haitiano, coordenação pela ONU, engajamento de longo prazo. A conferência, do meu ponto de vista, valeu pela ampla exposição à mídia. Um processo foi lançado, que deverá culminar com uma outra conferência, mais ampla, em Nova York. Os canadenses – a serviço dos americanos – tentaram vender Miami, mas não colou. A sede da ONU ficou estabelecida como "venue".

Voo noturno a partir dos Açores, o arquipélago português, que quase se separa de Portugal na Revolução dos Cravos e depois serviu de palco para a reunião que formalizou a decisão de atacar o Iraque, em busca de inexistentes armas de destruição de massa. O outro objetivo – a mudança de regime – foi obtido, mas até hoje o Iraque vive em convulsão. Meu destino é mais pacífico. Vou a Genebra, onde a nossa embaixadora organizou uma reunião do Conselho de Direitos Humanos para tratar de Haiti. Daí a Davos, onde terei algumas bilaterais políticas (a mais importante com Mottaki), acompanharei o presidente em sua premiação e participarei da ineludível reunião de ministros de Comércio sobre a OMC.

Desperto um pouco antes do destino. O avião já começa a baixar, sobrevoando os majestosos Alpes. Em meio aos picos e vales nevados, vejo algo que pode ser uma estrada de ferro. Estaremos passando sobre Fréjus[51]? Entre as entrevistas de ontem, a mais interessante foi, sem dúvida, a que concedi a Christiane Amanpour, famosa âncora e repórter especial da CNN, que falou comigo diretamente do Haiti. Durou cerca de dez minutos, o que, para TV, é muito. Quem viu do Brasil disse que gostou. Penetramos a espessura das nuvens e podem-se agora ver os Alpes, ao longe à nossa esquerda. Devemos ter dado a volta perto de Berna. Outra grossa camada nos espera mais abaixo. O piloto anunciou o pouso: Genebra 3 graus. Mais uma volta. Agora sim, já se avistam o Ródano e o Jura, à esquerda do avião. A menos que haja outra manobra, devemos aterrissar no sentido Oeste-Leste.

---

50 Alusão velada ao desejo francês de vender os caças Rafale.
51 Uma das passagens entre França e Itália.

2/2/2010 Boa parte de minhas atividades em Davos foram dedicadas ao Haiti. Participei de um "painel" coordenado pelo ex-presidente Clinton, que contou com a presença de Helen Clark, de um empresário irlandês da área de telecomunicações (!), que tem investimentos no Haiti e de um ex-diretor da CIDA, agência de cooperação canadense. Aproveitei a oportunidade para lançar a ideia de acesso favorecido a bens haitianos ("duty free, quota free", com regras de origem especiais), o que arrancou aplausos da plateia. Aliás, a audiência foi igualmente calorosa quando Clinton se referiu de maneira elogiosa à contribuição brasileira. "Noblesse oblige", estive também num jantar organizado pelo PMA[52], que desenvolve trabalho importante no Haiti e cuja diretora, Josette Sheeran, teve o belo gesto de passar várias noites em uma tenda improvisada da entidade em Porto Príncipe. O evento era essencialmente um exercício de agradecimentos e elogios mútuos, possivelmente merecidos, mas ainda assim cansativos, entre empresários e ativistas da área humanitária. Do meu lado, à mesa, estava Danilo Türk, presidente da Eslovênia e, segundo opinião corrente, candidato à sucessão de Ban Ki-Moon. Havia também os infalíveis e desinteressantes membros de famílias reais, como o príncipe herdeiro da Bélgica, o Duque de York etc... A princesa belga, que pelo menos era bonita, estava do outro lado da mesa. Quando chegou minha vez, disse umas poucas palavras enaltecendo a ajuda do PMA e sua diretora. Esperei um ou dois oradores, escusei-me e parti.

O Haiti também esteve presente na conversa que tive com Lamy e na intervenção que fiz na reunião ministerial da OMC, organizada pela ministra (neste caso presidenta) suíça, minha amiga Doris Leuthard. Foi também tema inevitável dos vários diálogos bilaterais, notadamente com Jacques Diouf da FAO. [...]

No encontro que mantive ontem, aqui em Paris, com a nova diretora-geral da Unesco, Irina Bokova, [o Haiti] foi, ao lado da conferência da Aliança de Civilizações, o assunto principal. Tendo percebido seu interesse em ajudar o pobre país caribenho, ofereci o apoio do Brasil a um dos programas que a Unesco pretende desenvolver. Depois de confirmar com Brasília a disponibilidade de recursos, comprometi-me com um aporte de US$ 400 mil, o que não é pouco. Depois de tudo que tenho dito sobre o papel da educação e da cultura na recuperação do país – inclusive de sua autoestima – acho que não poderia agir diferentemente.

Relendo minhas notas, verifico que, salvo uma referência muito superficial feita pouco antes da minha chegada a Europa, praticamente não mencionei a Sessão do Conselho de Direitos Humanos da ONU sobre o Haiti. Foi uma iniciativa brasileira e serviu para que eu fizesse um discurso com substância política e emocional sobre a realidade pós-terremoto.

---

52 Programa Mundial de Alimentos.

Em 22 de fevereiro, em nota sobre a reunião de Cancún, intitulada Cúpula da Unidade (CALC/G-Rio) refiro-me às propostas mirabolantes (*sic*) do Equador, então na presidência da Unasul, sobre a ajuda que esta poderia prestar ao Haiti. Evidentemente, os recursos proviriam dos países membros e, grande parte deles, do Brasil. Minha preocupação, naquele momento, era evitar interferências na gestão dos projetos que viessem a ser aprovados.

22/2/2010 De qualquer forma, o tratamento da situação no Haiti pós-terremoto propiciou ocasião para que o presidente Lula autorizasse uma oferta de US$ 40 milhões de ajuda ao Haiti (com selo de Unasul) por meio da conta aberta no Banco Mundial. Durante a Conferência de Cancún, Préval encontrou-se rapidamente com Lula e chegou, literalmente, a chorar no seu ombro. A emoção sincera de Préval certamente serviu de estímulo ao anúncio feito pelo Brasil de uma contribuição substancial para a reconstrução do Haiti, a qual ia "carimbada" para a construção da hidrelétrica de Artibonite.

Em 23 de fevereiro, menciono uma escala que fiz em Boa Vista. Embora o Haiti apareça incidentalmente, o conteúdo da anotação é suficientemente interessante para que eu reproduza quase na íntegra:

23/2/2010 Por volta das 3h fizemos escala em Boa Vista. Três aviões de carga (dois Hércules e um Casa) estavam estacionados no pátio, próximos ao pavilhão de passageiros da base aérea. Certamente estão indo ou voltando do Haiti. Na sala de autoridades, um jovem tenente nos recebeu afavelmente. Em pouco mais de vinte minutos, contou-nos tudo sobre sua vida: onde nasceu (Bahia), sua mulher (pediatra de Campo Grande), sua experiência com o supertucano (inclusive as interceptações de outros aviões – reais e fictícias – que faz), sua aspiração de pilotar os caças a jato (não sabe ainda se será o Grippen, o Rafale ou F18) etc. etc... Falou de tudo com muito entusiasmo e loquacidade, como quem não tem com quem conversar. Revelou sua preferência pelo avião sueco ou o francês. "Os americanos vivem em guerra; na hora que precisarmos de armamento, vão nos criar dificuldades".

No final de março, realizou-se no Rio de Janeiro a Conferência do UN-Habitat:

25/3/2010 [...] Ainda na terça-feira voltei ao cais do porto do Rio de Janeiro para fazer a abertura de uma mesa-redonda dedicada ao Haiti no contexto da conferência do "Habitat". O primeiro-ministro Jean-Max Bellerive, que veio especialmente para o evento, ficou satisfeito com a atenção dada à situação do seu sofrido país. Depois da abertura, tive com Bellerive uma conversa de meia hora, que serviu para obter informações importantes com vistas à Conferência de Doadores no próximo dia 31. Em que pese a aparente competência do primeiro-ministro e de seu perfil de executivo sensato, o volume dos problemas é tal que ele mesmo não parece ter clareza sobre como gerir tantas dificuldades. Expressou, mais uma vez, o agradecimento pelas ações do Brasil e se disse disposto a continuar trabalhando fortemente conosco. [...]

31/3/2010 Nova York – Hoje copresido (com outros seis ministros) uma Conferência de Doadores sobre o Haiti. Se tivesse decidido candidatar-me a um cargo eletivo no Brasil seria uma bela maneira de encerrar minha ministrança[53]. Não sendo assim, volto para os embates diários com a mídia, a oposição, os "burocratas eficientes" do Tesouro e do Planejamento e com os não tão eficientes do nosso lado. O futuro dirá se fiz a opção certa. Por ora, é dedicar-me às próximas tarefas. Tomar fôlego e enfrentar o que vem por aí (Brics, Ibas, Mercosul-UE, retaliações, Irã, Oriente Médio etc. etc...)

Recursos

1/4/2010 A data sempre chama a atenção. Além de ser o dia dos bobos, foi também num primeiro de abril que ocorreu o golpe militar de 1964 (embora os militares preferissem celebrar o 31 de março, para dar mais dignidade ao sucedido). Foi ainda em 1 de abril que eu fui obrigado a me demitir da Embrafilme, há 28 anos. Desta vez, quase ocorre uma nova efeméride pessoal, pois estaria pronto para sair do governo para juntar-me à chapa do Lindbergh Farias. O conselho enfático do presidente me demoveu do que, aos olhos de muitos, seria uma aventura inexplicável.

Ontem, foi o dia da reunião do Haiti, que, do ponto de vista dos recursos, foi um salto. O Brasil foi um dos copresidentes, o que me deu oportunidade de falar logo no início dos trabalhos. Nossa contribuição não fez vergonha, mesmo comparada à dos países mais ricos. Afora o que já havíamos gastado na ajuda de emergência, oferecemos uma quantia adicional de R$ 172 milhões para a reconstrução. E não havia aí muita "embromação", como costuma ocorrer com essas ofertas. Uma boa parte (metade mais ou menos) será empregada na compra e envio de centros de saúde/unidades de pronto atendimento; US$ 55 milhões

---

53 Como curiosidade, assinalo que recebi pelo menos dois convites e/ou sondagens. O presidente do Partido dos Trabalhadores do Rio de Janeiro, ao qual me filiara em 2009, visitou-me em meu gabinete com a ideia de que eu pudesse ser candidato a deputado federal. Por sua vez, Lindbergh Farias, que apareceu no Itamaraty carregando uma mochila nas costas, convidou-me a ser seu suplente na chapa para o Senado. Quando mencionei esta última proposta ao presidente Lula, ele prontamente retrucou: "ele que deveria ser seu suplente!".

vão em dinheiro vivo para o novo fundo, a ser gerido pelo Banco Mundial, dos quais US$ 15 milhões para apoio orçamentário, que Préval havia solicitado a Lula. É de notar-se que o Brasil foi o único país em desenvolvimento (e, portanto, o único latino-americano/caribenho) a fazer parte do "steering committee" ao lado dos Estados Unidos, UE, Canadá, Espanha e França. No meu discurso, insisti no "Duty Free, Quota Free", com regras de origem favorecidas. Também propus que o 12 de janeiro, dia do terremoto, fosse adotado pela ONU como dia universal da solidariedade[54].

21/9/2010 Já me encontro em Nova York há dois dias. Cheguei no domingo e ontem participei de uma reunião sobre Haiti, convocada por Jean-Max Bellerive e Bill Clinton. Antes me haviam informado que se tratava de um convite da secretária de Estado. Como quer que seja, foi uma boa ocasião, que serviu para manter o foco na necessidade de medidas urgentes para a reconstrução do Haiti. Às vezes, chego a pensar que a tragédia resultante do terremoto, em que pese o número de mortos, pode ter sido a "salvação" do Haiti, até então tratado, essencialmente, como um problema de segurança e emigração pela maior parte da comunidade internacional. Quanto à reunião de ontem, devo dizer que foi um encontro útil. A exposição de Bill Clinton (mais do que a do primeiro-ministro, que foi um tanto burocrática) permitiu entender melhor como a Comissão Interina tem atuado, o que tem sido feito e o que é preciso fazer. O Brasil saiu, como sempre ultimamente, "bem na foto", tendo sido citado de forma positiva pelo próprio Clinton e pelo chefe do DPKO, Alain Leroy (mas curiosamente não por Bellerive, que preferiu mencionar acordos recentes com Estados Unidos e França). O encontro deu margem a que eu falasse de temas que não havia planejado referir, como a participação do setor privado brasileiro e a barragem de Artibonite. Sobre esta, ocorreu-me, ali na hora, que deveríamos concentrar nela os quarenta milhões de dólares que temos de saldo na conta de reconstrução. Minha intervenção foi a primeira das delegações presentes, tendo-se seguido aos relatos dos dois presidentes e aos informes do chefe da missão de observação eleitoral da OEA/Caricom e do responsável pelo DPKO. Antecedeu, portanto, os breves discursos de outros ministros, como o de Bernard Kouchner e o da própria Hillary Clinton. Como o lugar que me fora reservado fazia parte da cabeceira da mesa, que devia ter ao todo uns quarenta participantes, pude trocar algumas palavras com o ex-presidente sobre a participação do Brasil na secretaria da Comissão e, sobretudo, a cooperação Brasil-Estados Unidos, seja no setor têxtil (em que aparentemente estamos perdendo terreno para a Coreia), seja na construção de Artibonite. Uma curiosidade, dado o clima que se criara após as divergências sobre

---

54 Eu obviamente ignorava a existência de uma Resolução da ONU (A/RES/60/209, de 22 de dezembro de 2005) com esse objetivo.

o Irã[55]: Hillary Clinton fez questão de citar-me três vezes na breve intervenção que fez, chamando-me ora de "my friend Celso" ora de "Minister Amorim". Menciono o fato, não porque me comova especialmente – conheço bem a hipocrisia das práticas diplomáticas e, neste caso, dos norte-americanos –, mas porque demonstrou o desejo explícito da secretária de Estado de ser amigável, após o episódio em que as posições do Brasil e dos Estados Unidos se chocaram de forma quase espetacular. Antes assim. Vamos ver como vai me tratar após o meu discurso de abertura da Assembleia Geral, em que a questão iraniana voltará à baila.

29/9/2010 Hoje partida de Nova York para o Haiti. Será minha décima viagem à atormentada ilha: questão de mostrar o nosso empenho em continuar apoiando a luta do povo haitiano. Será também a oportunidade para avaliar os esforços de reconstrução e o processo eleitoral. Quem diria, mas já lá se vão cinco anos desde o dia em que, ao descer do avião presidencial em São Paulo, de volta de uma viagem à África do Sul, minha chefe de gabinete – a hoje embaixadora Maria Nazareth – me informou dos distúrbios que se haviam desencadeado em Porto Príncipe, como resultado da não obtenção – seguramente devido a processos fraudulentos – da maioria absoluta por Préval.

Hoje, do ponto de vista político, parece haver mais tranquilidade. Esta pode ser uma impressão enganosa, decorrente da concentração das atenções nas questões humanitárias. A ausência de um candidato claramente favorito pode ser um complicador. É o que vou verificar in loco.

Préval: "eu, às vezes, me sinto como se fosse o culpado pelo terremoto"

30/9/2010 Cheguei ao Haiti por volta das 14h30 (hora local). Era a hora em que estava previsto o encontro com o representante da ONU, Edmond Mulet. Como aqui os deslocamentos são muito demorados, tive que pedir ao nosso embaixador que fizesse um ajuste nos horários. Ainda assim, quando cheguei à residência, Mulet já estava me esperando. É um cidadão guatemalteco, que já foi embaixador e teve outras funções na ONU. Já havia estado aqui, antes de Hédi Annabi (que morreu no terremoto, como Luiz da Costa e tantos outros). Conhece bem o Haiti e não tem as rigidezes de que padecem muitos altos funcionários que fizeram carreira na Organização. Sempre tive dele boa impressão. Pelas conversas que tive e pelo que já ouvi falar de sua atuação, seria difícil imaginar uma pessoa melhor.

---

55 Refiro-me, evidentemente, à Declaração de Teerã, aprovada em 17 de maio de 2010. Ver *Teerã, Ramalá e Doha*, op. cit.

A conversa com Mulet não se prolongou muito. Ele foi objetivo. Concentrou sua exposição sobre o que considera o principal problema do país: a falta de um Estado de Direito. Não se referia apenas à polícia e ao judiciário, embora estes façam parte de sua avaliação. Tinha em mente também a ausência de normas claras sobre direitos de propriedade e outras, essenciais ao convívio dos cidadãos e, sobretudo, aos investidores estrangeiros. Sem estes, pensa Mulet, o Haiti não deixará jamais de ser uma economia que vive muito próxima da subsistência (às vezes nem isso!) e dependente da ajuda externa. Com Mulet e o representante do PNUD, assinamos dois acordos. O de maior vulto (US$ 500 mil) foi para apoiar o processo eleitoral.

Da Residência, fui ao Palácio presidencial, onde tive encontro com o presidente Préval e o primeiro-ministro Bellerive. Falamos um pouco da política haitiana e dos planos do presidente. É claro que pretende ser a eminência parda de um governo presidido pelo seu candidato Jude Célestin – um ex-diretor da Agência de Transporte – e que teria à frente de sua administração a mesma equipe básica que o acompanha, a começar pelo atual primeiro-ministro.

Fiz a Préval a entrega formal do projeto detalhado, em vários volumes, sobre Artibonite, o que deixou o presidente encantado. Preval fez questão de aparecer na Conferência de imprensa que dei juntamente com a ministra do Exterior, Marie Michèle-Rey, de modo a mostrá-lo e explicar suas linhas gerais.

1/10/2010 (Continuando o relato anterior) A Conferência de imprensa foi organizada de modo que Préval não precisa responder a perguntas. Fizemos uma rápida explicação sobre o projeto contido numa coleção de seis ou sete volumes encadernados, por sua vez encapados em uma caixa com alça. Ao sair, antes da cerimônia de atos, Préval levou consigo a pesada caixa e brincou em frente da mídia: "estou levando a minha barragem". No dia seguinte, um dos jornais haitianos estampou a foto da entrega na primeira página e fez longa matéria sobre o assunto cuja manchete lia: "Lula cumpre suas promessas". Um dos temas que levantei no encontro com Préval foi a dificuldade de ter uma entrevista com o seu candidato. "Por que ele se esconde?", perguntei eu, aproveitando o nível de informalidade da minha relação com o presidente haitiano. Préval riu e desconversou. Mais tarde, na casa de Jean-Max Bellerive, o primeiro-ministro me deu a entender que Célestin – que não é um político, mas um tecnocrata – teria uma certa inibição para encontros com autoridades estrangeiras por não dominar plenamente os dossiês que poderiam ser abordados.

Tudo no Haiti segue padrões um pouco estranhos. Na verdade, a campanha eleitoral já começou, mas por enquanto é uma "campanha muda" cujo único elemento visível é constituído pelos cartazes dos candidatos. E quanto a isso não há inibições. Há grandes fotos de Célestin por toda a parte. Todos os outros candidatos que encontrei (uns quatro, creio) se queixaram da vantagem que o candidato de Préval teria nesta fase, que deve durar um mês, ao não ter que se expor – ou expor suas ideias – mas tendo sua imagem divulgada até à saturação. O Haiti é também um país imprevisível, em que uma fagulha pode ter o efeito de incendiar a massa do povo, aparentemente resignada e distante da batalha política. Há quem diga, mesmo entre os candidatos – Leslie Voltaire, que trabalhou com Préval é um deles – que teria sido preferível uma extensão do mandato de Préval, até que a recuperação já estivesse mais adiantada e o povo mais interessado na eleição. O próprio Préval é uma personalidade peculiar. Muito amigável e mesmo afetuoso na relação pessoal, é um líder retraído na sua dimensão pública, característica que se acentuou após o terremoto. É voz corrente que Préval não se fez presente para a opinião pública depois da catástrofe, ainda que se tenha empenhado muito na busca de ações que minimizassem seus efeitos. Ficou dias inteiros desaparecido dos olhos da mídia e evitou encontros que não fossem essenciais. Eu mesmo, contrariamente a todas as demais ocasiões em que estive no Haiti, não logrei vê-lo na minha visita ao país três semanas depois do terremoto. Impressionou-me algo que disse em nossa conversa no seu escritório improvisado, que fica em um canto do anexo do Palácio poupado pelo terremoto: "eu, às vezes, me sinto como se fosse o culpado pelo terremoto". Esse estado psicológico, misto de impotência e de uma visão exagerada do que um líder pode ou não fazer, levou Préval a uma certa prostração, da qual ainda não saiu totalmente. É verdade que, mesmo antes da tragédia, o presidente haitiano, embora cioso do controle do governo (um dos seus ex-primeiros-ministros e agora candidato, Jacques-Edouard Alexis, se queixou para mim de que Préval cortava qualquer iniciativa que tentasse tomar em política externa) muitas vezes revelara uma certa inapetência para ações mais decididas. É possível que essa atitude traduza também um certo fatalismo, que parece ser um traço do povo haitiano, vítima de tantos desastres, seja os provocados pela natureza, seja os criados pela mão do homem, muitas vezes com origem fora do país.

Minha ideia em ir ao Haiti neste momento era, além de tratar de alguns projetos importantes, principalmente o da barragem de Artibonite, encontrar-me com os candidatos, como fizera antes da eleição de 2005. Devo dizer que, para minha surpresa, há no país um ambiente de relativa tranquilidade. Ainda que esta possa ser uma impressão enganosa, o fato é que não detectei as mesmas tensões que me faziam temer pelo resultado e suas repercussões em 2005. Falei com quatro pretendentes presidenciais. Já me referi a dois deles (Leslie Voltaire e Jacques-Edouard Alexis). Estive também com Yvon Neptune e Jena Henry Céant. Todos fizeram críticas ao processo eleitoral e ao método de Préval. Muitos expressaram desconforto (para usar uma palavra leve) com o Conselho Eleitoral Provisório, que seria controlado pelo presidente. "Suas decisões", disse-me um deles, "são escritas no Palácio presidencial". Dos quatro candidatos, apenas Céant revelou um ânimo mais aguerrido, a ponto de me levar a fazer, com muito cuidado, um comentário sobre a necessidade de evitar-se a violência. Todos eles, de um modo ou de outro, estiveram ligados a Aristide e pelo menos dois trabalharam com o próprio Préval. Mas é Céant quem mais alardeia proximidade com o antigo líder. Era o notário (que na tradição francesa, seguida pelo Haiti, é uma mistura de tabelião com procurador) do padre-presidente, ora exilado na África do Sul. Os demais limitaram-se a expressar que seguiriam o mesmo caminho de forma mais eficiente e coerente do que o atual presidente. Não cheguei a ver os candidatos da direita ou centro-direita (Charlito Baker, Mirlande Manigat) por questões de agenda. Tampouco encontrei um cantor popular de comportamento algo exótico que poderá ter alguns votos[56]. Um outro rapper, que vive nos Estados Unidos, teve a sua candidatura barrada devido à não residência no país. Tive certa satisfação em encontrar Yvon Neptune, que durante muito tempo esteve preso sem acusação formal e por cuja vida cheguei a temer. Isto ocorreu no governo provisório de Latortue, época em que os ânimos entre a elite econômica haitiana e os políticos considerados próximos a Aristide eram muito exaltados. Disse-lhe que o simples fato de estar em boa forma física e ser hoje candidato a presidente já é um sinal de que o processo político no Haiti evoluiu positivamente.

Talvez o melhor desta viagem tenha sido a visita a dois projetos que estão sendo desenvolvidos com participação brasileira. Um deles, financiado pelo IBAS e dirigido por uma abnegada brasileira de Minas Gerais, Eliana Nicolini, consiste na oferta de emprego para limpeza de ruas em um bairro extremamente pobre e antes dominado pela violência – Carrefour-Feuilles. O lixo recolhido é em parte vendido (sobretudo plástico) e em parte transformado em pequenos tabletes que servem como combustível para fogareiros populares. Fiquei especialmente satisfeito em notar a intensa participação de elementos da comunidade, liderados por Nicolini. O projeto, que já recebeu dois prêmios do PNUD, deverá ser replicado em outras localidades no Haiti, e, talvez, em outros países. Há, por exemplo, interesse em levá-lo ao Timor Leste. Vários dos presentes fizeram questão de falar algumas palavras, entre eles uma mulher, com sete filhos, que trabalha na Unidade de separação do lixo onde ocorreu o encontro. Falou em "créole" e suas palavras foram sendo traduzidas pelo líder comunitário, um homem, ainda jovem, que dominava bem o francês, de nome Patrick. Embora tenha perdido alguma coisa, devido ao forte ruído de um gerador que vinha de fora da Unidade, pude entender que a mulher se referia ao fato de que o projeto lhe permitira sair da miséria e ter um trabalho com o qual ganhava algum recurso para alimentar seus filhos. Mostrou-se bastante orgulhosa por ter sido escolhida para ir a Nova York para participar de um ato de divulgação do projeto. "Eu, em Nova York? Quem diria!". Foi mais ou menos o que disse.

---

56 Refiro-me a Michel Martely, que viria a ser o futuro presidente!

Carrefour-Feuilles fica na parte elevada de Port-au-Prince, mais ou menos a oeste da cidade. Foi muito atingida pelo terremoto. Eliana, que estava lá no dia, contou brevemente que tentara chamar aos gritos as pessoas para fora de suas casas quando o tremor começou, mas a maioria preferiu ficar dentro dos barracos. Muitas delas pereceram. De Carrefour-Feuilles fui a Bel Air, outra favela onde antes não se podia penetrar e cujas condições de segurança são hoje equivalentes à de um bairro pobre numa cidade norte-americana como Detroit (foi aliás o exemplo que me deu o Diretor do projeto). Essa melhora foi obra, naturalmente, da ação da Minustah, sobretudo do contingente brasileiro, mas também do trabalho da ONG Viva Rio, conhecida pelos logros que alcançou em favelas do Rio de Janeiro. Estavam lá o seu diretor, Rubem Cesar Fernandez, e vários de seus colaboradores e colaboradoras que me mostraram desde toaletes coletivos, mantidos com bom grau de asseio, até a criação de peixes feita com água tratada por um biodigestor, o qual produz ainda gás para o cozimento de alimentos. Apesar dos danos do terremoto, o projeto, que tem apoio de outros países, mas que segue metodologia brasileira, continua a fazer progressos. Depois de uma pequena clínica com três médicos para atendimento de moradores de Bel Air, terá, em breve, uma cantina que oferecerá setecentas refeições quentes por dia para as crianças do local. Para esta última iniciativa, a ABC fez um aporte de duzentos e cinquenta mil dólares, que, simbolicamente, entreguei ao diretor. Uma banda de música de crianças e jovens haitianos entoou o hino nacional brasileiro de maneira muito melhor do que várias das bandas que tenho ouvido em cerimônias oficiais por este mundo afora. Assisti, também, junto com minha comitiva, à amostra de um espetáculo de capoeira cujos coordenadores são brasileiros, mas que inclui, além de um grande número de jovens e crianças, alguns graduados da comunidade local. Entre os melhores, segundo Rubem Cesar, estariam elementos antes problemáticos, que foram ligados a algum tipo de atividade criminosa. Um deles, a quem tive oportunidade de ser apresentado, é conhecido como o "deportado", o que reflete a maneira como ele voltou de sua aventura nos Estados Unidos.

7/10/2010 Ainda em relação à viagem ao Haiti e suas repercussões, registro algo de singular. O mesmo jornal haitiano que havia publicado a manchete de primeira página "Lula cumpre suas promessas", com a foto da entrega que fiz do projeto da barragem de Artibonite ao presidente Préval, assim encabeçou a sua página de frente no dia seguinte: "Estados Unidos assumem compromissos, mas não os executam". A matéria vinha acompanhada de fotos do presidente Obama e da secretária de Estado Hillary Clinton. Sinal dos tempos?

"O Haiti é um país, não uma coleção de projetos"

Nos últimos meses do governo Lula, minhas anotações refletiam o interesse em recapitular momentos e processos especialmente relevantes durante os dois mandatos em que eu servi como ministro das Relações Exteriores. O registro que se segue se encaixa nessa categoria. Com o risco de alguma repetição, reproduzo na íntegra uma nota de 22 de outubro:

22/10/2010 Talvez caiba aqui um pequeno adendo às esparsas notas sobre o que fizemos em relação ao Haiti até o final do segundo ano de governo. Desde 2003 e com maior insistência em 2004, a precaríssima situação do Haiti, marcada pela violência e a total falta de governabilidade, começou a chamar a atenção e a ser objeto de conversa com alguns dos nossos interlocutores habituais. Recordo-me, por exemplo, de um telefonema de Dominique de Villepin, quando eu estava passando alguns dias de férias, durante o carnaval de 2004, em Tiradentes, Minas Gerais. O ministro francês buscava obter envolvimento brasileiro em algum tipo de missão estabilizadora naquele país. Nossas atitudes proativas em relação à Venezuela e a outros temas devem tê-lo inspirado. Mais próximo da intervenção da força multinacional, recebi um telefonema de Colin Powell, buscando apoio para a fase seguinte da operação, que envolveria uma força da ONU. Outras abordagens terão sido feitas, entre elas pelo secretário de Defesa dos Estados Unidos, Donald Rumsfeld, diretamente com o ministro José Viegas, diplomata como eu e muito interessado em elevar o perfil de nossas forças armadas. Obviamente, não podíamos participar de uma operação militar, cuja base jurídica era discutível. Por outro lado, era verdade que Aristide, nascido do movimento popular e que em certo momento pareceu representar uma esperança de redenção para o Haiti, fora progressivamente se transformando em um déspota, que não hesitava em usar a violência, inclusive sob formas cruéis (por exemplo, a prática de queimar pessoas vivas, com um pneu na cintura). Se não eram iniciativas suas, permitia que essas coisas ocorressem. Além disso, não tinha controle do país, que era assolado por grupos armados, em que ex-militares, remanescentes dos tempos de Raoul Cédras, se misturavam com traficantes e algumas vezes eram tolerados ou utilizados por potências estrangeiras. Era o caso de Guy Philippe, que chegou a "tomar" uma cidade e ameaçava desencadear ação contra o presidente. Além disso, muitos setores progressistas ou de esquerda (se é que se pode dizer assim) se sentiam alijados e mesmo perseguidos por Aristide. Em suma: uma situação confusa, com grande risco de conflito civil, e até mesmo de volta ao poder dos ex-militares golpistas, coniventes com o narcotráfico. Por outro lado, havia um presidente eleito, que se considerava (e era considerado por muitos, sobretudo no próprio Caribe) o governante legítimo do Haiti. Afinal, a decisão que tomamos foi, creio, a melhor para o próprio Haiti. Não participamos da força multilateral, ao contrário do Chile, por exemplo, mas aceitamos ser a "leading force" e ganhamos com isso o comando da força das Nações Unidas – a Minustah. Como recompensa por sua contribuição à força multinacional, o Chile recebera o comando civil da Missão da ONU: Juan Gabriel Valdés foi nomeado representante especial do secretário-geral.

Durante todo o tempo que precedeu ao envio das nossas tropas, Viegas e eu estivemos muito atuantes junto ao Congresso e à opinião pública. Do meu ponto de vista, tratava-se, sobretudo, de mostrar aos opositores da esquerda extremada (inclusive alguns ligados ao movimento negro) e aos congressistas céticos que a nossa presença na Minustah era de natureza totalmente diversa da intervenção na República Dominicana, em 1965, que havia permanecido na memória de muitos. Em primeiro lugar, não havia mais governo no Haiti e, mesmo na situação que precedeu à saída de Aristide (sem dúvida em circunstâncias de legalidade duvidosa), prevalecia o caos, a proliferação de bandos armados e o risco de conflitos cada vez mais sangrentos, sem conotação ideológica clara. Em segundo lugar, estávamos atendendo a um pedido do Conselho de Segurança da ONU, órgão com legitimidade para determinar o uso da força.

O início de nossa presença exigiu algumas ações, tanto no terreno como políticas, que dessem maior legitimidade à ação da Minustah. O gesto de maior importância foi a organização da partida de futebol entre a seleção brasileira e o time nacional do Haiti. Não tive participação na gestação da ideia, surgida em conversas de Lula com o presidente da CBF. Evidentemente, ocupei-me, juntamente com meus assessores, de sua execução, que exigiu intenso trabalho de coordenação com o Governo provisório de Gérard Latortue, além de tarefas práticas como de remoção de escombros, de modo a facilitar o acesso ao estádio, renovado, graças, em boa parte, a recursos de Taiwan!

Na véspera do jogo, dormimos em São Domingos. Recordo-me que a Gisela Padovan foi uma das pessoas do meu gabinete que me acompanhou. Lula viajou com Dona Marisa. Estranhamente, Viegas não foi, talvez porque, àquela altura, já se sentisse enfraquecido, muito atacado (injustamente) por motivos totalmente fúteis e em função de conflito com o comando do exército, por boas razões democráticas.

Foi esta a primeira vez que fui a Porto Príncipe. Fizemos o percurso do aeroporto ao Palácio Presidencial, onde o presidente do tribunal Boniface Alexandre, que havia substituído a Aristide como presidente da República, nos recebeu com cordialidade. Era um homem de pele bem negra (contrariamente à maioria da elite haitiana, mais de pele mestiça), alto e de poucas palavras. Agradeceu nosso gesto e teve palavras amáveis com Lula, mas não me recordo que tenha dito algo de significativo. Possivelmente estava acompanhado de Latortue, o primeiro-ministro. De lá seguimos diretamente para o estádio. Só houve uma pequena confusão, próximo à entrada, ao que parece em função da falta de ingressos.

O cortejo que foi do aeroporto para o centro da cidade – onde ele se bipartiu, com os jogadores indo diretamente para o estádio e a comitiva oficial, Lula à frente, para o Palácio – era composto por vários tipos de viaturas, inclusive blindados Urutus. Nossos jogadores iam em pé e acenavam para a multidão. As ruas eram muito esburacadas e, apesar dos esforços certamente feitos para a chegada da seleção, ladeadas por montanhas de lixo. Mais próximo do centro, vi canais entupidos de detritos, inclusive carcaças de automóveis e outros objetos volumosos. Alguém observou, de forma macabra, que por debaixo dos detritos certamente haveria corpos – de animais e humanos!

Logo após o jogo – em que a seleção, impiedosamente, derrotou o Haiti por seis a zero – voltamos para o aeroporto. Novamente, uma enorme multidão (que a nossa imprensa, pouco disposta a exagerar no sentido positivo, calculou em um milhão) postara-se nas calçadas para acompanhar o cortejo que transportava os "deuses" (qualificação que, segundo o Der Spiegel, Latortue usara para designar os nossos jogadores). Nenhum distúrbio, nenhuma confusão. A massa disciplinada se limitava a despedir os visitantes, sem sequer avançar sobre o meio-fio. Confesso que me surpreendi. Constatei que o meu estado de certa "tensão subjacente" durante as horas que passamos no Haiti não se justificava. O dia do jogo, foi declarado pelo Governo "o dia da Paz". Mas não me consta que continue a ser comemorado.

Além da presença militar e dos projetos de cooperação, alguns dos quais iniciados de forma algo atabalhoada, realizamos ações culturais que buscavam aproximar-nos da população e, se possível, elevar-lhe a autoestima. Foram organizadas exposições de pintura "naïf", comparando artistas brasileiros e haitianos, eventos de natureza cultural-religiosa, relacionados com o nosso candomblé e o vodoo haitiano etc...

Quando estive em Port-au-Prince em dezembro, a situação de segurança havia evoluído algo, mas as incertezas eram muitas. Latortue – um bem-sucedido funcionário internacional, provavelmente transformado em homem de negócios, e que fora "pescado" para a função por um "comitê de sábios" haitianos logo após a saída de Aristide – era um tipo aberto ao diálogo e pronto a receber a cooperação internacional. Valorizava a relação com o Brasil e não criou dificuldade para nossos projetos. Tanto quanto eu saiba – pequenos arrufos à parte –, cooperou com a Minustah. Mas não tinha um compromisso de longo prazo com o país. Na conversa que tive com ele em dezembro, confessou-me estar louco (sic) para que se realizassem logo as eleições e ele pudesse voltar para o conforto de Boca Raton, subúrbio de Miami. Uma curiosidade: o primeiro-ministro provisório havia sido contemporâneo do meu colaborador, José Felício, quando ambos serviram em Viena (anos 80?). Isso facilitou bastante o diálogo.

Foi também nesta visita que ouvi, de uma ministra haitiana, uma frase que me impressionou e que repeti várias vezes, sempre que era necessário sublinhar a necessidade de afirmar o respeito à soberania haitiana: "o Haiti é um país, não uma coleção de projetos". Préval viria a dizer algo parecido a Lula, dois ou três anos mais tarde, a propósito das atividades das ONGs.

Não sei se estará registrado em algum outro ponto dessas notas o fato de que organizamos no Brasil um importante seminário sobre a Minustah e o Haiti, que focalizava nossa ação como um "novo modelo" de operação de paz. Na prática, terminou sendo também uma pré-reunião de doadores, o que raramente ocorre em países em desenvolvimento. Foi aí que, pela primeira vez, usei a frase – que depois viria a repetir e, mesmo, colocar na boca de Lula: "não é preciso ser rico para ser solidário".

20/11/2010 Nos últimos dias, a situação do Haiti voltou a preocupar. O surto de cólera segue crescendo e tem servido de motivo ou pretexto para demonstrações contra o governo e a Minustah. Há indícios de que estes protestos estão sendo instrumentalizados por Guy Philippe, que, no passado, comandou milícias de ex-militares, vinculados ao banditismo e ao narcotráfico.

Eleições

29/11/2010 Domingo, ocorreram eleições no Haiti, como sempre cercadas de incertezas várias. Inicialmente, treze dos dezenoves candidatos haviam denunciado fraudes e solicitado a anulação do pleito (que, de qualquer forma, terá ainda um segundo turno). Dois dos principais opositores do candidato de Préval já mudaram de ideia hoje, certamente por terem obtido indicações positivas sobre suas votações: o cantor popular, Michel (Mickey) Martelly, e a Mirlande Manigat. Isso quer dizer que o candidato de Préval, Jude Célestin, não deve ter-se saído bem. Ou assim eles pensam. Até o momento, a situação em Porto Príncipe está calma, mas, segundo o nosso embaixador, Igor Kipman, é uma calma exagerada, que costuma anteceder a grandes manifestações. Diz ele que a Minustah está preparada. Vamos ver.

Esta foi a última nota que escrevi sobre o Haiti. O nome do país voltaria a aparecer em uma referência *en passant* em uma anotação de 18 de dezembro, na qual me limito a comentar que, "se nada de muito grave ocorrer no Haiti", meu "diário" como ministro das Relações Exteriores terminaria ali. Em agosto de 2011, fui convidado pela presidenta Dilma Rousseff para suceder a Nelson Jobim como ministro da Defesa. Nessa capacidade, estive no Haiti duas vezes: na primeira acompanhando a presidenta e na segunda em uma viagem específica da pasta. Em ambas as ocasióes, estive com o presidente Martelly, o qual também pediu para me ver durante a Conferência Rio+20. O tema de Artibonite esteve sempre em pauta. Na minha segunda viagem a Porto Príncipe como ministro da Defesa, firmei com minha contraparte um protocolo com o objetivo relativo à cooperação na área de engenharia militar. Seria também uma maneira de deixar um legado de nossa prolongada presença. Várias reuniões técnicas foram realizadas com esse objetivo, inclusive com visita liderada pelo chefe da área de engenharia do Exército brasileiro, um general de 4 estrelas, mas não creio que o projeto tenha prosperado em virtude das dificuldades orçamentárias no Brasil e das mudanças políticas em ambos os países.

Em 2015, o secretário-geral da OEA, Luís Almagro, me convidou para chefiar a missão de observadores eleitorais da organização. Nessa condição, realizei três visitas, de cerca de uma semana cada, a Porto Príncipe. Em uma delas, estive com pelo menos doze dos mais de 80 candidatos a presidente. Pude apreciar a complexidade do quadro político haitiano, as aspirações de seu povo e a fragilidade do seu processo democrático. Em 2016 (eu já não era o chefe da missão observadora), um novo presidente foi eleito no primeiro turno. No sufrágio anterior, contestado pela oposição, um segundo turno teria sido necessário. Como um barco em meio a tempestade, o Haiti segue seu rumo incerto[57].

---

57 Não é o caso aqui de estender-me sobre a evolução política do Haiti e menos ainda sobre os nossos projetos de cooperação, como parte de um esforço ambicioso de reconstrução do país. Não posso deixar de assinalar a minha grande frustração pessoal em relação à barragem de Artibonite, objeto de tantos esforços da nossa parte. Por motivos diversos, o projeto não foi levado adiante e o Haiti até hoje padece de falta crônica de energia, cujo fornecimento é dependente de geradores acessíveis apenas à população mais rica, além de sobrecarregar as contas externas do país, obrigado a importar combustível. É difícil esquecer a imagem de uma cidade às escuras, que contemplei do hotel Montana em uma de minhas muitas visitas, antes ainda do terremoto de 12/1/2010.

MÉXICO

Nos meus "cadernos de Londres" aparecem algumas referências ao México. Quase todas dizem respeito a temas multilaterais, principalmente à reforma do Conselho de Segurança da ONU, em que as posições eram distintas, senão opostas, e a questão do desarmamento nuclear, na qual ambos os países eram aliados como membros da Coalizão da Nova Agenda, mais conhecida pela sigla em inglês, NAC[1]. Transcrevo as anotações:

14/07/1999 Antonio Patriota, que, a meu convite, foi transferido de Nova York para Genebra, está hospedado aqui em casa. Tenho conversado sobre a experiência dele nos dois meses e meio em que ficou na ONU, após a minha partida. De todos os episódios, talvez o menos edificante tenha sido o fato de, juntamente com Gâmbia (!), termos sido os únicos a não nos pronunciarmos quando do ataque à Embaixada da China em Belgrado[2].

Patriota é um excelente funcionário, inteligente, bom caráter. [...]. Em relação a temas mais "conceituais", e questões humanitárias, e mesmo antes de nossa presença no Conselho, no Grupo que presidi sobre os impactos das sanções, como parte da "Agenda para a Paz"[3], ajudou-me muito. Foi também o meu principal colaborador na questão da expansão do Conselho de Segurança. [...] Há episódios interessantes, inclusive o meu almoço com Ismail Razali, presidente da 51ª AGNU, no restaurante "Casa Brasil", de onde efetivamente "nasceu" o famoso

---

1 A NAC, composta por países não nuclearmente armados, foi constituída na esteira da prorrogação indefinida do Tratado de Não Proliferação Nuclear. É composta por África do Sul, Brasil, Egito, Irlanda, México, Nova Zelândia e México.

2 Nos primeiros meses de 1999, forças da OTAN, contrariando a Carta da ONU e seus próprios estatutos, desferiram ataques aéreos ao território da antiga Iugoslávia. Em uma dessas operações, a embaixada chinesa foi atingida.

3 Em 1992, o presidente da Assembleia Geral da ONU criou um grupo de trabalho sobre a Agenda para Paz, com o intuito de dar seguimento ao relatório de Boutros Boutros-Ghali. O tema seria retomado em 1995, desta vez conduzido por um grupo de trabalho informal sob a direção do embaixador egípcio Nabil El-Araby com vistas a discutir o relatório do secretário-geral intitulado "Supplement to an Agenda for Peace" (documento A/50/60-S/1995/1). Na ocasião, foram criados quatro subgrupos sobre: diplomacia preventiva; promoção da paz; questão das sanções impostas pela ONU (o qual me coube presidir); e coordenação sobre construção da paz em situações pós-conflito.

projeto Razali, que foi muito atacado pelo grupo antirreforma (Itália, Paquistão, México[4], Egito, principalmente), mas que pode um dia, quem sabe, ressuscitar, com ajustes.

10/8/1999 O mês de agosto em Genebra é muito tranquilo. De todas as organizações, a única que conserva algum grau de atividade é a Conferência do Desarmamento (CD), que neste momento vive uma situação de impasse. Isso não impede que se sucedam os almoços onde se discutem temas relacionados com o trabalho da Conferência. Hoje mesmo participei de um, oferecido pelo seu presidente, embaixador Guillermo Gonzalez, da Argentina. É um homem correto e bem-intencionado, que tem dado mostras de atenção especial comigo e com o Brasil. Há cerca de duas semanas, foi minha vez de convidá-lo para um almoço deste tipo, que tinha, entretanto, uma característica especial: o de ser a primeira ocasião em que se dava um encontro entre o presidente da CD e os integrantes da chamada Nova Agenda, composta por Brasil, Irlanda, Suécia, México, Egito, África do Sul e Nova Zelândia, um grupo que se formou há cerca de um ano e meio (após os testes nucleares da Índia e do Paquistão) e que se propõe a trabalhar, de forma construtiva, em torno do desarmamento nuclear (e não apenas da não proliferação). Os princípios e propostas da "nova agenda" são muito semelhantes aos da Comissão de Camberra para eliminação total das armas nucleares, da qual fiz parte (juntamente com figuras de destaque como Robert McNamara, Michel Rocard, Jacques Cousteau e o prêmio Nobel Joseph Rotblat, entre outros). Embora eu não tenha tido nenhuma participação no lançamento da Nova Agenda, à qual o Brasil se juntou na esteira da adesão ao TNP, considero que é uma iniciativa importante e tenho tentado prestigiá-la, incentivado pelo meu colega, o embaixador alterno, Adhemar Bahadian. Existe a ideia, que estou explorando, de um almoço que reúna os membros da Nova Agenda e os P-5 (que são também os "N-5"![5]). É uma maneira, entre outras, de ir dando personalidade à "coalizão" e introduzir algum grau de flexibilidade no sistema de grupos da CD[6].

Nunca fui especialista em desarmamento, embora tenha presidido a Conferência em janeiro de 1992, num momento de certa importância, logo após a conclusão das negociações da Convenção de Armas Químicas (que assinei, em final de 1992, em representação do então chanceler Fernando Henrique Cardoso).

---

4   A atitude de vários países, inclusive os da nossa região, é objeto do meu ensaio no livro *O Brasil e as Nações Unidas: 70 anos* (FUNAG, 2015).

5   Não é mera coincidência que as potências nucleares reconhecidas como tais pelo TNP sejam as mesmas que integram de forma permanente o Conselho de Segurança das Nações Unidas.

6   O sistema de grupos da Conferência do Desarmamento era uma herança da Guerra Fria. Na CD, o Brasil faz parte do grupo não alinhado, assim como México e África do Sul. A Argentina passara a fazer parte do "grupo ocidental" desde que fora designada como aliada extra-OTAN dos Estados Unidos.

A CD estava numa certa encruzilhada, que pôde ser superada graças à ação de alguns embaixadores, dentre os quais destacaria Gérard Errera, da França. Como eu seria o presidente, mesmo antes de assumir o cargo, vi-me envolvido em negociações que redundaram na adoção de um programa de trabalho, que permitiu o estabelecimento de grupos negociadores sobre certos temas, inclusive o da Proibição de Testes Nucleares, que resultaria no CTBT. [...]

2/9/1999 Ontem: almoço na Residência, membros da "New Agenda Coalition" + Potências Nucleares (P-5). Minha iniciativa, apoiada pelos demais membros da Nova Agenda (México, Nova Zelândia, Suécia, Irlanda, Egito e África do Sul) e bem recebida pelos nucleares (todos representados pelos embaixadores, à exceção dos russos), procura, sobretudo, fortalecer a personalidade da "Nova Agenda" e fazer do grupo um interlocutor para os temas de desarmamento nuclear e possivelmente outros. Desde o início, simpatizei muito com as ideias e a composição da Nova Agenda e fiquei muito contente que Brasília tenha decidido acatá-la. É algo novo e positivo, que possibilita ultrapassar as dicotomias excessivamente rígidas entre não alinhados e ocidentais, além de congregar países com alto grau de credibilidade em torno de um tema da maior importância. Além disso, a Nova Agenda retoma, no plano político, muitas das ideias da Comissão de Camberra[7], da qual participei, a título pessoal, com grande entusiasmo.

O almoço de ontem, que se seguiu a outro que ofereci há cerca de um mês e meio para os membros da Nova Agenda, mais o presidente da CD (na época, o embaixador da Argentina), é um passo para a consolidação do foro. As discussões evidenciaram, entretanto, um alto grau de desconfiança e mesmo de ressentimento de parte de alguns dos P-5 (sobretudo Estados Unidos) em relação à Nova Agenda. O almoço serviu para diluir um pouco a impressão de que a NAC poderia ter objetivos confrontacionistas (o que não foi facilitado pelo tom de certas afirmações do embaixador do México, Antonio de Icaza[8]) e criar uma atmosfera de diálogo. Mesmo sem ter ilusões sobre a possibilidade de que os objetivos do desarmamento nuclear sejam alcançados a curto prazo, estou convencido de que esta é uma batalha importante para a Humanidade e na qual, por todos os motivos, o Brasil deve estar engajado. Foi com este espírito que participei com empenho da Comissão de Camberra. Farei o que puder para reforçar a "Nova Agenda".

---

7   A Comissão de Camberra para a Eliminação das Armas Nucleares foi criada em 1995 pelo então primeiro-ministro da Austrália, Paul Keating. O relatório produzido pela Comissão foi apresentado à Assembleia Geral em setembro de 1996 e à Conferência sobre Desarmamento em janeiro de 1997.

8   Uma das figuras mais destacadas da diplomacia mexicana, Antonio de Icaza fora embaixador junto ao governo brasileiro e na Organização dos Estados Americanos, entre outros. Caberia a Icaza coordenar a NAC durante a Conferência de Revisão do TNP em 2000, função que desempenhou de forma engajada e até mesmo aguerrida.

Meu comentário sobre o tom das afirmações do embaixador mexicano Antonio de Icaza podem dar uma impressão falsa e, a rigor, injusta sobre sua atuação. Icaza era embaixador do "velho estilo", dado a arroubos retóricos, que introduziam uma conotação emocional às discussões. Era, porém, um fiel representante da antiga escola nacionalista e pacifista da diplomacia mexicana. Como coordenador da Nova Agenda durante a Conferência de Revisão do TNP do ano 2000, teve atuação firme, que muito contribuiu para um resultado positivo consubstanciado nos famosos "13 passos para o desarmamento nuclear"[9].

Uma nota de outubro de 1999 reporta-se a um episódio que ilustra a ambiguidade de nossas relações com o México, com reflexos no plano multilateral. Aliados no desarmamento nuclear, Brasil e México divergiam fortemente em relação a outros temas. Já referi a reforma do Conselho de Segurança. Fortes diferenças ocorreram também na área comercial.

Ambiguidades

19/10/1999 No final de 1993 ou início de 1994, o Brasil fora incluído novamente na "priority list" norte-americana. Algum tipo de negociação se impunha. Depois de algumas tentativas, acertei, via nossa Embaixada em Washington, o encontro com o USTR para uma data que, como disse, coincidiu com a quarta-feira de cinzas. Eu havia participado de importantes discussões na ALADI, em Montevidéu, até o sábado anterior, que envolviam a questão da "perfuração" das preferências regionais causada pelas negociações do México com os Estados Unidos. Depois de dois dias de descanso, parti para Washington, via Nova York, na terça-feira de Carnaval. [...]

O episódio acima, brevemente referido em uma nota a rigor sobre outro tema (disputas com os Estados Unidos sobre propriedade intelectual), tem a ver com as dificuldades criadas pela conclusão do acordo de livre comércio entre o México e os Estados Unidos. Fortemente impregnado por doutrinas neoliberais, o México fez amplas concessões a Washington que, a rigor, eram incompatíveis com as normas da ALADI. Não é o caso aqui de entrar em detalhes técnicos, bastando assinalar que a postura do chefe da delegação mexicana, Hermínio Blanco, então vice-ministro de negociações comerciais internacionais, foi extremamente agressiva, em defesa de uma isenção ampla (*free-ride)* para o seu país.

---

9   Os Estados-partes do Tratado de Não Proliferação Nuclear (TNP) reuniram-se em 2000, em conferência de revisão do acordo. O documento final do encontro previu 13 passos para o desarmamento, com o objetivo de dar implementação efetiva ao disposto no artigo VI do TNP. O parágrafo com os "13 passos" foi adotado ao final da conferência como resultado da iniciativa dos membros da Coalizão da Nova Agenda, grupo que reúne Brasil, Nova Zelândia, México, Suécia, Egito, entre outros.

A conclusão da reunião ministerial da ALADI foi uma espécie de "remendo" que não resolveu os problemas. A postura de Blanco, entretanto, de consagrar o *free-ride* não prevaleceu, graças, sobretudo, à vigorosa oposição do embaixador brasileiro Paulo Nogueira Batista[10]. As divergências entre México e Brasil na área comercial voltariam a aparecer durante as negociações da ALCA[11].

Uma reminiscência, a propósito de uma entrevista jornalística, ilustra a minha percepção (compartilhada pela maioria dos diplomatas brasileiros) sobre a atuação diplomática do México, mesmo antes do acordo de livre comércio com os Estados Unidos e do NAFTA.

20/2/2000 Ontem a jornalista Debora Berlink entrevistou-me longamente com o objetivo de preparar a tese de mestrado que deverá apresentar ao Instituto de Altos Estudos Internacionais de Genebra, sobre Mercosul. Estava interessada sobretudo no jogo de percepções entre o Mercosul (sobretudo Brasil) e os Estados Unidos. Além de vários fatos que já registrei antes – e que ontem abordei em maior detalhe – mencionei o que me parece uma clara disposição dos Estados Unidos de interferirem no processo de integração. [...]. Recordei uma visita de Harry Shlaudeman, embaixador norte-americano, ao ministro Renato Archer, durante o governo Sarney, em que o nosso interlocutor procurou convencer-nos de que seria vantajoso inserir o México nas discussões e tratativas de integração entre Brasil e Argentina (era, evidentemente, o Cavalo de Troia![12]).

Resistências

Várias referências ao México, no contexto das discussões sobre a reforma do Conselho de Segurança, aparecem em um texto que enviei informalmente a Brasília, quando eu era embaixador em Genebra.

19/4/2000 [...] Se a reforma for apresentada mais como um "processo" do que como algo acabado e definitivo, projeto transitório, em suma, sujeito a ajuste e revisão após dez, quinze anos, não será impossível, penso, contornar as objeções mais estridentes contra a suposta criação de novos "monarcas" internacionais, a que recorrem até mesmo alguns diplomatas de países de nossa região (sobretudo o México). [...]

---

10 Como chefe da delegação brasileira, apoiei a posição do embaixador Batista. O encontro teve seus momentos de alta tensão quando Batista e Blanco quase passaram às vias de fato.

11 V. *Breves narrativas diplomáticas*, op. cit.

12 Esse episódio, com a mesma expressão, foi também mencionado em uma nota de recapitulação sobre Argentina em 15 de junho de 2006, em *Laços de confiança: o Brasil na América do Sul*, op. cit.

As resistências mexicana e argentina não devem ser superdimensionadas. [...] Há quem diga, como o embaixador González Gálvez[13], em encontro comigo em Nova Iorque, que os mexicanos acatarão sem grande contrariedade (ele chegou a dizer "satisfação", do que duvido) um Brasil membro permanente do CSNU, ainda que, por posição de princípio, se vejam na obrigação de exprimir pelo voto seu descontentamento com uma reforma que crie novos membros permanentes. [...]

Uma nova referência ao México seria feita em artigo que escrevi[14] a propósito do Mercosul:

> No final de 1993, duas situações/tendências viriam a ter reflexos nas discussões e planos relativos ao Mercosul. Em primeiro lugar, o governo Clinton buscaria ativamente a aprovação do Congresso para o Acordo de Livre Comércio com o Canadá e o México. Bizarramente, os Estados Unidos, valendo-se do México, chegariam a pedir, durante a Reunião de Cúpula do Grupo do Rio em Santiago, que os presidentes latino-americanos enviassem uma mensagem ao Congresso norte-americano, instando-o a aprovar o Acordo. A "gestão" não chegou a ser feita — pelo menos não dessa forma — em vista das objeções de alguns países, inclusive o Brasil, a uma ingerência no Legislativo de outra nação, o que seria um mau precedente, que não desejaríamos ver reproduzido algum dia em relação ao nosso próprio Congresso. Mas o movimento denotava já um interesse claro de Washington de envolver a região em projetos de liberalização comercial hemisférica [...].

"Forjaremos alianças com grandes países em desenvolvimento. Reforçaremos o diálogo com a China, a Rússia, a Índia, o México e África do Sul, entre outros." Esse trecho do meu discurso de posse como chanceler do presidente Lula evidencia a ambivalência que caracterizava minha visão das relações com o México. Por um lado, constituía um reconhecimento da evidente importância do país no plano internacional (coincidentemente, os países citados seriam os mesmos que integrariam o fórum G-8 + 5, que se reuniu durante boa parte da primeira década do século XXI). Por outro, deixava claro que, baseado na minha experiência, eu pretendia tratar dessas relações fora do contexto da integração sul ou latino-americana. Quando Lula chegou ao poder e eu voltei à chancela-

---

13 Diplomata de grande destaque, foi subsecretário (vice-ministro) em duas ocasiões, de 1988 a 1992 e de 1994 a 1997. Este segundo período coincidiu, em parte, com minha gestão como representante permanente nas Nações Unidas.

14 AMORIM, Celso. "A Caminho de Ouro Preto: a diplomacia da tarifa externa comum". In: SILVA, Raul Mendes (coord.). *Missões de paz: a diplomacia brasileira nos conflitos internacionais*. Rio de Janeiro: Multimídia, 2003.

ria, o presidente mexicano era Vicente Fox, um bem-sucedido homem de negócios que fora diretor da Coca-Cola.

O ministro das Relações Exteriores era Luís Ernesto Derbez, que eu havia conhecido como secretário de economia por ocasião do lançamento da Rodada de Doha, em dezembro de 2001. Derbez presidiu, então, o grupo que tratou do tema da propriedade intelectual, de grande interesse para o Brasil e que culminou com a famosa Declaração de Doha sobre TRIPS e saúde pública, especificamente mencionada, anos mais tarde, na agenda 2030 de objetivos do desenvolvimento sustentável. A atitude de Derbez foi, em geral, positiva, o que contribuiu para o bom resultado obtido. Mesmo assim, já ao final das discussões em Doha, Derbez parecia inclinar-se às pressões dos laboratórios norte-americanos, que acabaram, entretanto, não prevalecendo[15].

Logo no início do governo Lula, o México foi convidado para participar do Grupo de Amigos da Venezuela[16]. Não há, que me recorde, nenhum reparo a ser feito quanto à atitude mexicana ao longo desse processo, extremamente delicado. Fox e Lula eram indivíduos de origem e opiniões muito diferentes, o que não impediu um diálogo correto sobre temas relativos às relações bilaterais. Mas, em questões de fundo sobre as relações hemisféricas, como a ALCA, ou em temas estratégicos globais, como a ampliação do Conselho de Segurança, diferenças continuavam a ser registradas. No âmbito da OMC, em que normalmente o México tinha posições mais liberais do que o Brasil, os dois países se aproximaram por meio do G-20, em razão da oposição mexicana aos subsídios agrícolas dos países ricos, a começar pelos Estados Unidos, seus sócios no NAFTA.

Em 2003, Lula realizou visita de trabalho ao México, em retribuição à que Fox realizara em 2002. A visita teve escasso significado político ou econômico. Os dois presidentes se encontraram à margem de outras reuniões, como a do Grupo do Rio no Peru. Tampouco aí se pôde registrar algum avanço notável.

1/10/2003 A viagem rápida ao México veio para amenizar um pouco a ida a Cuba, que já sabíamos receberia críticas. [...]

É de certa forma estranho o fato, que não deixa de ser significativo, da ausência de um país tão importante em minhas anotações – ainda que escassas – dos primeiros anos do governo Lula. Essa ausência tem, entretanto, explicação.

---

15 As negociações sobre TRIPS e saúde foram objeto de amplos comentários no meu *Teerã, Ramalá e Doha*, op. cit. O episódio narrado também foi citado no *Misadventures of the most-favored nations*, de Paul Blustein, op. cit. Ver também meu prefácio à coletânea *Diplomacia em Saúde e Saúde Global: perspectivas latino-americanas*, organizada por Paulo Buss e Sebastián Tobar.

16 V. *Breves narrativas diplomáticas*, op. cit.

Nos quase quatro anos em que Fox e Lula coincidiram no poder, o Brasil estava profundamente empenhado na integração da América do Sul, ao passo que o México seguia sua política neoliberal e de associação com os Estados Unidos. Essa relação próxima com Washington já levara, inclusive, à suspensão do acordo de vistos com o Brasil.

Nossas iniciativas com respeito à América do Sul não deixavam de ter repercussão no México, nem sempre de forma positiva. Foi assim, por exemplo, no caso de nossa proposta da Cúpula entre América do Sul e Países Árabes (ASPA). Reproduzo a seguir trecho de anotação, feita quando estava a caminho de uma cúpula dos países árabes, na qual recapitulo os passos de preparação da ASPA:

16/3/2005 Um óbice inesperado, até certo ponto, foi a resistência de alguns árabes (sobretudo Egito) em entender o conceito de América do Sul. O México chegou a ser impertinente com sua insistência[17] [...].

Água no champanhe

Muito da nossa desconfiança em relação aos objetivos mexicanos decorria de uma certa ambiguidade existencial de que sofria a diplomacia mexicana. Ao mesmo tempo que Tlatelolco se empenhava em manter a influência mexicana na América Latina e reafirmar a identidade do México como país latino-americano, a associação cada vez mais profunda com os Estados Unidos tornava difícil incluir o México em nossas iniciativas regionais (ou, no caso, birregionais). Como reflexo dessa desconfiança, talvez exagerada, a mesma anotação menciona o convite ao México para participação em uma reunião do G-8 na Escócia, de forma pouco positiva.

16/3/2005 Alguns fatos dos últimos dias são preocupantes e/ou pouco encorajadores. A nomeação de Bolton, o homem que derrubou Bustani e um inimigo declarado das Nações Unidas, como embaixador dos Estados Unidos na ONU[18], a escolha de Wolfowitz, um dos piores falcões neoconservadores para o Banco Mundial (podemos fazer algo?) e – num plano totalmente distinto – o convite ao

---

17 O assunto está desenvolvido no meu livro *Teerã, Ramalá e Doha*, op. cit. Minha percepção em relação à impertinência do México originou-se em conversas que tive com o ministro egípcio Ahmad Maher, confirmada por informações da nossa embaixada no Cairo, segundo a qual o México fizera gestões explícitas para que o Egito não aceitasse uma reunião com países de nossa região na qual o México não estivesse incluído. Uma percepção semelhante aparece em uma anotação anterior relativa ao meu diálogo com o presidente argelino Abdelaziz Bouteflika, no mesmo livro.

18 O episódio sobre Bustani é objeto de uma nota explicativa no capítulo de Argentina em *Laços de confiança: o Brasil na América do Sul*, op. cit.

México para a reunião do G-8, na Escócia. Aqui, trata-se de água no champanhe. A inclusão do México altera o formato da reunião, que perde boa parte do "charme" que tinha para nós e nos faz perguntar se o México, por que não a Argentina, o Egito, a Nigéria ou a Indonésia? Afinal, o formato de Evian era mais democrático.

15/6/2006 A imprensa deu destaque à visita de Derbez. Hoje, inclusive, há um editorial crítico no *Estado de S. Paulo*: "México e Mercosul". Não o li em detalhe, mas posso adivinhar com base na última frase: a política externa petista (sic) não leva em conta os interesses permanentes do país. É óbvio que, para o Estadão, o interesse é a aproximação cada vez maior com os Estados Unidos. E o México é o veículo para esta aproximação. No fundo, a visão do México de sua vocação é essa mesma: fazer a mediação entre a América Latina e os Estados Unidos. O próprio Derbez o admite. O México não tem (grande) interesse econômico no Mercosul. Seu interesse é político. Ele se reforça quando faz esta mediação e, para o público interno, demonstra duas coisas: 1) que fez a opção certa ao associar-se profundamente ao vizinho do Norte; 2) que tem certa independência em relação a Washington. Isto no que tange às motivações. No plano das propostas práticas, o México usa de uma falácia que a mídia brasileira compra (inocentemente ou não). Dizem os mexicanos que querem se associar ao Mercosul e que os acordos que mantêm com os países, por meio da ALADI, já seriam suficientes. Em suma, querem ter voz nas decisões do Mercosul – pelo menos nas de natureza política, inicialmente – sem pagar o preço de um acordo de livre comércio. Não sei por quanto tempo poderemos resistir. Mas o mínimo que podemos fazer é manter a assinatura de um acordo de livre-comércio com o Mercosul como condição.

"Celso me apuñaló por la espalda"

21/6/2006 [...] No continente, continuaremos a estreitar relação com Caribe e América Central (que avançaram muito neste período). Temos que "conformar" de maneira positiva – mas sem permitir que isto leve a distorções na nossa política sul-americana – nossa relação com o México. Talvez as eleições ajudem. Na América do Sul, caso a turbulência da Bolívia diminua um pouco, o grande desafio será o de como tratar o eixo andino, hoje puxado pelo Brasil/Mercosul ao sul e pelo Grande Vizinho do Norte, com o auxílio do México, na direção oposta. Em suma, o Mercosul crescerá ou será contido pela "banda" andina, em relação à qual não poderemos ir além dos acordos de livre-comércio e de alguma integração em infraestrutura? Eis todo um programa (e algumas incógnitas) para o próximo governo.

Antes de passar à evolução das relações entre Brasil e México durante o governo de Felipe Calderón, devo fazer um pequeno registro sobre a tentativa do ministro Luís Ernesto Derbez de se eleger secretário-geral da OEA. O Brasil foi um dos primeiros países a comprometer seu apoio a José Miguel Insulza, do Chile, por quem trabalhamos ativamente. Esse fato nunca foi ocultado das autoridades mexicanas, o que não impediu Derbez de queixar-se de mim ao assessor internacional do presidente, Marco Aurélio Garcia (por sinal, um dos mais ardentes apoiadores da candidatura chilena)[19]. O "golpe" seria acusado por Derbez. Sem que jamais eu lhe desse nenhuma base para supor que o Brasil viesse a apoiá-lo, Derbez queixou-se a Garcia da minha "traição". *"Celso me apuñaló por la espalda"*.

Relação pragmática

As eleições mexicanas de julho de 2006, por sinal bastante conturbadas e contestadas pelo segundo colocado, Andrés Manuel Lopez Obrador, deram a vitória a Felipe Calderón.

7/10/2006 Ontem, o presidente separou uma hora de sua intensa agenda política para receber o presidente eleito do México, Felipe Calderón. Mais tarde, ofereci-lhe almoço no Itamaraty. Conversas foram amenas e positivas. Mais de uma vez, Calderón se referiu à importância do Brasil (se não me engano falou mesmo em liderança) e o desejo de intensificar cooperação. É positivo que sua primeira viagem ao exterior tenha sido à América Latina. Para nós, é bom mostrar que não temos preconceito contra políticos conservadores e que tratamos as relações de Estado como devem ser tratadas, independentemente de simpatias pessoais ou ideológicas.

Calderón parece ser homem franco e pragmático, sem a pontinha de empáfia que Fox demonstrava, sobretudo no início. Também seus auxiliares aparentaram ter uma atitude mais aberta que meu atual colega, Luis Ernesto Derbez. Falamos de projetos conjuntos, inclusive em terceiros países (América Central, Caribe). Creio que poderemos ter uma relação menos marcada pela desconfiança nos próximos anos[20].

---

19 O episódio está também relatado no capítulo de Chile em *Laços de confiança: o Brasil na América do Sul*, op. cit. Nele, cito a frase melodramática e, a rigor, incorreta de Derbez: *"Celso me apuñaló por la espalda"*.

20 A decisão de que Calderón seria recebido pelo presidente Lula não foi fácil. No México, os protestos contra a fraude eleitoral continuavam e repercutiam no Brasil. A chegada de Calderón para o almoço no Itamaraty exigiu algum malabarismo logístico, uma vez que a porta principal do Palácio fora bloqueada por manifestantes de esquerda, simpáticos a López Obrador.

23/1/2007 Ontem recebi o secretário executivo da ALADI, Didier Opertti – homem de centro-direita, mas bom amigo e de comportamento correto. Está sendo muito atacado pelo México, que tem ciúmes do que se passa na América do Sul. Dei-lhe respaldo integral. Vou ver se falo com a nova chanceler mexicana (talvez em Davos).

6/8/2007 Primeira etapa de uma viagem presidencial ao "norte da América Latina" (para usar a expressão de um jornal hispano-americano). Aqui, a agenda foi dominada por encontros empresariais, energia (possibilidade de acordo Pemex/ Petrobrás + biodiesel), relações do México com o Mercosul e outros temas bilaterais. Temas delicados, como ampliação do Conselho de Segurança – embora a questão tenha surgido na conferência de imprensa –, foram evitados. Falou-se pouco de OMC ou de outras questões da agenda global. Nem mesmo os temas do G-8 + 5, em que Brasil e México estão envolvidos, foram aflorados. Vários acordos foram assinados (Energia, Agricultura, Ciência e Tecnologia, Cooperação Jurídica). Lula esteve com Felipe Calderón em uma reunião privada e em outra "ampliada"; participou de almoço com senadores e recebeu as chaves da cidade do Prefeito, pertencente ao PRD[21]. Em todos os encontros o mote, repetido pelos mexicanos, foi a necessidade de o México aproximar-se da América do Sul. E o caminho natural para isso é a relação com Brasil. Na sequência de uma declaração do chanceler argentino, que acabara de visitar o México em companhia de Kirchner, inventei um "programa de aproximação do México com o Mercosul", de modo a evitar as armadilhas, constantes no período Fox / Derbez, de uma falsa adesão.

Seja como for, vejo desejo real dos mexicanos nesta aproximação por meio de projetos concretos. O presidente Calderón parece um homem pragmático. Quer trabalhar com o Brasil. Está menos interessado que o seu antecessor em gestos simbólicos (e confusos). O mesmo vale para Patricia Espinosa, atual chanceler. Embora sem movimentos espetaculares, abrem-se perspectivas positivas para o conjunto da América Latina e Caribe. [...]

16/11/2007 Quero aproveitar a semana para inteirar-me mais das questões de mudança de clima. Estou inclinado a comparecer à COP 14, em Bali, pelo menos, à parte relativa a comércio, onde poderão estar outros ministros ligados à OMC. Antes disso, haverá visita ao México, onde vou com menos entusiasmo, à luz das dificuldades recorrentes em nossas relações (candidaturas, reticências na OMC etc.). Mas o aspecto econômico é importante. Há sempre grande interesse empresarial e, afinal, a Patricia Espinosa e o próprio presidente Calderón parecem interessados em uma relação pragmática.

---

21 O Partido de la Revolución Democrática apoiou López Obrador nas eleições de 2006.

29/11/2007 Ontem, cumpri toda a programação no México, inclusive encontro com o presidente Calderón, não previsto inicialmente. Foram reuniões fáceis, sem grandes tensões. Estamos buscando uma maneira de estruturar nossa relação bilateral de forma positiva. Para isso, a atitude pragmática, nada arrogante, de Calderón e Patricia Espinosa tem ajudado. Há ainda empecilhos na burocracia, sobretudo do lado econômico. Mas o clima é bem melhor do que na época de Fox e Derbez.

Uma das questões que fazia parte das minhas preocupações era a relação comercial entre o Brasil/Mercosul e o México. A associação do México com os Estados Unidos e o Canadá, por meio do NAFTA, era uma das preocupações. Qualquer tentativa de avançar dos acordos de complementação econômica, no âmbito da ALADI, em direção a um acordo de livre comércio, teria que conter regras de origem muito estritas, de modo a evitar que se tornasse uma espécie de "backdoor" para produtos norte-americanos. Embora nossa mídia conservadora fosse em geral favorável, o mesmo não se passava com a indústria.

28/1/2008 Estou em São Paulo para uma reunião com alguns diretores da FIESP. Meus colaboradores, alguns dos quais participarão do almoço, prepararam papéis com subsídios para as conversas. É sobretudo uma lista de queixas e/ou expectativas dos empresários acompanhadas das explicações. Em resumo, eles estão interessados em mercado para setores específicos sem ver o conjunto do nosso relacionamento externo. Nós (governo, MRE especialmente) também queremos mercado e até temos usado as cifras de exportações para atestar o êxito de nossas ações. Mas é claro, também nos interessa a política. Mercado e Política não são contraditórios. Mas há por vezes matizes na ênfase que se coloca em um aspecto ou outro. E até mesmo a concepção de como se chegar a determinado mercado varia. [...]

É de se notar que a indústria não se comporta de forma homogênea. Até há pouco eram alguns setores industriais que dificultavam as negociações com o México. Agora, a CNI pressiona para avançarmos (os mexicanos se tornaram mais relutantes). Já o acordo Mercosul-União Europeia é objeto de constantes cobranças hoje. Mas quando parecia que poderíamos fechá-lo, em 2004, foram setores da CNI e da FIESP que se opuseram. (Afinal concluímos que não valia mesmo a pena, à luz da reduzida abertura europeia em agr*opecuária, sobretudo em carnes)*.

Por coincidência, saiu hoje uma entrevista que dei há alguns dias ao *Estado de S. Paulo*, a propósito dos duzentos anos da abertura dos portos. Em determinado momento, comentando os avanços da China e as dificuldades do México no mercado norte-americano, digo que "não são os acordos de livre comércio que fazem a diferença", afirmação que creio ser basicamente correta. O texto reproduziu minhas palavras com razoável fidelidade e no contexto apropriado. A manchete, como é natural, omitiu o contexto, mas, além disso, suprimiu o artigo definido "a" antes da palavra diferença. E isso, sim, faz diferença!

A posição do México em relação às questões políticas regionais era, obviamente, do nosso interesse. Em que pese a "maldição"[22] decorrente da proximidade com os Estados Unidos, o México destacou-se entre os países da América Latina que se recusaram a participar do isolamento de Cuba imposto pelos Estados Unidos através da OEA[23]. Em tempos recentes, sobretudo durante o governo Fox, o alinhamento com Washington se tornou mais forte, o que se refletiu, por exemplo, no padrão de votação na Comissão de Direitos Humanos. Recordo-me de uma conversa, quando ainda embaixador em Genebra, em que tentei dissuadir o ministro Jorge Castañeda de votar a favor da nomeação de um relator especial sobre Cuba. Era, pois, com alguma cautela que eu abordava temas políticos regionais com meus colegas mexicanos. Isso não nos impediu, quando necessário, de aceitar ou mesmo incentivar a participação do México em processos de mediação de disputas regionais. Foi o que ocorreu quando da criação do Grupo de Amigos da Venezuela, no âmbito do qual a atuação mexicana foi construtiva.

Na Cúpula do Grupo do Rio em São Domingos sobre o conflito Equador-Colômbia[24], conversei um pouco com minha colega Patricia Espinosa. Salientei, em uma anotação, a posição "moderada" do México, mas não deixei de notar que, em sua intervenção, o presidente Felipe Calderón não mencionara um aspecto a meu ver essencial da disputa, qual seja, a gravidade da violação da integridade territorial do Equador, que não podia ser colocada no mesmo plano das queixas colombianas em relação a Quito. Minha preocupação em valorizar o papel do México nessas questões transparece em uma anotação relativa à composição da Comissão que seria criada na OEA sobre o conflito Colômbia-Equador[25]. Fiz observação de teor semelhante em uma anotação de abril, relativa à

---

22 Referência à frase comumente atribuída ao ex-presidente Porfírio Diaz "Pobre México! Tão longe de Deus e tão perto dos Estados Unidos".

23 Na VII Reunião de Consulta dos Ministros das Relações Exteriores Americanos, em Punta del Este, em 1962, decidiu-se por 14 votos pela exclusão de Cuba da OEA e da Junta Interamericana de Defesa. O Brasil, representado por San Tiago Dantas, defendeu posição calcada no princípio de não intervenção e se absteve na votação final, juntamente com México, Argentina, Bolívia, Chile Equador (os chamados *outer six*). Em agosto de 1964, a despeito de recomendação da OEA, encampada pelos Estados Unidos, para o rompimento de relações diplomáticas com Cuba, o México recusou-se a fazê-lo. Como é sabido, o Brasil rompeu relações diplomáticas com Cuba ainda em 1964, no contexto imediato após o golpe militar.

24 Sobre o conflito, ver os capítulos correspondentes aos dois países em *Laços de confiança: o Brasil na América do Sul*, op. cit.

25 V. nota de 8/3/2008, no capítulo sobre o Equador, em *Laços de confiança: o Brasil na América do Sul*, op. cit.

eventual participação mexicana na mediação do conflito interno na Bolívia. Nesse registro, refiro-me ao "bom momento" das relações bilaterais, bem como ao fato de o México estar na coordenação do Grupo do Rio. Tanto o comentário relativo à disputa entre os dois países andinos quanto a observação sobre o conflito interno na Bolívia ilustram o esforço que era necessário fazer para reforçar o sentido *sul-americano* da integração, sem alienar um país importante como o México, em um momento em que este se esforçava para buscar maior equilíbrio em suas relações na região.

As ambiguidades mexicanas foram objeto de conversas com vários interlocutores. Em junho de 2008, durante um diálogo com Raúl Castro sobre o papel da Unasul como polo de imantação para a integração latino-americana e caribenha, afirmei: "Calderón é mais pragmático do que Fox". Na mesma conversa, o líder cubano abordou a questão do narcotráfico e lamentou "que o problema se tivesse agravado no México com a corrupção do Exército e a ocorrência [frequente] de sequestros". Em outro encontro com Raúl Castro, em outubro de 2010, o presidente cubano se disse preocupado com a situação de confrontos entre gangues no México. Aludiu à possibilidade de que essa situação evoluísse para uma guerra civil e relacionou o crescimento da criminalidade com os deslocamentos sociais provocados pelo NAFTA[26].

A crise financeira nos Estados Unidos, iniciada com o problema do *subprime* e que viria a explodir com a falência do Lehman Brothers, teve, como é natural, grande impacto sobre o México. Em uma palestra proferida aos alunos do Rio Branco em 6 de agosto de 2008, cujo tema principal foi o impasse das negociações na Rodada de Doha, fiz um comentário que espelha a visão que vinha formando das atitudes mexicanas em matéria econômica:

> [...] manter essa estrutura diversificada de comércio exterior tem que ser uma preocupação do Brasil. Eu digo a vocês – isso aqui é uma reunião privada, imagino que eu não estou praticando nenhuma inconfidência –, que [...], uns seis meses atrás, o [...] presidente Calderón, disse, e isso foi já depois do início dessa crise do *subprime*: "vocês do Brasil têm menos problemas, porque o comércio de vocês é mais diversificado, mas nós estamos muito ligados aos Estados Unidos, e o que acontece nos Estados Unidos tem um reflexo enorme e imediato no México".

---

26 Ouvi expressões de preocupação similar, inclusive da parte de interlocutores mexicanos. Entre outros efeitos, a liberalização comercial causou ruptura na estrutura agrária mexicana devido à maior competitividade dos produtos importados dos Estados Unidos, fortemente apoiados por subsídios. Esse foi o caso especialmente do milho, em torno do qual se estruturava boa parte da agricultura mexicana, notadamente nos *ejidos*.

Alguns meses depois, na Cúpula de Sauípe, o próprio presidente Calderón explicitaria o projeto de uma organização latino-americana e caribenha. Na mesma ocasião, Calderón descreveu a situação mexicana como a de alguém que estaria amarrado a um elefante e "o elefante está moribundo".

Interesse em uma aproximação real

O bom diálogo estabelecido com a chanceler mexicana prosseguiria em temas como o da revogação da suspensão de Cuba da OEA e a crise de Honduras. Embora nossas posições não fossem idênticas, com o México tendendo ainda a uma maior proximidade com Washington, o diálogo era franco e produtivo. Ao mesmo tempo, as relações bilaterais se reforçaram a partir da criação, em 2007, da Comissão Binacional Brasil-México. A chanceler Patricia Espinosa veio ao Brasil em julho de 2009 em preparação à visita do presidente Calderón no mês seguinte. A visita de Calderón foi objeto de algumas anotações que reproduzo a seguir.

15/8/2009 [...] Amanhã à noite, domingo, começa a visita do presidente do México, com churrasco no Alvorada. No dia seguinte, será a parte mais formal da visita. Pelo jeito, avançaremos muito pouco no plano bilateral. Há muitas resistências em aprofundar os acordos comerciais, sobretudo da parte mexicana. Assim, haverá apenas uns poucos ajustes em ciência e tecnologia. Calderón, na qualidade de presidente do G-Rio, anda oferecendo-se como mediador para a questão das bases [norte-americanas na Colômbia]. Não creio que seja o caso. Até porque é um tema da América do Sul, e não uma questão bilateral [entre Estados Unidos e Colômbia] suscetível de mediação.

17/8/2009 O presidente do México, Felipe Calderón, está em visita oficial ao Brasil. Ontem, houve jantar íntimo no Alvorada. Foi uma concessão especial do presidente Lula, em atenção ao pedido que a chanceler Patricia Espinosa me havia feito. Calderón esteve no sábado em São Paulo conversando sobre biocombustíveis e ontem pela manhã, no Rio, visitou o centro de pesquisa da Petrobrás. Parecia muito satisfeito. Trouxe com ele, além da ministra do Exterior, os titulares das pastas de Economia e Minas e Energia. Tem havido maior interesse do México em uma aproximação real (e não apenas retórica, como na época da dupla Fox/Derbez) com o Brasil e a América do Sul. Também, o ministro da Economia se tem revelado mais disposto a aprofundar o acordo comercial bilateral ou, até mesmo, subscrever um acordo de livre comércio, que a CNI defende. Apesar da forte dependência dos Estados Unidos, o atual governo mexicano tem sido mais pragmático (e mais sincero) nas relações conosco.

21/8/2009 Última pequena nota sobre a visita do presidente do México.

Alguém terá falado ao presidente Calderón a meu respeito. Suponho que apontando-me como um entrave a uma relação mais estreita. Certamente não deve ter sido a atual ministra, Patricia Espinosa, com quem tenho mantido muito bom diálogo. É verdade que, ainda à época do presidente Fox, meu colega mexicano, Luis Ernesto Derbez, e eu nem sempre conseguimos nos pôr de acordo. De resto, Derbez terá ficado "molesto", como dizem os hispano-falantes, com o meu apoio decidido a José Miguel Insulza ao cargo de secretário-geral da OEA, há pouco mais de quatro anos. Faço essa observação porque Calderón me pareceu agradavelmente surpreso com minha atitude positiva em relação às suas propostas de uma mais profunda parceria entre Brasil e México. Chegou a buscar algum assentimento da minha parte quando falou de um "G-2" nas Américas. Já no almoço, quando Lula lhe mostrava as fotos tiradas na reunião bilateral, Calderón apontou uma em que eu aparecia e pediu meu autógrafo. Achei a solicitação descabida devido ao desnível hierárquico e humildemente declinei. De qualquer forma, faço este registro, pois achei a atitude do presidente mexicano curiosa e reveladora de uma imagem seguramente pouco verdadeira a meu respeito. Alguém lhe terá dito, imagino, para tomar cuidado com "el terrible Canciller de Brasil".

Pesquisando minhas anotações relativas ao ano de 2010, encontrei duas referências importantes ao México. A primeira delas, de 22 de fevereiro, está reproduzida no capítulo de Venezuela, e diz respeito à reunião realizada em Cancún, na qual se consolidou a CELAC. A outra referência é uma ilustração do fato de que, apesar do esforço sincero e real de aproximação por parte de ambos os governos, diferenças importantes persistiam na visão de temas da geopolítica global. Embora o tema do programa nuclear iraniano não tenha sido, que me recorde, objeto de discussão aprofundada entre os presidentes e ministros de exterior, o México naturalmente não ignorava o empenho do Brasil (e da Turquia) em relação a esse tema e a importância que atribuímos à Declaração de Teerã. Isso não impediu que o México, como membro do Conselho de Segurança, seguisse a orientação norte-americana favorável a novas sanções contra Teerã. Reproduzo, a seguir, trecho de uma anotação feita na época:

21/5/2010 [...] Já falei por telefone com praticamente todos os membros do Conselho de Segurança, permanentes ou não. Faltam apenas o Gabão, cujo chanceler é "inencontrável", e o México. Até ontem, Patricia Espinosa estava com Calderón nos Estados Unidos. Não tenho nenhuma expectativa de poder influir no seu ânimo, mas vou chamá-la, ainda que por mera delicadeza. Ontem à noite, voltei a conversar com Lula, que chegara de Portugal um pouco mais cedo. Continuamos bem afinados.

América Latina verdadeiramente forte

Quase como um epílogo, recorro a uma anotação, em verdade uma reminiscência, feita no final de 2010, sobre a presença do México e de Cuba na reunião da ALADI, em 2004:

23/10/2010 [...] Em 18 de outubro de 2004, o acordo Mercosul-CAN foi protocolado na ALADI e alguns meses depois os esquemas de desgravação foram acordados e inseridos nos respectivos ACEs (isto é, Mercosul-Peru e Mercosul-CAN). Por ter sido simples e curta, transcrevo a intervenção que fiz por ocasião daquele ato na ALADI. [...]

"Quero também salientar o que já foi mencionado hoje aqui, em vários discursos, que não há nenhuma contradição – pelo contrário, há uma complementaridade – entre este passo que damos na integração sul-americana e o objetivo maior da integração latino-americana e caribenha; a presença do México e de Cuba entre nós e a perspectiva de termos com eles também acordos de livre comércio semelhantes nos anima a pensar numa América Latina verdadeiramente forte, verdadeiramente desenvolvida, com muito mais capacidade para negociar nos foros internacionais".

AMÉRICA CENTRAL E CARIBE

O eventual leitor destas anotações provavelmente já terá passado pelos capítulos referentes às relações com Cuba e Haiti, que, por suas dinâmicas próprias, foram tratados de modo individual. Mais adiante, vai encontrar uma narrativa específica sobre um episódio singular, com implicações que vão muito além da relação bilateral: a queda do presidente Manuel Zelaya e o "abrigo" que lhe foi concedido pela embaixada do Brasil em Tegucigalpa. Aqui tratarei, de modo algo genérico, das iniciativas tomadas durante o governo Lula em relação à América Central e ao Caribe como um todo. Mesmo que o foco dos nossos esforços de integração tenha sido a América do Sul, o governo Lula deu grande impulso ao relacionamento com os países dessas duas sub-regiões. Em virtude das especificidades de cada uma delas, abordarei separadamente os temas da América Central hispânica (aí incluída a República Dominicana) e os relativos à Caricom[1]. Comecemos pela América Central.

A primeira anotação, pelos motivos já expostos em outra parte desse livro, só ocorre em 23 de setembro de 2004, embora sua leitura já indique uma visita à Guatemala quatro meses antes dessa data. Tenho vagas recordações dessa viagem e algumas delas se referem mais a aspectos logísticos do que políticos. O pequeno *LearJet* da Força Aérea Brasileira que me levou à cidade da Guatemala teve um problema técnico que me impediu de decolar. O contratempo quase me custou a ausência no casamento de um dos meus filhos. O problema só foi resolvido mediante uma combinação entre uma avioneta cedida por uma empresa guatemalteca e voos com complexas conexões (uma delas em Cochabamba) do Lloyd aéreo boliviano, terminando com um voo interno no Brasil. Menciono esse fato não por pura curiosidade, mas porque ele ilustra o esforço que era necessário para visitar certos países da nossa região com os quais as conexões aéreas eram e são muito precárias.

Na época, a Guatemala era governada por um empresário bem-sucedido, Oscar Berger. O ministro das Relações Exteriores, Jorge Briz, era advogado e homem de negócios. Ambos tinham um sincero desejo de aproximação com o Brasil. Algum tempo depois, o presidente Berger organizaria uma reunião de presidentes centro-americanos voltada para o combate à fome, na qual Lula se-

---

1   O capítulo de Caricom foi inserido em *Laços de confiança: o Brasil na América do Sul*, op. cit.

ria convidado de honra. Briz tinha interesse em uma relação mais estreita com o nosso país e viria a ajudar em encontros entre o Mercosul e o Sistema de Integração Centro-americano (SICA), tema que é objeto da nota que reproduzo a seguir. Registro, porém, que, já na visita que fiz em abril, o chanceler guatemalteco organizou uma reunião minha com os ministros do Exterior do SICA.

23/9/2004 Nova York, Assembleia Geral da ONU. Há três dias, realizou-se a Cúpula da Ação Contra a Fome e a Pobreza[2]. Grande êxito em matéria de comparecimento (cerca de 60 chefes de Estado, além de ministros etc.). [...]

Ontem, de interessante também, foi o fato de que, pela primeira vez, houve o encontro dos chanceleres do Mercosul com o SICA. O pedido foi deles, mas não deixa de ser uma continuação da reunião que tive na Guatemala, há cerca de quatro meses. A importância de todos esses contatos – e dos acordos que deles possam resultar – é que tornam cada vez mais claro que o único sentido da ALCA é o de uma negociação com os Estados Unidos. Para os demais países da América Latina e Caribe (e certamente para os da América do Sul), ela é supérflua, quando não um complicador desnecessário[3].

Esse processo de aproximação teve continuidade por ocasião da XXVII Reunião do Conselho de Mercado Comum do Mercosul, em Belo Horizonte, em dezembro de 2004. As negociações com o SICA, na realidade ainda muito preliminares, foram objeto de uma breve referência em artigo que escrevi para a *Folha de S.Paulo*[4].

Nova fase no relacionamento do Brasil com a América Central

13/9/2005 Guatemala. O amanhecer é lento sob um tempo nublado. Da janela da minha "suíte executiva", é possível discernir ao longe algumas colinas. Mais perto, edifícios se mesclam com casas e ruas arborizadas. Esta parte "nova" da capital faz lembrar uma cidade brasileira média, como Campinas ou, talvez, uma capital de estado do Nordeste. O centro antigo, onde fica o palácio presidencial

---

2 Este tema já foi tratado em outros livros, como no *Conversas com jovens diplomatas*, op. cit.

3 Esse trecho demonstra que eu ainda estava preocupado com as pressões, inclusive internas, para a concretização da Área de Livre Comércio das Américas. Ver "Alca: fim de linha" em *Breves narrativas diplomáticas*, op. cit.

4 "Estão em curso negociações com parceiros tão diversos quanto o México, o Sistema de Integração Centro-Americano (Sica), o Egito e a Comunidade Caribenha (Caricom), passando por Marrocos e por membros da Comunidade de Países de Língua Portuguesa (CPLP). A unidade de nossos países potencializa nosso poder de barganha e maximiza as possibilidades de ganho". In: "O Mercosul e o futuro", *Folha de S.Paulo*.

– o mesmo que inspirou o livro que deu o Prêmio Nobel a Miguel Angel Asturias, O Senhor Presidente –, é construído por casas baixas. Até mesmo o Ministério das Relações Exteriores, que pudemos ver no caminho, é uma construção ancha, mas de apenas um andar. Talvez seja por causa dos terremotos que, por aqui, são frequentes ("Manshalá!", como dizem os turcos).

O presidente chegou bem, manteve conversa animada com o anfitrião Oscar Berger, sobretudo em torno de etanol, petróleo, energia em geral, e, também, sobre programas sociais. Fez um bom discurso no encerramento de um evento latino-americano sobre a fome crônica, em que falou do "genocídio silencioso" e, depois, participou de um grande jantar em sua homenagem no pátio do mesmo palácio, um amplo edifício eclético, com elementos neoclássicos, góticos e outros que poderiam até fazer lembrar arquitetura indiana. As colunas dos grandes terraços no alto tinham algo (pelo que conheço das fotos) dos templos dos nabateus em Petra ou, quem sabe, alguma inspiração de helenismo tardio, combinando capitéis iônicos com uma certa curvatura na disposição, que não deixou de me recordar – embora a mera comparação seja absurda – a fachada da biblioteca de Celso em Éfeso. Tudo em tons de cinza (diferentemente do mármore cintilantemente alvo da livraria do meu xará da Ásia Menor). Era por esses corredores, balcões e sacadas, hoje transformados em museu, que o personagem de Asturias caminhava, em sua solidão do poder.

Oscar Berger é totalmente diferente. Homem simples (chama-me pelo primeiro nome), mais parece o chefe do serviço médico de um hospital público, com seus cabelos grisalhos e seu olhar manso, do que o presidente de um país centro-americano, ainda menos de um que passou por tantas ondas de violência social, repressão e obscurantismo de origem militar.

Foi ele quem convidou o presidente Lula a participar no dia de hoje de encontro com os demais presidentes do SICA. Haverá desfalques: dois deles previstos: República Dominicana e Honduras, representados pelos chanceleres. O presidente da Nicarágua, que havia vindo até a Guatemala, valendo-se inclusive do avião reserva do presidente, retornou ao seu país, por não estar passando bem. Terá sido alguma reação também às nossas reticências na OEA?

Há muitos empresários brasileiros para o encontro de negócios. Ontem firmamos vários acordos bilaterais com a Guatemala. Depois de minha visita do ano passado, que culminou com a complicação no trem de pouso no Learjet da FAB (quando também estive com os chanceleres do SICA), esta viagem do Lula inicia nova fase no relacionamento do Brasil com América Central.

Já é dia claro. Tempo de parar com as notas e dedicar-me aos textos para as reuniões de hoje. Mas, antes de fechar o caderno, queria fazer um pequeno registro, que me parece interessante. Durante estes últimos dois anos, dentre todos os países da América Central, a Guatemala foi o que de maneira mais clara buscou uma aproximação com o Brasil, promovendo encontros como o que tive em abril do ano passado e este agora do presidente Lula. Também procurou acercar-se do Mercosul, apesar das resistências de alguns dos ministros de Economia (inclusive o seu próprio) do SICA. O gesto de maior rebeldia foi o retorno ao seio do G-20[5], anunciado pelo chanceler Jorge Briz, quando de sua visita ao Brasil[6]. Tudo isso foi apreciado e objeto de gestos de reciprocidade em matéria de cooperação e atitudes políticas de nossa parte, como a visita que ora se realiza. Durante o jantar de ontem, o chanceler Briz contou-me pequena anedota, que vale mencionar. Ao voltar do Brasil, foi interpelado pelo embaixador norte-americano, que então estava de partida para aposentar-se, sobre a entrada da Guatemala (na verdade reentrada) no G-20. A história chegaria a ser cômica, se não soubéssemos que essas atitudes por vezes alcançam resultados. O tal de John Hamilton disse a Briz que o ingresso da Guatemala no G-20 fora o pior momento – uma mancha (sic) – na carreira que então encerrava. Há gente que vê fantasmas por toda parte, mas também é verdade que algumas coisas que fazemos são mais importantes do que pensamos[7]!

Minhas notas sobre América Central seguem esparsamente:

3/12/2006 [...] Na Nicarágua, buscamos contribuir para o reconhecimento rápido da legitimidade do pleito em que venceu Daniel Ortega (embora, na verdade, a preocupação com intentos golpistas apoiados pelos Estados Unidos pareça, em retrospecto, excessiva). A démarche permitiu-me reatar o contato com o ex-presidente Carter, que tem dado uma contribuição positiva nos processos políticos no continente.

Minha próxima nota sobre América Central é relativa ao Panamá:

27/5/2007 A visita do presidente do Panamá foi pontuada por obras, biocombustíveis e ligações aéreas. Mas também permitiu conversas sobre Conselho de Segurança, acordos Mercosul-SICA ou Mercosul-Panamá. Inevitavelmente, também, Venezuela. Além da preocupação com a atuação de Chávez nas eleições na América Central, o chanceler Samuel Lewis se queixou de iniciativa de Chávez (que eu desconhecia) de cúpula paralela, em oposição à Assembleia Geral da OEA, que se realizará no Panamá.

---

5   Trata-se, evidentemente, do G-20 comercial, criado em Cancún, ao qual a Guatemala se havia unido e do qual se retirara por pressão norte-americana.

6   Segundo meus registros pessoais, Jorge Briz veio ao Brasil em agosto de 2004, por ocasião da reunião do Grupo do Rio, quando realizou também visita bilateral.

7   Essas frases algo "herméticas" ganham significado quando se recorda o grande empenho diplomático do Brasil em torno do G-20 comercial. A ser verdadeira a anedota relatada por Briz, empenho igual e contrário existia da parte norte-americana. Ver *Breves narrativas diplomáticas*, op. cit.

Em anotação de 6 de agosto de 2007, refiro-me a viagem em que acompanhei o presidente Lula e que começou pelo México:

6/8/2007 [...] O restante do roteiro inclui Honduras (onde sequer dormiremos), Nicarágua, Jamaica e Panamá.

Não é a viagem que teria imaginado, mas sempre há o que aproveitar, marcando presença em países aos quais demos pouca atenção no passado.

Relendo essa anotação, não consigo atinar o que quis dizer com "a viagem que teria imaginado". É possível que, muito imbuído da ideia de uma associação entre o Mercosul e o SICA, minha escolha de países fosse outra.

8/8/2007 Manágua – 7h20.

A visita a Honduras foi melhor do que eu esperava. O presidente Zelaya, que parecia uma figura exótica e algo caricata, com suas botas e eventual chapéu de aba larga, revelou-se um homem interessado em mudar o padrão do relacionamento externo do país. É ajudado por um ministro do Exterior bem preparado, um advogado de Direitos Humanos, Milton Jiménez Puerto. Querem aproximar Honduras da América do Sul e, naturalmente, o caminho passa pelo Brasil. Lula esteve bem, com apelos a maior abertura Sul-Sul e promessas de cooperação técnica, além de muito etanol. Os empresários que vieram a Tegucigalpa se mostraram interessados (etanol, construção, têxteis, ônibus). Os hondurenhos, por sua vez, querem importar mais do Brasil, mas se queixaram da falta de conexões marítimas. Mais uma questão a ser trabalhada.

Aqui na Nicarágua, já deu para sentir que as coisas serão menos ortodoxas. Ontem, houve jantar só dos presidentes e senhoras (Marco Aurélio terá participado?). Não pude aceitar um convite de última hora do chanceler Samuel Santos. Além do cansaço e da dieta – que usei como pretextos –, queria conversar com nossa embaixadora, Vitoria Cleaver. Contou-me ela das dificuldades que enfrentou na preparação da viagem: desde a marcação de um encontro sobre o Fome Zero até a concretização de uma doação de medicamentos. Mostrou-me alguns pontos mais polêmicos do Comunicado Conjunto (Cuba, Alba, Iraque e Afeganistão). Procurei orientá-la o melhor que pude, mas, conhecendo como agem os governos de linha populista-autoritária (independentemente de serem de esquerda ou direita), temo que algo sobre para mim e, quem sabe até, para os presidentes.

Algo mais ameno: da varanda do hotel onde ficamos pouco mais de uma hora em Tegucigalpa, descortinava-se um panorama agradável, que, com certa abstração dos detalhes – e com a ajuda da distância –, poderia ser comparada a uma paisagem de Ouro Preto pintada por Guignard: colinas ainda bastante verdes – provavelmente mais por falta de investimento do que por espírito de conservação – com casario espalhado. No topo de uma delas, uma igreja de proporções basilicais, mas num estilo parecido com o das nossas igrejas coloniais, com as duas torres características do barroco. Obviamente é uma imitação do século XX, mas ao longe ajuda a dar um conteúdo pitoresco à paisagem. Morros mais altos ao fundo completavam a vista agradável, apesar da evidente pobreza (não poderia dizer miséria, porém) da capital hondurenha.

Se fosse escrever sobre Manágua, teria que deter-me no grande lago que se avista da janela. Aqui a impressão de pobreza é maior. A paisagem é mais plana. Desde que estive aqui, dez anos atrás, quando era embaixador na ONU – para a posse do presidente Alemán –, o aspecto não mudou muito. Poucas edificações, em geral baixas, com uma ou outra construção que chame a atenção. Na verdade, a única de que me lembro é a velha catedral – hoje uma ruína – destruída pelo terremoto.

Paro por aqui. Tenho que preparar-me para as batalhas do dia.

Primeira visita de um presidente brasileiro

13/8/2008 A visita à Nicarágua terminou razoavelmente bem. Ambos os presidentes fizeram declarações conciliatórias sobre a questão etanol/alimentos: Lula dizendo que é um absurdo produzir álcool a partir do milho; Ortega afirmando que nunca quis atacar o etanol de cana[8]. Nas reuniões entre os presidentes, vários pedidos de financiamento (em geral para empresas brasileiras) e solicitações de cooperação técnica (que, no fundo, se traduzem também em dinheiro). Ortega fez questão de ser muito simpático e mesmo caloroso com Lula, estendendo, quando cabível, essa gentileza à equipe (a começar por mim). Sua mulher, Rosario Murillo, que tem fama de ter o comando último, também foi agradável no contato conosco. No final, assinamos cerca de treze acordos, sob um galpão da Universidade, nos mais diversos campos. De mais concreto, o ministro da Energia nicaraguense deve visitar o Brasil nos próximos dias.

Há na Nicarágua uma evidente ambiguidade: desejo de não descontentar Chávez, que é o principal provedor de energia e (direta ou indiretamente) de ajuda financeira (e daí as dificuldades de negociar a linguagem do comunicado, acordos etc.) e, por outro, a consciência de que o Brasil pode efetivamente colaborar com o seu desenvolvimento. Como em Honduras, tratou-se da primeira visita de um presidente brasileiro. Lula marcou um ponto. [...]

---

8   No contexto das discussões sobre a renovação de fontes de energia, o Brasil engajou-se, sobretudo a partir de 2006, na "diplomacia do etanol". Em essência, a possibilidade de expansão da produção da variedade do etanol brasileiro, sobretudo para outros países em desenvolvimento, representava a promoção de uma fonte energética menos poluente, economicamente viável e renovável. Houve, contudo, críticas e resistências à ação brasileira, sob alegações de segurança alimentar.

O comunicado conjunto, como em Honduras, consignou uma boa referência (na prática um apoio) às aspirações do Brasil no Conselho. O mesmo viria a ocorrer no Panamá. [...]

O périplo se encerrou no Panamá, onde as perspectivas de negócios, sobretudo em construção, deram a tônica. Mas houve também acordos de cooperação e boas conversas relativas à ONU e política centro-americana e caribenha. "Você me deixou em maus lençóis com meu embaixador em Nova York", disse em tom de brincadeira o inteligente ministro do Exterior Samuel Lewis, a propósito da mudança da palavra "simpatia" por "apoio" na questão do Conselho de Segurança. Mas não resistiu. Ao contrário, acho que compreendeu que estava dando um passo que viria cedo ou tarde.

Aliás, um aspecto é digno de nota nesta questão do Conselho. É que o México, embora evite apoiar-nos e até no passado tenha sido bastante hostil à ideia, não parece fazer grande pressão sobre os vizinhos. Se não, como explicar os apoios de El Salvador, Honduras, Panamá, Jamaica, entre outros? Coloquei essa questão ao nosso embaixador em Tegucigalpa, o subaproveitado José Roberto de Almeida Pinto, que, também sem atinar com as razões dessa ambiguidade, concordou com minha observação.

"Grande espaço econômico do Sul"

Em setembro de 2007, fiz uma anotação de natureza reflexiva sobre frustrações e iniciativas. Embora trate de vários temas, cabe reproduzi-la aqui em função da viagem presidencial à América Central e à Jamaica que, de certo modo, a provocou.

9/9/2007 [...] tenho procurado trabalhar ideias novas, como a de uma cúpula do G-20[9], estimulada pelo próprio presidente. Tenho explorado também a hipótese de uma reunião de todos os blocos de integração/cooperação da América Latina e Caribe. A possibilidade foi mencionada, com características variáveis, durante a viagem a América Central e Jamaica. Caso possamos realizá-la, será possivelmente a primeira vez em que todos os países da América Latina e do Caribe se reunirão sem os Estados Unidos e Canadá (e, também, sem países europeus), um fato histórico em si mesmo[10]. Uma questão, entre outras, se coloca: o que fazer com a Alba? Mas talvez não seja importante. Ainda no terreno das "ideias novas"

---

9   Trata-se, obviamente, do G-20 comercial, criado no âmbito da OMC. A Cúpula, entretanto, nunca se realizou. A intuição de Lula revela a percepção do caráter prático do G-20, em contraste com outros agrupamentos de países em desenvolvimento, como o G-15.

10 Estava aí nascendo a ideia do que veio a ser a CALC e, depois, a CELAC.

estaria o reforço do comércio Sul-Sul. O impulso concreto que poderíamos dar seria a criação de um "grande espaço econômico do Sul", envolvendo Mercosul-SACU e Índia. Mas, com a Venezuela no Mercosul – ocorre-me –, será que teremos que convidar o Irã?[11] Esta hipótese, algo abstrata no momento, ilustra um dos nós que teremos que desatar como resultado da evolução nunca linear da História.

Algumas ideias prosperaram, outras não. Minhas ambições sobre uma grande institucionalidade do comércio Sul-Sul nunca chegaram a se concretizar, mas a ideia mencionada no parágrafo precedente sobre América Latina e Caribe mostra como evoluiu, no meu espírito, um projeto que acabaria desembocando na CELAC.

16/1/2008 Uma palavra rápida sobre a posse de Álvaro Colom na Guatemala: seu discurso foi considerado longo pelo presidente Lula ("para nosotros corto", viria a observar Raúl Castro), voltado para o social e, sobretudo, marcado por um tom de grande sinceridade. Havia vários presidentes presentes, inclusive Chávez, Uribe e Calderón, além de Lula. Por sinal, como eu havia mencionado no breve encontro dos dois presidentes (fato confirmado depois pelo nosso embaixador, Gonçalo Mourão) terá sido a primeira vez que um chefe de Estado brasileiro comparece à posse de um presidente na América Central (o mesmo não é verdade para o Caribe: Lula havia estado na transmissão de mando na República Dominicana, em 2004). O mais importante é a consolidação da tendência à mudança política na América Central, acompanhando o que vem ocorrendo na América do Sul. Aos poucos, governos de esquerda ou social-democratas (autênticos) vão-se firmando na região – o que impulsionará a integração.

Em 4 de abril, o presidente Álvaro Colom faria visita oficial ao Brasil. Na nota que o Itamaraty emitiu a respeito da visita, há uma referência ao fato de que se tratava da primeira visita bilateral do presidente guatemalteco ao exterior. No plano simbólico, não era fato de menor monta que um presidente de um país centro-americano escolhesse o Brasil e não os Estados Unidos ou mesmo um vizinho, especialmente o México, para a sua primeira viagem oficial. Segundo a nota, os principais temas seriam a cooperação no setor energético (especialmente biocombustíveis); comércio e investimentos, com destaque para as possibilidades de negociação do acordo Mercosul-SICA; e cooperação em áreas sociais e segurança alimentar. A maioria desses temas faria parte também da nossa agenda de coope-

---

11 Não me recordo da circunstância exata que me levou a pensar nessa hipótese. Evidentemente, sabia da relação estreita entre Caracas e Teerã. Da maneira como está escrita, a anotação sugere que um aceno nesse sentido tenha sido feito pelos venezuelanos.

ração com os países da região. A produção de etanol especialmente, que na época parecia oferecer grandes perspectivas como alternativa de energia limpa e de baixo teor de carbono, era um tema indefectível nos comunicados com países da América Central. A venda de aviões da Embraer era igualmente um tema frequente. No caso de Colom, entretanto, ao interesse na aproximação com o Brasil se somava maior grau de afinidade das percepções políticas.

As posições de Colom causaram em mim alguma impressão. Em uma conversa com Raúl Castro, mencionada em outra parte desse livro, em que o líder cubano se queixou das relações com alguns países centro-americanos, lembrei-lhe que o novo presidente guatemalteco, mais à esquerda que seus antecessores, poderia exercer influência positiva na região.

29/5/2008 São Salvador – São 6h20 e já estou com as malas prontas para o próximo trecho – com destino a Cuba. Ainda tenho um dia de trabalho em El Salvador, onde, pela segunda vez, o presidente Lula vai encontrar-se com os presidentes do SICA (Sistema de Integração Centro-Americana), que inclui os cinco países tradicionalmente conhecidos como os "centro-americanos" (Guatemala, Honduras, El Salvador, Nicarágua e Costa Rica). Também presentes o Panamá, meio centro, meio sul-americano, e Belize (o único anglófono), além da República Dominicana, que tem um pé na América Central e outro no Caribe. É uma aproximação nova, que, por enquanto, põe mais ênfase nos negócios e na cooperação técnica.

A excessiva dependência dos Estados Unidos e a obsessão com os mercados dos países ricos por parte de alguns centro-americanos (principalmente Costa Rica e, até certo ponto, El Salvador) não nos permitiram avançar no Acordo de Associação entre o Mercosul e o SICA. Alguns países, entretanto, como Guatemala, Panamá e Honduras, têm revelado desejo de fazer acordos mesmo fora do contexto do SICA, o que devemos aproveitar. Foi assim que iniciamos com o Pacto Andino, que só se moveu depois do acordo que fizemos com o Peru, nos "idos" de 2003. [...]

30/5/2008 Entre Havana e Hamilton (?) no arquipélago das Bermudas – A boa reunião com o SICA em El Salvador ficou espremida entre o Haiti e Cuba. Mas, em algum momento, voltarei a ela. Deixo constância da criação, por sugestão minha, aprovada por Lula e aceita pelos demais, de um mecanismo permanente entre o Brasil e os sete membros do SICA.

Os temas relativos a países da América Central, objeto das notas transcritas acima (à exceção de Honduras, de que trato na sequência) só voltariam a aparecer em uma breve anotação do final de 2009, um ano e meio depois. Esta é a última referência à América Central nas minhas anotações, com a exceção do "episódio Zelaya".

6/11/2009 Na reunião plenária da CALC, foi possível constatar a vontade coletiva de fortalecer o mecanismo e de passar a ações concretas, para além do "Plano de Ação", bastante amplo que foi aprovado. O ministro da Guatemala Haroldo Rodas acentuou o interesse em acelerar as negociações com o Mercosul, deixando de lado, se necessário, os membros do SICA que não estejam preparados. É preciso dar continuidade. O tema da convergência entre o G-Rio e a CALC ficou subjacente, já que havia sido objeto de conversa no almoço de véspera. Há diferenças a esclarecer, mas o impulso geral é no sentido de consolidar a institucionalidade deste novo processo de integração da América Latina e do Caribe.

O episódio Zelaya

A crise em Honduras, iniciada com o golpe militar que derrubou o presidente Manuel Zelaya em 28 de junho de 2009, merece, por sua singularidade, tratamento à parte, independentemente da cronologia de outros eventos relativos à América Central.

29/6/2009 Passei o dia de ontem tratando do golpe de Estado em Honduras. O Brasil adotou posição firme, que terá influenciado outros países. A Resolução da OEA repete as mesmas palavras que utilizamos: "condena com veemência etc...". Exige também a reintegração imediata do presidente Zelaya[12]. A reação internacional acabará levando, a meu ver, ao regresso do presidente militarmente deposto e expulso do país. Internamente a situação é complicada (o próprio partido de Zelaya o abandonou). Alguma negociação pode ser necessária. Hoje haverá reunião do Grupo do Rio – não se sabe se de presidentes ou de ministros – em Manágua, à margem de um encontro do SICA. Nem o presidente nem eu próprio poderemos ir. Provavelmente o Brasil será representado pelo secretário-geral do Itamaraty. Vamos aguardar os desdobramentos. Se tudo correr com relativa normalidade, embarcamos hoje mesmo para Líbia, onde Lula será o convidado de honra da Cúpula da União Africana.

A minha próxima nota foi escrita em Sirte, na Líbia:

2/7/2009 Menos de 24 horas depois da chegada, decolamos de volta ao Brasil [...]. De minha parte, acompanhei o desenvolvimento dos eventos em Honduras. Fui informado da boa decisão da OEA (ultimato aos golpistas) e da intenção de Zelaya de esperar seus efeitos, antes de regressar a Tegucigalpa, o que é sensato.

---

12 Refiro-me à Resolução do Conselho Permanente da OEA, adotada em 28 de junho de 2009 – CP/RES. 953 (1700/09).

Insulza nos pediu "apoio aeronáutico", fato de que tomei conhecimento na escala em Recife. O presidente concordou em enviar um avião da FAB, que deve recolher o secretário-geral da OEA em Georgetown. Houve uma sugestão de que mandássemos o nosso embaixador junto com Insulza, mas, no momento, pareceu-me que o apoio logístico é suficiente, tanto mais que não se trata, ainda, de uma comissão de representantes de Estados, mas de uma missão específica a cargo de um funcionário internacional.

Em voo para o Brasil depois de um percurso que incluiu Sirte, Paris e Roma, além de uma parada em Lisboa, volto a escrever sobre Honduras:

12/7/2009 Escrevo como um exercício de memória. Partimos do Brasil há nove dias com destino a Paris, onde o presidente Lula iria receber o prêmio Houphouët-Boigny concedido pela Unesco. [...]

Ao longo destes oito ou nove dias, a crise de Honduras nos acompanhou, às vezes à distância, às vezes perigosamente perto. Na sexta-feira, pouco antes da nossa partida, recebi o recado de que o chanceler Maduro, da Venezuela, precisava falar comigo com urgência.

A ligação só foi completada por volta das 9h. Maduro perguntou-me se o governo brasileiro poderia ceder um avião que levasse Zelaya de volta a Tegucigalpa. Estava ainda em meio à explicação de por que me parecia complicado uma aeronave militar brasileira aterrissar em Honduras sem permissão quando Maduro passou o telefone ao próprio Manuel Zelaya. Este revelou compreender a complexidade da situação, o que não o impediu, dois ou três dias mais tarde, de fazer a tentativa (frustrada, como não poderia deixar de ser) em avião venezuelano. No mesmo telefonema, o presidente hondurenho pediu que o apoiássemos, em reunião da OEA – o que fizemos, com firmeza, como era de rigor. Após a chegada abortada, que custou pelo menos um morto, Zelaya ainda foi encontrar-se com os presidentes do Equador, Argentina e Paraguai. Estes, juntamente com o secretário-geral da OEA, se haviam deslocado a El Salvador, sabe-se lá com que propósito. Finda a tragicomédia, Zelaya viajou para os Estados Unidos, onde foi convencido por Hillary Clinton a aceitar a mediação de Oscar Arias[13]. A mediação se iniciou de maneira canhestra, não chegando a produzir o pretendido encontro entre o presidente legítimo e o usurpador, Roberto Micheletti. Arias cometeu, a meu ver, um erro, ao tratar (ou aparentar fazê-lo) Zelaya e o golpista da mesma forma. O impasse persiste. Aproveitei o encontro com o vice-secretário de Estado, Jim Steinberg, no intervalo para café, durante a reunião da "Comunidade

---

13 Oscar Arias, presidente da Costa Rica, conhecido por sua habilidade negociadora, havia sido vencedor do Prêmio Nobel da Paz em 1987 por sua proposta de acordo de paz para cessar os conflitos civis na América Central, à época.

das Democracias" em Lisboa, para transmitir essa apreensão, até porque sem apoio norte-americano quaisquer ações contra os golpistas (salvo aventuras sobre as quais é melhor não pensar) não terão efeito. Na escala em Cabo Verde, soube que o SG Insulza está querendo falar comigo. É que a Venezuela deseja a convocação do G-Rio, em face da dubiedade norte-americana. Mais complicações à frente.

Conforme relatado no capítulo sobre a Bolívia[14], representei o presidente nas comemorações do "grito libertário", em La Paz. À margem da celebração, teve lugar um café da manhã sobre a situação de Honduras, com a presença de vários presidentes (Evo Morales, Hugo Chávez, Rafael Correa, Fernando Lugo) e da ministra do Exterior do governo Zelaya.

16/7/2009 [...] Chávez demonstrou de pronto sua indignação com a "mediação" de Arias. Chávez, Evo e Correa se puseram a avaliar o que ocorreria se Zelaya voltasse ao país. Se o matariam ou se, "simplesmente", o prenderiam. Lugo, em que pese a sua filiação à Teologia da Libertação, descartou a necessidade de que os presidentes sejam mártires, ponto de vista que não foi abraçado pelos outros três! A ministra hondurenha, Patricia Rodas, do outro extremo da mesa (em relação ao lugar que era para ser o meu e acabou sendo o de Choquehuanca), se colocou na posição absurda de criticar a mediação e, ao mesmo tempo, procurar justificar a atitude de Zelaya, ao aceitá-la.

Até aí não intervim, salvo para refutar alguma alusão subliminar a países que teriam "atitude mais branda" e/ou que insistiam em soluções negociadas. Recordei, então, as claras posições que eu havia tomado, juntamente com o presidente Lula, inclusive, ao negar legitimidade a um eventual processo eleitoral que fosse conduzido por um governo ilegítimo. Esta observação agradou a vários, sobretudo a Chávez, que, dirigindo-se a mim, perguntou o que deveríamos fazer.

Dei, então, minha opinião nos seguintes termos: partindo do pressuposto (talvez errado) de que se deseja uma solução rápida e pacífica para a situação, com o regresso de Zelaya a Honduras, seria necessário exercer a máxima pressão sobre os golpistas. Isto, na verdade, somente poderia ser feito por meio da OEA, não só porque é a única que dispõe de instrumentos jurídicos, mas também porque, afora a Venezuela com o petróleo, somente Washington tinha poder para fazer pressão efetiva sobre Honduras. Por isso, havíamos tentado, sem muito eco, que a OEA recomendasse que os membros suspendessem toda e qualquer cooperação com Honduras, enquanto perdurasse a anormalidade. Correa interveio para afirmar que bastaria que os Estados Unidos interrompessem efetivamente a cooperação militar para que a base de sustentação do "governo de fato" desaparecesse.

---

14 Ver *Laços de confiança: o Brasil na América do Sul*, op. cit.

Pareceu-me haver certa concordância em que a OEA deveria ser acionada. Chávez, dirigindo-se a mim, expressou que, depois de sábado e confirmado o fracasso da "mediação", Lula deveria telefonar a Obama. Embora no início da conversa alguns comentários de Chávez indicassem sua preferência por uma confrontação, ao final do encontro estava enfatizando que era importante preservar a paz. Também pareceu concordar com observação minha de que era necessário distinguir entre Obama e Hillary Clinton e entre esta e o "establishment" do Departamento de Estado.

Está claro para mim que os Estados Unidos detêm a chave de uma solução pacífica. Resta saber se vão querer usá-la de forma adequada. Pensei em ligar para Hillary Clinton, mas não sei se devo fazê-lo, antes de que se configure o fracasso da "mediação".

21/7/2009 Vim a Cabo Verde para uma reunião da CPLP. [...] A crise em Honduras prossegue, sem perspectiva de solução, com os golpistas rejeitando o plano de Arias. Este, a meu ver, já continha várias concessões aos golpistas, as quais iam além do aceitável. A este respeito, assinalo o telefonema que dei na sexta-feira para Hillary Clinton. Frisei para a secretária de Estado a importância de os Estados Unidos darem indicações fortes aos golpistas e ao próprio Arias sobre as medidas que poderão tomar se os detentores do poder em Tegucigalpa não demonstrarem flexibilidade, cumprindo as resoluções da OEA. Hillary foi receptiva e alinhou as medidas que já havia projetado tomar. Estas incluíam "targeted sanctions" contra os dirigentes e eventual suspensão da conta do Milênio[15]. Segundo as agências de notícias, Hillary teria telefonado para Micheletti (o presidente de fato) com duras sinalizações. Não quero exagerar, mas vejo que o meu telefonema e as menções que fiz à Carta Democrática da OEA podem ter tido algum efeito[16]. [...]

A questão hondurenha continuaria a me ocupar, como ilustram sucessivas referências em anotações sobre outros temas.

25/7/2009 Assunção, às 8h – Ontem, reunião rotineira do Mercosul. O mais importante terminou sendo uma declaração sobre Honduras, que reforça a condenação do golpe. [...]

---

15 Trata-se da *Millennium Account*, programa de assistência do governo norte-americano. Expliquei em mais detalhes no capítulo referente à Bolívia em *Laços de confiança: o Brasil na América do Sul*, op. cit.

16 Como se verá, minhas esperanças de uma ação firme norte-americana eram excessivamente otimistas. A atitude inicial de firmeza da parte de Hillary Clinton não resistiria à pressão dos lobbies e de alguns senadores. Olhando em retrospecto, à luz de sucessivos golpes na região, creio haver subestimado interesses estratégicos, tais como vistos pelo *establishment* de Defesa e Inteligência dos Estados Unidos.

Em meio a visitas de ministros da Espanha e do Egito, encontro a seguinte anotação:

30/7/2009 [...] o drama/farsa de Honduras prossegue sem solução, embora haja alguns sinais de que as pressões norte-americanas, modestas ainda, começam a ter efeito[17].

Em 12 de agosto, Manuel Zelaya visitou o Brasil:

13/8/2009 Ontem o presidente Lula recebeu o presidente deposto de Honduras, José Manuel Zelaya. Na primeira vez que Zelaya veio ao Brasil, como presidente eleito, deu-me muito mais a impressão de um membro de uma organização rura- lista como a UDR, com seu chapéu de aba larga e suas botas, do que de um po- pulista com tinturas de reformador social em que se acabou transformando. Seja como for, é o presidente legítimo de Honduras e tem tido todo o nosso apoio – o que foi reiterado ontem pelo presidente Lula e por mim. Creio que tanto ele quanto sua militante chanceler, Patricia Rodas, perceberam que o nosso apoio é mais efetivo e tem mais chance de trazer resultado do que as manifestações es- tridentes dos seus companheiros de Alba. Por isso veio ao Brasil, de onde seguirá para o Chile. As conversas não trouxeram nenhum elemento verdadeiramente novo[18], embora tenham permitido perceber a hipótese (ou ilusão?) com que Zelaya trabalha: sua volta a Tegucigalpa até meados de setembro daria força aos candidatos dos partidos de esquerda, que, do contrário, teriam poucas chances nas eleições de novembro. Claramente, Zelaya já não pensa em referendo ou outra maneira de manter-se no poder, mas não quer desaparecer como figura política. Na conferência de imprensa, o presidente hondurenho foi muito elo- gioso da conduta do Brasil, citando nominalmente o presidente Lula e a mim. Falando aos jornalistas, depois da partida de Zelaya, reiterei a importância do regresso rápido do presidente, pois a demora debilitaria o processo eleitoral e a própria democracia. Em resposta à pergunta de um repórter sobre uma frase atri- buída ao presidente Obama, eu disse que ações dos Estados Unidos, caso fossem baseadas em Resoluções da OEA, não caracterizariam intervenção. A imprensa internacional, pelo que pude ver, recolheu razoavelmente estes depoimentos.

---

17 O tema de Honduras também viria a me ocupar a propósito da visita do assessor de segurança norte-americano, general Jim Jones. Relatei o episódio nos capítulos de Colômbia e Venezuela em *Laços de confiança: o Brasil na América do Sul*, op. cit.

18 Relendo a anotação já ao final do governo, fiz a seguinte observação: 19/11/2010: *Zelaya fez, sim, uma revelação interessante de um fato que eu, pelo menos, desconhecia. Zelaya foi sequestrado de pi- jama, à noite, com um cano de revólver na cabeça e foi posto em um avião com destino à Costa Rica. Isso é conhecido. Mas o presidente acrescentou que o avião tinha feito uma escala em uma base norte- -americana, em território hondurenho!*

Talvez seja esse o momento de recapitular a ambiguidade dos Estados Unidos em relação ao golpe em Honduras. Segundo a Agência Reuters[19], em um despacho no dia seguinte à deposição de Zelaya, Obama teria sido peremptório: "acreditamos que o golpe foi ilegal e que o presidente Zelaya continua a ser o presidente de Honduras, o presidente democraticamente eleito". E ainda acrescentou: "seria um terrível precedente se nós começarmos a retroceder a uma era em que vimos golpes militares como meio de transição política, em vez de eleições democráticas [na América Latina]".

A secretária de Estado, entretanto, nunca foi tão clara. Desde suas primeiras declarações, deixou dúvidas sobre que rumo tomaria. Nas semanas e meses que se seguiram, evitou, apesar de todas as evidências e contra o conselho da chefe do departamento de planejamento, Ann-Marie Slaughter, e do próprio embaixador em Honduras, caracterizar a ação militar contra o presidente Zelaya como um golpe, já que, de acordo com a lei norte-americana, tal caracterização implicaria cortes da ajuda àquele país[20].

Retomo a seguir o fio da meada.

Uma semana cheia de emoções!

26/9/2009 Talvez algum dia eu consiga reproduzir em detalhe os acontecimentos da semana. Não creio que isso ocorra hoje, neste voo de volta entre Nova York e Brasília. [...] Toda essa última semana, passei envolvido – ou absorvido mesmo – pela questão de Honduras. Foi mais ou menos assim: por volta das 12h30 (hora de Nova York) da segunda-feira, 21, o secretário-geral do Itamaraty tentou falar comigo sobre um assunto urgente. Não deve ter dado a impressão a meus colegas que a urgência era tanta, pois estes não interromperam a reunião do IBAS, nem insistiram para que eu falasse com ele, entre o fim desse encontro e o que tive logo em seguida com o ministro do Butão, com quem iria assinar ato formal de estabelecimento de relações diplomáticas. Foi, portanto, por volta das 13h horas que falei com Samuel. Relatou-me ele então os fatos que hoje são

---

19 "Obama says coup in Honduras is illegal". *Reuters*, 30 de junho de 2009.
20 Um relato detalhado sobre o tema foi feito por Stephan Zunes, professor da Universidade de San Francisco no *Huffington* Post em 19 de junho de 2016, em matéria intitulada "The U.S. role in the Honduras coup and subsequent violence". Nessa matéria, o autor assinala, entre outros aspectos, que a atitude de Hillary Clinton contrariava a expressa recomendação da OEA. Zunes relata também como a secretária de Estado logo tratou de estabelecer contato com o governo de fato, por meio de um lobbista hondurenho nos Estados Unidos. Para mim, que participei ativamente dos dois episódios, é difícil não fazer um paralelo entre as posições divergentes entre Hillary e Obama quanto à situação hondurenha e a Declaração de Teerã (v. *Teerã, Ramalá e Doha*, op. cit.). O mais curioso é que a secretária de Estado tenha prevalecido sobre o presidente nos dois casos.

conhecidos de todos (ainda que alguns setores da mídia continuem a especular sobre versões fantasiosas). Cerca de uma hora antes, uma deputada hondurenha pedira para ver nosso encarregado de Negócios em Tegucigalpa, de onde havíamos retirado o embaixador desde o golpe. Ao recebê-la, o conselheiro Catunda[21] foi informado de que a senhora do presidente Zelaya queria dirigir-se à nossa Chancelaria. Catunda, disciplinadamente, telefonou para Brasília e foi autorizado a receber a ilustre visitante. Esta, por sua vez, disse-lhe que o próprio presidente estava nas imediações. Novo telefonema para Brasília e nova autorização. Em ambos os casos, a autorização foi transmitida pelo subsecretário para América Latina e Caribe, Enio Cordeiro, mas era claro – ainda que não explicitado para mim, que eu me lembre – que o "ok" fora dado pelo Samuel. De qualquer forma, aprovei o comportamento dos dois funcionários e tratei imediatamente de falar com o encarregado de Negócios, que me contou os mesmos fatos e, a meu pedido, passou o telefone a Zelaya. Dei então ao presidente-hóspede as boas-vindas ao "território brasileiro" e perguntei-lhe como estava. Zelaya disse que se encontrava bem, apesar da viagem pelas montanhas (eu entendi "caminhada", o que depois foi explorado pela imprensa em busca de supostas contradições). Acrescentou que chegara de forma pacífica e "desarmado" e que seu objetivo era restabelecer o diálogo com as forças políticas de Honduras. Insistiu na natureza pacífica de suas intenções e agradeceu a proteção que lhe estendia o Brasil. Telefonei logo para o presidente, então em voo entre Brasília e Nova York. Creio que já tivera alguma informação, ainda que vaga, por meio do próprio Samuel, embora a imprensa, depois, tenha noticiado que o contato fora de um assessor da própria presidência. Pouco importa. Contei-lhe com detalhe o que sabia e disse-lhe que minha preocupação mais imediata era com a segurança da Embaixada, aí incluída a do pessoal e a do próprio Zelaya. Lula autorizou-me a falar com o secretário-geral da OEA – que é o que teria feito de qualquer forma. Não me recordo das palavras exatas, mas o fato é que me senti respaldado a seguir dando "abrigo" a Zelaya. "Abrigo", aliás, foi a palavra que eu viria a usar repetidamente, para evitar asilo ou refúgio, que não corresponderiam à sua condição de presidente legítimo, que tentava reinstalar-se, de alguma forma, no país. Os historiadores de Direito Internacional dirão no futuro se inovamos ou não. Seguiram-se dias de grande tensão, tanto relativamente à segurança quanto do ponto de vista político, em que atuei ora para conter ou moderar o Zelaya e seus seguidores dentro da Embaixada, ora – e por via indireta – para assegurar-me que os golpistas não tentariam alguma ação violenta contra a nossa missão – o que, em certos momentos, pareceu a pique de ocorrer. Foram trocas de telefonemas com Insulza, Hillary Clinton, outros funcionários

---

21 O conselheiro Francisco Catunda era, à época, encarregado de Negócios em nossa Embaixada em Tegucigalpa, que há algum tempo estava sem titular, por motivos fortuitos.

do Departamento de Estado (por meio do nosso eficiente embaixador Patriota) etc... Com o próprio Zelaya, falei umas quatro vezes, sempre no intuito de demovê-lo de ações aventureiras ou provocativas e, ao mesmo tempo, assegurar-lhe que estávamos fazendo tudo que estava a nosso alcance para garantir sua segurança, condição necessária para o diálogo que dizia ser seu objetivo. Não foi fácil, em momento de maior emoção, logo após a chegada, convencê-lo de renunciar a chamamentos retóricos inflamados ("patria, restitución o muerte"), que eram usados pelos golpistas para justificar a repressão, que, em mais de um momento, atingiu a Embaixada.

Houve também inúmeras reuniões. Participei de uma, na missão do Brasil junto à ONU, convocada por Insulza. Acompanhei outras, por meio sobretudo do nosso embaixador na OEA, Ruy Casaes, que teve boa e precisa atuação. Tudo isso ocorreu enquanto ajudava a preparar os encontros bilaterais do presidente, seu discurso na Assembleia Geral e sua participação no evento sobre clima. Para essa ocasião, fiz ainda com que o tom do discurso fosse substancialmente alterado para uma linha mais ousada (compatível aliás com o que ele viria a dizer na Assembleia Geral). Obviamente, não pude acompanhar todos os encontros, mas estive nos mais importantes, inclusive no que Lula teve com Ahmadinejad, sobre o qual talvez valha a pena algum registro, em outro momento.

[...] No que toca à situação em Honduras, pedi que Lula falasse com Zelaya – de modo a acalmá-lo –, o que ele fez na terça-feira pela manhã. Reintroduzi, com o auxílio do porta-voz do Itamaraty, Maurício Lyrio, e total concordância dos colaboradores do presidente, encarregados dos retoques finais no discurso, dois ou três parágrafos sobre Honduras, que valeram a única interrupção por aplausos à alocução do presidente. O assunto também foi levantado por Lula (e algo detalhado por mim) no encontro com Ban Ki-Moon, o que terá contribuído para a nota que este emitiu na quarta-feira sobre a inviolabilidade da Embaixada etc...

Não sei exatamente quando tive a ideia de pedir uma reunião do Conselho de Segurança. Creio que, ao longo da terça-feira, em função das primeiras ameaças, o gás lacrimogêneo etc... Certamente, a decisão foi depois da reunião na nossa Missão, em que Thomas Shannon disse que a situação em Honduras era perigosíssima (sic). Discuti o assunto um pouco com o Antonio Patriota e Maria Luiza Viotti (nossa tranquila, mas ativa, representante permanente na ONU), que aprovaram a minha ideia. Em algum momento, um deles ou os dois expressaram dúvidas sobre se deveríamos efetivamente pedir uma reunião. Temiam que o pedido não fosse atendido, em função da ativíssima semana em N.Y., em que até reunião presidencial no CSNU sobre desarmamento ocorreu. Chegamos a considerar como alternativa o envio de carta com nossas preocupações. A nota enviada pelo governo "de fato", que tentava desqualificar a natureza "diplomática" da nossa Embaixada, mencionada como "locais que ainda mantém o Brasil em Tegucigalpa" (que constituía, a meu ver, o prelúdio para algum tipo de ataque ou ação de força), me fez tomar a decisão definitiva. Assim, na quarta-feira à tarde, nossa representante permanente enviou nota à presidência do Conselho de Segurança, exercida pela embaixadora Susan Rice, dos Estados Unidos, em que solicitava oficialmente reunião, em caráter de urgência, do Conselho de Segurança. Na mesma nota, pedíamos que nos fosse concedida a possibilidade de nos dirigirmos ao CSNU – o que pressupunha uma sessão formal do órgão. Havia, igualmente, comunicado minha intenção (sempre via Antonio Patriota) ao Tom Shannon, que não reagiu – nem bem nem mal – à ideia. Simplesmente a anotara. Convocar uma reunião do Conselho de Segurança não é coisa trivial. Neste caso, havia algumas complicações a serem superadas, a começar pela atitude ambígua dos Estados Unidos – que, embora repudiando inicialmente o golpe, sempre se mostraram desconfiados (para dizer o menos) das tendências "chavistas" de Zelaya. Aliás os próprios seguidores mais sensatos de Zelaya, inclusive seu vice-presidente, com quem me encontrei em Nova York, se queixaram dos ataques destemperados do presidente venezuelano ao "Império" e das acusações de que este estaria apoiando os golpistas, o que reforçava, segundo ele, a posição do regime de fato junto aos militares. Outra dificuldade era a resistência dos dois membros latino-americanos no Conselho – Costa Rica e México – a que o tema "Honduras" fosse transferido do âmbito regional para a ONU. Em sentido totalmente contrário, mas com efeitos semelhantes, os países da Alba, ausentes do CSNU, mas sempre com alguma influência, queriam tratar do tema apenas na Assembleia Geral. Por isso, multiplicamos os contatos. A embaixadora Viotti ficou em constante comunicação com o "deputy" de Susan Rice. De minha parte, falei com bom número de ministros (Rússia, França, Reino Unido, Vietnã, Turquia – além dos dois latino-americanos) e, no próprio dia da reunião, com Hillary Clinton.

Desnecessário enfatizar a importância de uma mensagem do Conselho sobre a proteção de nossa Embaixada e das pessoas nela abrigadas! A mensagem lida por Susan Rice (que nunca foi simpática comigo e ainda questionou um comentário meu sobre o significado da reunião) foi correta sobre a questão das ameaças à segurança – usando palavras que constaram do meu discurso – e avançou um pouco no apoio aos esforços regionais (OEA e Arias), da mesma forma que eu havia feito. Apenas não mencionou Zelaya.

Agora é torcer para que a Missão da OEA, que partirá para Tegucigalpa na madrugada de domingo para segunda, possa ter êxito.

Indiscutivelmente, uma semana cheia de emoções!

27/9/2009 Embarco para o Rio em um avião comercial. Na circunstância, eminentemente particular, preferi não usar a FAB. Antes de sair de casa, leio as manchetes de jornais (possivelmente exageradas), que sugerem que Zelaya esteja insuflando a população à desobediência civil, "contrariando a recomendação de

Lula". Mesmo sem dar pleno crédito à mídia, peço à minha chefe de gabinete que se comunique com Lineu[22] de modo que este inste Zelaya à moderação e recomende paciência, agora que a missão da OEA está por chegar. Se Zelaya persistir numa linha de confrontação, teremos um problema!

3/10/2009 [...] Nesta semana, por exemplo, as discussões, acusações e ataques a propósito de Honduras foram excruciantes. É verdade que contribuí para mudar o tom a partir de meu comparecimento ao Senado, na terça-feira, onde, por quatro horas, respondi perguntas e rebati comentários.

Em anotação de 7 de outubro de 2009, comento visitas de Estado do presidente Lula a Bruxelas e a Estocolmo. O tema de Honduras havia ganhado grande relevo, tendo sido objeto de minhas conversas com os ministros belga e sueco. Depois de anos de relativa calma, a América Latina voltava a chamar a atenção dos europeus, e não pelos melhores motivos.

30/10/2009 São cerca de 3h (hora do Brasil, pouco mais de meia-noite e meia hora de Caracas, onde me encontro). Soube, há uma meia hora, que o acordo que permitirá a volta de Zelaya ao poder em Tegucigalpa foi assinado. Eu estava no carro com o presidente Lula, voltando de um jantar com Chávez, quando a minha chefe de gabinete, Maria Laura, me deu a notícia. Ao chegar ao hotel, telefonei para o nosso diplomata, o ministro Lineu, que logo me passou o telefone a Zelaya. Felicitei-o e enfatizei a importância do que acabara de ocorrer, não só para Honduras, mas para toda a América Latina e Caribe. Zelaya foi muito efusivo nos agradecimentos ao Brasil, a Lula e a mim. Disse-me que os trâmites no Congresso (que deverá aprovar o acordo) ainda tomarão cerca de oito dias. Parecia muito contente. Segundo Lineu, Zelaya deverá transferir-se para um hotel amanhã, encerrando assim o longo capítulo da crise hondurenha relativo ao "abrigo" em nossa Embaixada. [...]

A nota anterior foi escrita às pressas, já de madrugada. Se tudo acabar bem em Honduras, como parece muito provável neste momento, o papel do Brasil terá que ser reconhecido. Ainda na última terça-feira, quando Hillary Clinton me telefonou para informar-me da viagem que Tom Shannon faria a Honduras para uma última tentativa de mediação, fui obrigado a, de maneira suave, fazer ver à secretária de Estado que a breve descrição que fizera da situação padecia de uma falha de base. É que, ao dizer que ambos os lados teriam que demons-

---

22 O então ministro de segunda classe Lineu Pupo de Paula, que exercia suas funções na Missão do Brasil junto à OEA, e que trabalhara no meu gabinete, substituiu o já mencionado conselheiro Catunda, que enfrentara as agruras e tensões da crise hondurenha, inclusive a circunstância pouco confortável de dividir o espaço físico da Embaixada com nosso ilustre mas turbulento "abrigado".

trar flexibilidade, o que era correto, pareceu colocá-los em pé de igualdade, o que era equivocado, tanto do ponto de vista ético quanto legal (um presidente legítimo em face do golpista). Também o era do ponto de vista das atitudes, uma vez que Zelaya já fizera grandes concessões e Micheletti permanecia irredutível. Hillary, aliás, concordou e o ponto foi frisado, a meu pedido, pelo Patriota a Tom Shannon. Esta é apenas uma das múltiplas intervenções nossas ao longo do processo, ora pedindo calma a Zelaya, ora exigindo firmeza dos mediadores (OEA, EUA) em relação aos golpistas. Mas a maior contribuição que demos para a solução pacífica e democrática (sujeita ainda à aprovação do Congresso hondurenho, para a qual o próprio Zelaya, com quem falei ontem, não antevê dificuldades) foi o oferecimento de abrigo ou proteção que demos ao presidente deposto. Sem ela, a situação permaneceria no impasse que vigorava há meses. Essa circunstância constituiu o "fato novo", que introduziu a dinâmica do diálogo, que, com os percalços conhecidos, possibilitou a solução a que finalmente se chegou.

Uma palavra de elogio deve ser registrada em favor do eficiente e discreto diplomata norte-americano, Tom Shannon, cujo comportamento se manteve firme em busca de uma saída democrática, apesar dos ataques que sofreu da direita republicana, que, por sinal, segue obstaculizando sua nomeação como embaixador no Brasil.

Um final inglório

4/11/2009 [...] Em Tegucigalpa, o processo continua confuso, apesar do acordo anunciado na noite/madrugada de quinta para sexta. Os americanos pressionaram Micheletti, mas de forma não tão contundente que evitasse as ambiguidades no texto do próprio acordo. Assim, manobras procrastinatórias continuaram a ocorrer e a proximidade entre uma eventual volta de Zelaya e uma farsa pura e simples é cada vez maior.

Para não ficarmos totalmente passivos, a despeito do perfil baixo, que a situação em nossa Embaixada recomenda, pedi ao Patriota que desse seguimento à conversa que tive com Hillary Clinton na semana passada, por meio de contatos com o Tom Shannon, o que ele tem feito, entendo, com alguma regularidade. Na terça-feira, telefonei para o Ricardo Lagos, o ex-presidente chileno, que havia sido designado, juntamente com a secretária do Trabalho norte-americana, Hilda Solis, para acompanhar a implementação do acordo em nome da OEA. Lagos foi muito receptivo à minha chamada e concordou com meus pontos de vista sobre a necessidade de restituição rápida de Zelaya, que os golpistas continuam a procrastinar, por meio de "subterfúgios" (termo que Lagos utilizou). Alertei-o para as ambiguidades da posição norte-americana e enfatizei que o acordo não poderia ser visto fora do contexto das resoluções da OEA e da Ata de São José[23]. Pelas últimas informações que tenho, a restituição de Zelaya, se ocorrer, não se dará antes do fim da próxima semana. Além disso, o próprio Zelaya já aceita que haverá um governo que fará a transição, chefiado por uma espécie de primeiro-ministro, cabendo a ele, se tanto, o papel de "Rainha da Inglaterra". Será um final inglório para o episódio. A democracia na região terá sido severamente ferida. É o que pretendo dizer na CALC/G-Rio.

6/11/2009 Ontem, o Grupo do Rio, reunido em Montego Bay[24], aprovou uma boa decisão sobre Honduras, pedindo a volta imediata de Zelaya, fato que o acordo de Tegucigalpa procura deixar algo ambíguo. A resolução afirmou, pela primeira vez com apoio dos caribenhos (e um outro centro-americano mais recalcitrante – Costa Rica), o retorno de Zelaya como precondição para normalização das relações de Honduras com o G-Rio e o eventual reconhecimento das futuras eleições. A presidenta da reunião, a mexicana Patricia Espinosa, atuou bem. Tom Shannon foi muito criticado pelas declarações de dois ou três dias atrás, em que pareceu não insistir no retorno de Zelaya. Ontem, também, falei com Lagos, que me explicou as dificuldades que a Comissão de Verificação enfrentara e sua "estratégia" de obter a formação do Governo de Unidade e Reconciliação, com a saída de Micheletti, para, em seguida, trabalhar pela reinstalação de Zelaya. Estratégia duvidosa, salvo se for possível obter garantias efetivas para o segundo passo. Espero que a declaração de ontem ajude. [...]

O tema dominante na reunião plenária da CALC na Jamaica voltou a ser Honduras, em face do impasse persistente. Depois de alguns discursos (inclusive o pronunciamento algo confuso da chanceler Patricia Rodas), conseguimos uma boa decisão. Além de reiterar alguns conceitos constantes da declaração do G-Rio, da véspera, entre os quais o do não reconhecimento de eleições sem o retorno tempestivo de Zelaya, a resolução condenou a manobra do "Governo de fato" no sentido de tentar atropelar o acordo, por meio de ações unilaterais. Infelizmente, o comunicado do Departamento de Estado não vai na mesma linha, o que não é bom presságio para uma decisão rápida e justa da crise.

---

23 A ata da reunião do Conselho Permanente da OEA em 4 de dezembro de 2009 assim se refere aos encontros acerca do tema: "[...] Es a la luz de este mandato preciso y exigente que hemos realizado todas nuestras acciones, desde la solicitud formulada el día 6 de julio al Presidente Oscar Arias de actuar como mediador en la crisis; la adopción de hecho de la propuesta llamada Acuerdo de San José del 22 de julio; la guía de las demandas de la comunidad internacional; la primera visita de la delegación de Ministros de Relaciones Exteriores y del Secretario General de la OEA, llevada a cabo el 24 y 25 de agosto para promover la adopción del Acuerdo de San José; la segunda misión del 7 y 8 de octubre para presenciar la instalación de una Mesa de Diálogo; hasta la suscripción por las partes del Acuerdo Tegucigalpa-San José, el 30 de octubre".

24 Em *Laços de confiança: o Brasil na América do Sul*, tratei da questão em mais detalhes no capítulo sobre a Caricom.

Na volta de uma reunião da OMC em Genebra sobre a já moribunda Rodada de Doha em que a posição norte-americana deixou muito a desejar, escrevo novamente sobre Honduras:

16/11/2009 [...] Aliás, por falar em administração norte-americana, a situação em Honduras não melhorou. No fim de semana, Zelaya, cansado dos vaivéns dos Estados Unidos, enviou carta a Obama, dizendo-se desinteressado de continuar o diálogo. Como me disse hoje, ao telefone (chamei-o pouco antes de partir de Genebra, em resposta a uma ligação de poucos dias atrás), sente-se enganado. Tem razão. Pedi-lhe apenas que evitasse qualquer atitude que sirva de pretexto para que os menos firmes dentre os latino-americanos e caribenhos abandonem a posição unitária que assumimos em Montego Bay. Prometi que falaria com Hillary Clinton e/ou pediria a Lula que conversasse com Obama. A essa altura – a menos que Zelaya se mostre disposto a outro recuo – uma solução só poderá ocorrer se houver adiamento, ainda que pequeno, das eleições. O mais provável é que caminhemos para a realização de eleições sem legitimidade. Honduras se tornará uma espécie de Cuba de sinal contrário, isolada no continente, sem luta e sem revolução.

O tema de Honduras era de alta sensibilidade e ocupava importante espaço no diálogo entre Brasília e Washington, inclusive no mais alto nível. Em 22 de novembro, o presidente Obama escreveu ao presidente Lula uma longa carta em que aborda questões importantes, como a relação com o Irã e a próxima Conferência das Partes sobre mudança do clima, em Copenhague. Três parágrafos, que reproduzo em tradução livre, referem-se à situação em Honduras:

> [...] Ao mesmo tempo, continuo comprometido em ajudar a restaurar a ordem democrática e constitucional em Honduras na esteira do golpe de 28 de junho contra o presidente Zelaya. Eu creio que um processo passo a passo como o que foi acordado pelas partes nos Acordos de Tegucigalpa-San José maximiza a probabilidade da restauração do presidente Zelaya para o restante do seu mandato ("*the balance of his term*").
>
> Eu entendo que você expressou sua clara rejeição às eleições de 29 de novembro. Concordamos que as eleições não podem ser usadas para validar o golpe de 28 de junho e acreditamos que as eleições em si mesmas ("*elections alone*") são insuficientes para restaurar a ordem democrática e constitucional. Devemos ("*we must*"), entretanto, reconhecer que as eleições ocorrerão, e que elas resultam de processos democráticos que antecedem o golpe e envolvem candidatos de todo o espectro político e ideológico escolhidos antes do golpe.

Em vez de se engajarem em um debate divisivo na OEA sobre as eleições, nossas equipes deveriam trabalhar juntas para apoiar ("*leverage*") as eleições com vistas a restaurar a ordem democrática e constitucional. Um novo líder em Honduras que emerja das eleições e que tenha um interesse ("*a stake*") em retornar ao sistema interamericano provavelmente será mais cooperativo ("*helpful*") quando o congresso hondurenho tratar da questão da restituição do presidente Zelaya em 2 de dezembro do que as autoridades de fato têm sido.

Em sua resposta, datada de 26 de novembro, Lula afirma:

> Sobre o golpe de Estado em Honduras, o ocorrido estabelece para a região. A demora na restituição do presidente Manuel Zelaya incentiva a repetição de ações antidemocráticas e afeta seriamente a credibilidade do sistema interamericano.
>
> Mantenho a disposição de contribuir para uma solução pela via do diálogo, que preserve o amplo consenso contra o golpe de 28 de junho. Não foi outro o nosso propósito ao dar abrigo ao presidente legítimo de Honduras quando de seu retorno ao país. Isto em que pese às pressões e ações constrangedoras por parte do governo golpista. Reconheço o valor do esforço conjunto do Brasil e dos Estados Unidos nessa matéria. Somos gratos ao apoio dado à nossa Embaixada nos piores momentos da crise. Mas não posso ignorar a decisão unânime da América Latina e do Caribe, tomada no início deste mês, na Jamaica, contra o reconhecimento das eleições de 29 de novembro sem a restituição prévia do presidente constitucional. Essa seria a única maneira de dar um mínimo de legitimidade a um processo conduzido e controlado há cinco meses por forças golpistas, sob forte repressão das liberdades de expressão e de imprensa. Obviamente, continuamos dispostos a dialogar com os Estados Unidos sobre estas bases.

Ao mesmo tempo que os presidentes trocavam essa correspondência, eu mantinha diálogo com a secretária de Estado. No mesmo dia em que Lula respondia a Obama, recebi um telefonema de Hillary Clinton. A chamada seguiu aproximadamente o mesmo roteiro da carta presidencial. A propósito, fiz a seguinte anotação:

16/11/2009 [...] Sobre Honduras, a secretária de Estado reconheceu que não se podia ignorar que o presidente legítimo deveria voltar ao cargo. Não especificou, entretanto, que isso devesse ocorrer antes das eleições. Assinalou que o acordo Tegucigalpa/São José oferecia uma oportunidade e que o Congresso hondurenho deveria votar no dia 02 de dezembro sobre a volta ou não de Zelaya. É interessante (e desalentador) que Hillary Clinton tenha enfatizado a necessidade de que ocorra essa votação e não tanto o regresso do presidente Zelaya. Chegou a mencionar que, caso a votação não ocorra, os Estados Unidos estariam dispostos a tomar novas medidas contra o governo de fato. Insistindo em uma abordagem gradual, a secretária de Estado disse esperar que as eleições no dia 29/11 possam ser livres e justas. Embora entremeando seus comentários de afirmações do tipo "eleições apenas não são suficientes" e "reconhecemos a legitimidade de Zelaya", a secretária de Estado deixou claro que seu empenho, no momento, seria em garantir uma "normalização", ainda que aparente, da situação em Honduras. [...]

Agradeci as informações e o espírito com que eram prestadas, mas não escondi a diferença de perspectiva. O Brasil não poderia aceitar como legítimo um processo eleitoral conduzido por um governo que emergiu de um golpe de Estado e que esteve sujeito a estado de sítio e a variadas medidas repressivas, com o presidente legítimo banido do processo político. Referi-me às decisões de Montego Bay, em que a América Latina e o Caribe se haviam manifestado de maneira unânime no mesmo sentido. Disse que não podia prever o comportamento de cada país, mas que o Brasil certamente não reconheceria o resultado dessas eleições. Acerca do acordo Tegucigalpa/São José, lembrei que não podia ser interpretado fora do contexto político mais amplo representado pelas Resoluções da OEA e do Plano Arias [que exigiam o regresso do presidente Zelaya ao poder]. Não cabia, assim, uma interpretação que se valesse das ambiguidades de redação, em especial o artigo 5 do acordo, algumas das quais provavelmente decorrentes do fato de que Zelaya negociara "under duress". Dada a franqueza de nossa conversa, insinuei que não seria do interesse norte-americano ter um país totalmente dependente dos Estados Unidos, com o que a secretária de Estado concordou. Apesar das diferenças, eu disse achar importante continuar o diálogo entre o Brasil e os Estados Unidos. [...]

Em sua tréplica, em tom sempre amistoso e respeitador das diferenças, Hillary Clinton procurou minimizar as divergências quanto a Honduras, dizendo compartilhar de nossas preocupações. Voltou a enfatizar o voto pelo Congresso hondurenho no dia 02 de dezembro e disse que o assunto não estava encerrado.

Seria interessante uma análise textual das cartas presidenciais à luz, inclusive, do meu diálogo com a secretária de Estado. Um dos fatos que ressalta é o uso repetido, pelo presidente Obama, da palavra "golpe", um termo que, como já se viu, carrega consigo implicações legais no que toca à ajuda norte-americana. Mas era óbvio o interesse dos Estados Unidos de dar por encerrado o episódio. Isso foi contrastado pelas fortes expressões usadas pelo presidente Lula, as quais têm quase um valor premonitório, quando se pensa no que ocorreu, de forma crescentemente sofisticada, com o presidente Lugo no Paraguai e a presidente Dilma Rousseff no Brasil.

Como sabemos – e se pode deduzir das notas seguintes –, Manuel Zelaya não obteve a almejada restituição e, de certa forma, o golpe se consumaria[25]. O presidente deposto continuaria a aparecer nas minhas anotações, embora de forma mais esporádica. Durante estada em Montevidéu para a reunião ministerial do Mercosul, registro o anseio de Zelaya em sair de Honduras.

8/12/2009 [...] Zelaya agora quer que o ajudemos, juntamente com a Argentina, a conseguir salvo-conduto para exilar-se no México. Suponho que não haja dificuldades.

Faço aqui uma breve digressão sobre um aspecto do trabalho diplomático do ministro das Relações Exteriores, que a rigor poderia ser inserida em muitas outras partes deste texto. É uma formalidade herdada de épocas em que as comunicações eram precárias e havia a substituição do ministro, a cada viagem, pelo secretário-geral. No mundo de hoje, essa formalidade é pouco mais que uma ficção, já que os principais temas de política externa, em geral, "viajam juntos" com o chanceler. A anotação seguinte, sobre Honduras, é uma ilustração nítida dessa circunstância.

Entre 16 e 18 de dezembro acompanhei o presidente Lula para a fase de Cúpula da 15ª Conferência das Partes sobre Mudança do Clima (COP-15) em Copenhague. Em uma anotação feita já na volta ao Brasil, faço o registro de algumas conversas que mantive com colegas ministros do Exterior, tais como Yang Jiechi, da China, e David Miliband, do Reino Unido, sobre os temas do clima e Irã. Imagino que esses diálogos tenham ocorrido nos dias 16 e 17, já que no último dia da conferência dediquei-me a assessorar o presidente.

21/12/2009 [...] O resto do meu dia foi dedicado à situação de Zelaya. Falei com o próprio e com o ministro de El Salvador, Hugo Martinez, em busca de uma solução, que permita ao presidente hondurenho sair do país e negociar com o vencedor do pleito, que, mesmo ilegítimo, criou uma realidade nova. Algo que Zelaya me contou sobre as peripécias que cercaram a negativa do salvo-conduto para o México confirmou a truculência de Micheletti, mas agregou um elemento novo, ao menos para mim: uma certa "perfídia" norte-americana durante o episódio. Segundo Zelaya, os Estados Unidos nada fizeram para que o salvo-conduto fosse concedido. Disse, mesmo, que Micheletti já havia decidido positivamente, mas que os norte-americanos teriam obstado à concessão, por se sentirem "by-passed" pela iniciativa sul-americana com o México, que teria frustrado seus pró-

---

25 Em 2 de dezembro, o Congresso de Honduras rejeitou a restituição do presidente deposto Manuel Zelaya. A decisão cabia ao Congresso em atenção ao que fora decidido no acordo Tegucigalpa-San José, que havia sido assinado em outubro por representantes de Zelaya e de Micheletti.

prios planos, que envolviam a República Dominicana e a participação de Arias. Além da mesquinhez, para mim, houve também um elemento político. Os Estados Unidos querem um processo em que o poder de barganha de Zelaya seja o menor possível!

A caminho de minha primeira visita ao Haiti pós-terremoto, passei uma noite na República Dominicana.

23/1/2010 O presidente Leonel Fernández recebeu-me, como de hábito, com grande cordialidade. Falamos um pouco sobre Honduras. Elogiei seus esforços, por sinal bem encaminhados, para uma solução da crise política, dentro dos parâmetros impostos pela realidade. Para além do que está nos jornais, Leonel Fernández revelou que irá a Tegucigalpa e trará Zelaya com ele. Insisti na importância de alguma espécie de anistia, que permita que Zelaya volte ao país. Aparentemente Pepe Lobo[26] não está, diferentemente de Micheletti, interessado em alimentar ódios. Imagino que, aos poucos, as coisas voltarão a certa normalidade. No acordo que assinou, na presença de Leonel Fernández, Lobo falou de governo de união nacional. Tomara! Expliquei a Fernández, que me havia pedido uma declaração positiva à imprensa, que tínhamos de caminhar devagar, dadas as posições de princípio que desde o início havíamos tomado, inclusive o abrigo que concedemos a Zelaya. (Curiosamente, segundo o acordo citado, Zelaya viria à República Dominicana como "hóspede"). Falando com os jornalistas, à saída da audiência com o presidente, fui elogioso sobre seus esforços para uma solução pacificadora, mas evitei comentários sobre como o Brasil tratará o próximo governo de Lobo. Tudo dependerá da atitude em relação a Zelaya.

Anotações esparsas sobre conversas com atores importantes da cena internacional, como a baronesa Catherine Ashton, alta representante da União Europeia, Miguel Ángel Moratinos, ministro do Exterior da Espanha, e a própria Hillary, ilustram como o tema Zelaya continuava a fazer parte das preocupações:

19/3/2010 Em voo de Damasco para Madrid, a caminho do Brasil.
Abro este caderno em uma página qualquer e bato o olho na palavra Tegucigalpa. Assim solta, lembra uma palavra mágica, espécie de senha, para abrir portas ou criar estados hipnóticos – um pouco como "Constantinople" ou "Madagascar" no filme do Woody Allen. Na verdade, ela está ali em função de algum episódio envolvendo o golpe em Honduras, possivelmente o abrigo a Zelaya em nossa Embaixada. Eu me pergunto se alguém, em algum momento, terá

---

26 Porfirio Lobo Sosa, mais conhecido como "Pepe Lobo", venceu as eleições presidenciais de novembro de 2009 em Honduras. Seu mandato foi de janeiro de 2010 a janeiro de 2014.

qualquer espécie de interesse em ler anotações sobre acontecimento tão pouco relevante para a história da humanidade. Em verdade, estas páginas estão repletas de anotações como aquela sobre acontecimentos sem atrativo maior. Mas me consolo pensando que páginas e páginas de jornais foram escritas sobre estes fatos e que o ponto de vista que vai descrito aqui ao menos reflete a visão de um participante direto, cujas intenções e motivações podem vir a despertar a atenção de um historiador desocupado.

Essa observação algo ligeira é a última reflexão sobre o "episódio Zelaya", que me ocupou tão intensamente. Voltaria a referir-me a ele de passagem, em duas outras ocasiões. No discurso que pronunciei na abertura da Assembleia Geral da ONU, em substituição ao presidente Lula, ocupado com o processo eleitoral no Brasil, afirmei:

> [...] Condenamos retrocessos antidemocráticos, como o golpe de Estado em Honduras. O regresso do ex-presidente Zelaya sem ameaças à sua liberdade é indispensável para a normalização plena das relações de Honduras com o conjunto da região. [...]

Em 15 de novembro de 2010, dei longa entrevista à jornalista Eliane Cantanhêde. Sempre provocativa, Eliane levantou a questão da nossa relação com Honduras depois do golpe e das eleições. Transcrevo a seguir a pergunta da jornalista e a minha resposta:

> — Quando, afinal, o Brasil vai nomear um embaixador para Honduras?
> — Há um passo a ser dado que nós consideramos muito simples, que é permitir ao menos a volta do [ex-presidente deposto Manuel] Zelaya ao país. Ele foi expulso por um golpe militar com uma arma na cabeça.

Uma nota algo melancólica fecha o conjunto de anotações sobre o episódio Zelaya. Em 27 de novembro de 2010, descrevo alguns aspectos da quarta cúpula da Unasul em Georgetown, que acabara de realizar-se. Em meio a outros fatos, inclusive esforços de pacificação na América Central, registro:

27/11/2010 [...] Sobre Honduras emitiram-se alguns conceitos, mas, dadas as evidentes diferenças de enfoque, o tema não foi aprofundado.

Anexos

ANEXO 1
Transcrição de notas do encontro com Raúl Castro em 31 de maio de 2008

O que segue é a transcrição das notas feitas por minha assessora Bárbara Bélkior. Algumas tiveram que ser eliminadas por se terem tornado incompreensíveis. Também fiz mínimos ajustes, seja em função da clareza do texto, seja para evitar expressões rebarbativas. Os subtítulos são da minha assessora.

CUBA – ENCONTRO RAÚL CASTRO

No dia 31 de maio de 2008, fui recebido por três horas pelo Presidente Raúl Castro, no Palácio das Convenções, em Havana. Mantivemos longo encontro seguido de almoço de trabalho. Estiveram presentes, do lado brasileiro, o embaixador Bernardo Pericás e diplomata de meu gabinete. Do lado cubano, participaram do encontro o vice-presidente Carlos Lage, o chanceler Felipe Pérez Roque, o diretor de Relações Internacionais do Partido Comunista de Cuba, Fernando Ramirez Estenoz, e o embaixador de Cuba no Brasil, Pedro Núñez Mosquera.

CINEMA/FILHOS

O presidente perguntou se eu estava contente com a programação do dia anterior. Afirmei que sim e destaquei minha ida a San Antonio de los Baños[1], para onde eu gostaria de ir, quando me aposentasse – brinquei. De forma especialmente simpática, o presidente perguntou sobre a carreira de meus filhos cineastas. Contei-lhe o que cada um havia feito (Olga, Cidade de Deus, O Caminho das Nuvens etc.).

---

1   San Antonio de los Baños é onde se localizava uma importante escola de cinema onde lecionou o prêmio Nobel Gabriel García Márquez, entre outros.

CARTA LULA

Logo de início, reiterei o convite para que fosse ao Brasil e entreguei a carta do presidente Lula. O presidente manifestou desejo de ir ao Brasil e mostrou ter conhecimento e grande curiosidade sobre a reunião de países membros de mecanismos de integração da América Latina e do Caribe, a realizar-se em Salvador, em dezembro.

SÓCIO NÚMERO 1

O presidente Raúl afirmou que estava contente com a definição do Brasil como o sócio número 1 de Cuba. Perguntou se eu me referia apenas ao aspecto comercial – o que neguei. Mostramo-nos muito satisfeitos com as perspectivas de que este desejo, que compartilhamos, se torne realidade.

ELEIÇÕES EUA

Falamos sobre Obama e McCain. Este último parece aos cubanos especialmente "linha dura", confessou-me o presidente. Revelei que, na minha percepção, era melhor para a América Latina que vencesse um republicano, que "não desse bola" para a região e se ocupasse preferencialmente do Oriente Médio. Afirmei que teria sido difícil conformar a Unasul se houvesse um "democrata charmoso" e atento à América do Sul. O presidente disse ter lido declarações positivas de Obama, prometendo autorizar remessas, viagens. Fiquei com a impressão de que o governo cubano prefere que vença Barack Obama. Ainda assim, Cuba vê muita semelhança entre democratas e republicanos ("nada mais parecido com um do que o outro", escutei).

ANIVERSÁRIO 3/6

O presidente Raúl falou de seu aniversário, dali a três dias. Informei-lhe de que coincidia com o meu. Comentei que, tivesse eu um irmão mais velho, também teria feito uma revolução. Levantamo-nos e brindamos descontraídos, enquanto Raúl destacava qual seria nossa exata diferença de idade: 11 anos.

IRAQUE

Comentamos a "grande loucura" que foi a entrada do Exército norte-americano no Iraque, por interesse no petróleo. Iniciou-se uma longa conversa sobre como as grandes potências acabavam ficando "empantanadas" quando resolviam empreender ações sem avaliar bem as consequências (vide os norte-americanos no Oriente Médio e os russos no Afeganistão).

AFEGANISTÃO

Ao falar sobre [a presença soviética no] Afeganistão, Raúl fez analogia com o massacre de tropas inglesas na luta pela Ásia Central por causa do caminho para as Índias. [...] Os cubanos, recordou o presidente, foram contra (lembrou a propósito a Conferência do Movimento dos Não Alinhados, em que estavam presentes tanto o Afeganistão quanto Cuba).

LISTA TERRORISMO/CUBA OU IRÃ?

O presidente Raúl Castro comentou o livro publicado pelo jornalista Bob Woodward. [...] Percebi no comentário do presidente Raúl sinais da "psicologia do cerco" que caracterizou o pensamento político cubano por tantos anos. Até recentemente, Cuba era cotada como Estado que poderia ser invadido a qualquer momento.

O "EIXO DA ESTUPIDEZ"

Contei ao presidente Raúl que, antes de o presidente Lula ser eleito, quando eu era embaixador em Londres, saiu no *Financial Times* um artigo sobre o "Eixo do Mal". Escrevi uma carta ao jornal intitulada "o Eixo da Estupidez". Atribuo a este gesto o fato de eu ter sido escolhido chanceler, disse brincando.

LULA EM CAMP DAVID

Ao falarmos sobre Bush, contei que o tema Cuba surgiu na conversa com Lula em Camp David. [...]. Bush disse ao presidente Lula que, se houvesse algum problema em Cuba, impediria, por meio da Marinha ou da Guarda Costeira, que refugiados cubanos fossem para a Flórida e que cubanos da Flórida invadissem Cuba. O presidente Raúl Castro contou que a invasão da Baía dos Porcos fora preparada por um republicano e realizada por um democrata. Kennedy autorizou a missão Playa Girón, mas a diferença em relação ao plano de Allen Dulles, irmão de J.F. Dulles, é que Kennedy não autorizou as tropas norte-americanas a desembarcar: apenas facilitou que as forças exiladas cubanas fizessem a invasão. Mais uma vez, destacou as semelhanças entre os partidos.

VIETNÃ

Raúl Castro recordou que é sempre a mesma história: primeiro, o tema é gestado entre os assessores militares. Depois, cresce e não há como retroceder. Contei a provocação que fiz a Condoleezza Rice, quando comparei o Vietnã [com o qual Washington tem hoje boa relação] a Cuba, ao ver os elogios que a secretária de Estado tecia ao Vietnã ("they love us"). Ambos têm partido único – provoquei. Rice desconversou.

CUBANOS NA FLÓRIDA E NO CANADÁ

Raúl Castro acredita que quem nasce na Flórida nos dias de hoje pouco tem a ver com os que um dia deixaram a ilha. O presidente também traçou uma diferença entre os cubanos da Flórida, cuja agressividade e revanchismo realmente contam, e os que estão no Canadá, que têm pouquíssimo peso político. "Ademais, o Canadá é frio e ninguém quer ficar lá" – brincou.

BRASIL PAROU A ALCA

Comentei que o Brasil foi o responsável por interromper o processo que levaria à conformação da ALCA, ainda que Chávez goste de ter a ilusão de que foi ele. Insisti na ideia de que nós só conseguimos fazer a Unasul porque estávamos por um tempo "esquecidos" [por Washington, ocupada com o Oriente Médio].

[...]

ANGOLA DEU TRABALHO SIM, CELSO

Perguntei detalhes da operação em Angola. O presidente contou que os soviéticos queriam dar instruções aos cubanos quanto ao momento de sair de Angola. Cuba não aceitou, explicou-me: "nas nossas tropas mandamos nós". Como o grande teatro de operação em Angola era o Sul, os cubanos queriam antes de tudo que os sul-africanos se retirassem do local. [Só então os cubanos sairiam]. O presidente Raúl informou que Cuba enviou 400 mil homens a Angola, sendo que 55 mil chegaram a combater de uma vez só no país.

O LÁPIS PARTIDO

Autoridades cubanas reuniram-se de 19 às 7 horas antes de decidir iniciar as operações no Sul de Angola. Os soviéticos, por sua vez, achavam que deviam ser consultados. O chefe do Estado-Maior cubano é enviado à URSS para informar os soviéticos da decisão de atacar as tropas sul-africanas no Sul de Angola. O ministro da Defesa russo se encontrava, no entanto, na Romênia. Informado da decisão já tomada, o interlocutor russo – que olhara o militar cubano de cima abaixo, como se este fosse um sargento – quebra a ponta do lápis que tinha na mão. "Quando partem as tropas? Chegam hoje" – teria sido o diálogo.

ACORDO DE REYKJAVÍK

Começavam a acontecer discussões estratégicas entre os Estados Unidos e a União Soviética em Reykjavík. Os soviéticos pareciam estar usando Angola como parte de um tabuleiro mais amplo. Os cubanos logo perceberam isso e não quiseram condescender.

CONSULTA FIDEL/GORBACHEV

Ao perceber que seria acusado de responsável por não ter firmado um acordo de paz, Fidel senta-se para conversar com Gorbachev. Este descreve quantos milhares de russos se perderam em cercos e desfiladeiros no Afeganistão. Fica decidido que os cubanos retirarão suas tropas, mas a seu tempo e esperando que os sul-africanos abandonem o terreno antes.

RECONHECIMENTO SOVIÉTICO

Após muitos anos, Cuba recebeu manifestação do reconhecimento soviético – contou-me o presidente.

IUGOSLÁVIA DE TITO

Raúl Castro comparou Cuba a países socialistas da época. A diferença é que Cuba fez sua própria Revolução, enquanto os outros países a "importaram" da URSS. A exceção seria a Iugoslávia, porque Tito libertou o país antes mesmo de os soviéticos chegarem.

REPÚBLICA TCHECA

O presidente Raúl lamentou que hoje a República Tcheca seja tão pró-americana. (A título de anedota, contou que Cuba comprou armamento tcheco "novo" – mas, com o desgaste do material, encontrou nele suásticas nazistas em alto-relevo).
[...]

INTERESSE VISITA AO BRASIL

Reiterei o convite para que o presidente Raúl Castro visitasse o Brasil. Ele comentou que não vai nem às "províncias do Oriente" de Cuba sem expressa autorização do irmão.

NÃO HÁ PRETEXTO PARA NÃO IR!

Expliquei que o Brasil "no tiene celos": que Raúl Castro partisse para fazer sua primeira viagem à América Latina e que visitasse primeiro o Brasil. O "sobrinho", visite na volta – pedi. (Minha menção ao "sobrinho" tinha que ver com a forma carinhosa/irônica com que o próprio Raul se referia à relação entre Fidel e Chávez).

O presidente Raúl exclamou "bravo" diante da perspectiva de reunir pela primeira vez os 33 países da América Latina.

RELAÇÕES COM A AMÉRICA CENTRAL

Enquanto o presidente Raúl Castro reclamou de suas relações com a Costa Rica e El Salvador, teci elogios a Colom, presidente guatemalteco, que pode exercer influência positiva na região.

LUGO E A CHINA

Mencionamos a possibilidade de Lugo fazer algo com a China. O embaixador Bernardo Pericás recordou o volume de recursos despejados por Taiwan no país[2].

---

2   Até hoje, o Paraguai mantém relações com Taiwan, situação que nem mesmo Lugo conseguiu mudar. O embaixador Pericás havia sido nosso representante em Assunção e conhecia bem os limites à latitude de ação nesse tema.

– ALMOÇAMOS?

SALUDOS LULA

Ao passarmos à mesa do almoço, voltei a transmitir ao presidente Raúl Castro os cumprimentos do presidente Lula. Ele gentilmente voltou a brindar ao dia 3 de junho, nossa "data natalícia". Agradeci pela caixa de "puros". O presidente contou-me em tom de brincadeira que chegou a fumar cinquenta cigarros por dia. Comentei sobre minha vinda a Cuba com o ministro da Ciência e Tecnologia, Luiz Henrique da Silveira, há algo como 20 anos. Na época, eu ainda podia apreciar os puros.

22 EM MONCADA/25 NA SIERRA MAESTRA/28 NO FIM

O presidente contou-me que tinha 22 anos em Moncada, 25 na Sierra Maestra e 28 ao sair da Sierra Maestra. Moncada é o segundo maior quartel de Cuba. O primeiro é o de Santiago de Cuba. O presidente comentou que Santiago se assemelha à Bahia e levantou o tema da Cúpula de dezembro em Salvador, deixando insinuar que o chanceler Pérez Roque estava entusiasmado. Havia que convencer Fidel a deixar que ele, Raúl, pudesse ir, provocou.

CONSELHO DE DEFESA SUL-AMERICANO

O presidente perguntou se o Conselho de Defesa Sul-Americano trataria de temas de segurança. Respondi que não. É um foro de criação de confiança. Servirá para corrigir a falta de comunicação nas áreas militar e de defesa dos países. Deixei claro que não é uma aliança contra nada nem ninguém. O presidente Raúl Castro opinou que o nome "Conselho de Defesa Sul-Americano" assusta. A ideia lhe parece precipitada. Sugeriu incluir defesa civil. Está ciente de que haverá primeiro um Grupo de Trabalho, que entende será bem conduzido pela presidente Bachelet[3].

DROGAS/COOPERAÇÃO EUA/"O PLATA O PLOMO"

Recordei que cada país distribui de forma diversa em seu ordenamento jurídico as competências nas áreas de defesa e de segurança pública. O presidente discorreu então sobre o problema das drogas em Cuba. Quando viu que algumas regiões costeiras se estavam desenvolvendo desproporcionalmente sem aparente razão, o Estado cubano "agarrou o problema pelo pescoço". Pela descrição do presidente, a questão das drogas parecia erradicada de Cuba. O presidente fez breve referência à cooperação com os Estados Unidos. Lamentou, também,

---

3   Ver capítulo sobre Chile em *Laços de confiança: o Brasil na América do Sul*, op. cit.

que o problema se tivesse agravado no México, com a corrupção do Exército e a ocorrência de sequestros.

REPERCUSSÃO UNASUL/CONSELHO DE DEFESA

Salientei que o Conselho de Defesa era apenas um dos aspectos da Unasul. A Conferência de São Francisco em 1945 não forjou qualquer força militar – e nem por isso se pode dizer que ela foi um fracasso... Lamentavelmente, a imprensa no Brasil perdeu o foco da reunião e concentrou-se no que chamou de malogro do Conselho. Não viu que era o sonho de Bolívar que tomava forma jurídica naquele dia 23 de maio[4].

APAGOU-SE A LUZ

Comentamos detalhes da reunião de 23 de maio, como os miniapagões que se sucederam em Brasília bem na hora da assinatura. O presidente Raúl Castro lembrou em tom jocoso que Chávez fez referência provocativa a Itaipu, ao dirigir-se a Lugo, durante o encontro.

TABARÉ VAI A CUBA EM 18 DE JUNHO

A ausência do presidente Tabaré Vázquez na Cúpula de 23 de maio, que criou a Unasul, foi notada pelo presidente cubano. Ele vai a Cuba no meio de junho. Comentei sobre as reclamações que os uruguaios têm feito em relação ao Mercosul[5].

A "MEMBRECÍA" EXTRARREGIONAL DA UNASUL

O presidente mostrou-se animado ao saber de mim que, depois de ratificado o Tratado Constitutivo da Unasul por nove países, ou seja, uma vez em vigor, outros países da América Latina – e do Caribe, ele mesmo acrescentou – podem associar-se e, posteriormente, tornar-se membros plenos.

A AMÉRICA DO SUL COMO POLO DE IMANTAÇÃO

Raúl Castro compreendeu que a Unasul corre paralelamente à reunião que o Brasil está organizando no mês de dezembro. Nossa concepção é a de fortalecer a América Latina e o Caribe ao ativarmos um de seus polos. Quanto ao México, avaliei que Calderón é mais pragmático do que Fox[6].

---

4 O assunto fica bem esclarecido no capítulo de Peru em *Laços de confiança: o Brasil na América do Sul*, op. cit.

5 Trato do tema extensamente no capítulo de Uruguai em *Laços de confiança: o Brasil na América do Sul*, op. cit.

6 As diferenças entre Calderón e Fox, sobretudo em relação à América Latina, transparecem no capítulo sobre México.

À IBERO-AMERICANA NÃO VAMOS

O presidente informou que não irá a El Salvador em outubro para a Cúpula Ibero-americana. Tampouco enviará delegação. Comentei que identifico nesse foro excesso de reverência ao rei da Espanha. Eu já havia feito observação similar ao primeiro-ministro de Portugal, que é meu amigo, na Cúpula em Montevidéu, há dois anos. Na mesma cúpula, notei que o presidente do Peru, Alan García, portou-se republicanamente, ao contrário da maioria.

O VATICANO É UMA MULTINACIONAL?

Depois que o presidente Raúl Castro comentou a força eleitoral da Igreja Católica nos Estados Unidos, comparando-a uma multinacional, teci breves comentários sobre a presença das Igrejas Evangélicas no Brasil. Não parecem ter orientação política clara[7].

BOLÍVIA/ESTATUTOS/MISSÃO ME

Provocado por Felipe Pérez Roque, contei sobre minha missão à Bolívia, no início de abril. Avaliei que o Estatuto de Santa Cruz[8] era "o pior" de todos, pois continha regras sobre terras, petróleo, aduana, impostos, controle sanitário, entre outros. Expus que, em algum sentido, a situação de Evo Morales se assemelha à do presidente Lula. Morales, como Lula, chegou ao poder pelas eleições: tem que dialogar! Afirmei que Cuba poderia exercer influência positiva na Bolívia, seja diretamente seja por meio de Chávez. Acrescentei que o líder venezuelano não ajuda quando diz que, se necessário, intervirá na Bolívia – comentei.

EVO TRANQUILO/CHOQUEHUANCA SERENO

O presidente Raúl Castro afirmou que seu irmão Fidel o ajudava a compreender a situação da Bolívia. O presidente transmitiu a impressão de que Evo parece mais tranquilo e David, com quem falara ao telefone, mais sereno e otimista.

A COLÔMBIA PREOCUPA/"RECONSTITUIÇÃO DOS AFETOS"

O presidente perguntou se eu iria às comemorações do 20 de julho, na Colômbia[9]. Mostrou-se muito preocupado com a crise entre Colômbia, Venezuela e Equador. Expressei que era preciso apostar em uma "reconstituição de afetos". Contei-lhe sobre a postura positiva de Chávez na Unasul. Ele próprio conversou com Uribe. Depois o presidente Lula fez o mesmo. Uribe reconheceu que Chávez

---

7   A leitura dessa minha observação, altamente equivocada, como se verificou depois, refletia a circunstância de que, à época, políticos evangélicos, embora intrinsecamente conservadores, faziam parte da base do governo.

8   Refiro-me aqui à questão das autonomias, que quase levou à guerra civil. Ver capítulo de Bolívia em *Laços de confiança: o Brasil na América do Sul*, op. cit.

9   Ver capítulo de Colômbia em *Laços de confiança: o Brasil na América do Sul*, op. cit.

se comportou de maneira construtiva, mas mostrou reticências quanto às conclusões a tomar.

URIBE: DEIXAR UMA SAÍDA PARA CHÁVEZ

Relatei ao presidente Raúl o diálogo que mantive, ao lado de Lula, com Uribe, naquele dia, em que disse que Chávez estava contra a parede e era preciso deixar-lhe uma saída. Do contrário, ele reagirá. Uribe chamou-o de sonso, mas se propôs a fazer um discurso "mirando hacia el futuro".

FIDEL: DETRACTOR DEL ETANOL?

Uribe recebeu delegação de ruralistas (produtores rurais) cubanos e ofereceu-lhes máquina de produção de etanol de cana, informou-me o presidente Raúl Castro, que brincou com o fato de Fidel ser um "detrator" do etanol. O presidente demonstrou vontade de receber máquinas do Brasil. "Mas de graça" – provocou. Contei que costumava distinguir entre "etanol bom" e "etanol ruim", como o colesterol. O etanol "bom" seria o brasileiro, a partir da cana-de-açúcar, que mais contribuía para reduzir as emissões de CO_2. O "ruim" seria o norte-americano, a partir do milho, menos eficiente sob esse aspecto.

NÃO HAVERÁ SECESSIONISMOS

Voltando à Bolívia, comentei que, na minha percepção, a disposição ao diálogo da parte do governo era apenas superficial. Isso não me impediu de deixar claro à oposição boliviana que o Brasil não aceitaria secessionismos nos membros do Mercosul e da Unasul.

Um diálogo verdadeiro, refleti, supõe concessões dos dois lados. A crise boliviana será resolvida de forma gradual. Afinal, não houve uma Revolução...

EM 72 HORAS FIZEMOS A REVOLUÇÃO

Motivado pela minha menção à Revolução, o presidente Raúl Castro relatou emocionado detalhes das 72 horas em que seu grupo dissolveu a Polícia e todas as instituições do governo, com setenta guerrilheiros. Era outra época, admitiu. Os soviéticos, naquele momento, "lograban ponerles la montura".

LAS FARC: YA NO ES ÉPOCA DE GUERILLA...

Raúl Castro levantou o tema das FARC, a quem não parece interessar uma solução política. "Ya no es época de guerilla", ele disse. Comentei que hoje a guerrilha não faz mais sentido, não tem mais atratividade. O presidente afirmou não gostar de negociar com pessoas a quem não pode ver. Essas observações de Raúl Castro são particularmente interessantes diante da evolução da posição do presidente Chávez quanto às FARC, a qual seguramente deve muito ao aconselhamento que provavelmente recebeu da liderança cubana.

Concordamos que a solução para a crise interna colombiana é política.

CURIOSIDADES DO GRUPO DO RIO NA REPÚBLICA DOMINICANA

Raúl Castro comentou a decisão do presidente Lula de não ir ao Grupo do Rio em março, na República Dominicana, ocasião em que se encaminhou a questão entre Colômbia, Venezuela e Equador. Achou graça, confessou, na imagem do presidente da República Dominicana, Leonel Fernández, instando Correa e Uribe a se abraçarem. Correa não pareceu querer abraçar ninguém, ironizou Raúl Castro. Chávez foi o mais afetuoso.

POROSIDADE DA FRONTEIRA COLOMBIANA

O presidente avaliou que a Colômbia sempre terá problemas porque possui muitos milhares de quilômetros de fronteira terrestre, muito difícil de controlar. Há que ceder em ambas as partes. Mais um argumento a favor da saída política.

NÃO PERDER O MOMENTUM

Raúl Castro então tocou no tema da não relação com os Estados Unidos. Cuba nunca cedeu, avaliou o presidente, sendo secundado pelos demais cubanos sentados à mesa. Não há que ter pressa em nenhuma evolução, avaliou. De minha parte, ponderei que tampouco se deve perder o momentum. O segredo está no equilíbrio, concluiu Raúl Castro.

QUEM DISCUTE ENTRE CUBA E EUA? OS MILITARES

O presidente cubano, que ainda continuava a ocupar-se de assuntos de Defesa, contou-me que há diálogo entre Cuba e Estados Unidos envolvendo os militares dos dois países. Comentou, porém, que é difícil realizar exercícios de fomento de confiança. Recordou que a saída massiva de cubanos, em novembro de 1994, que tanto incomodou os Estados Unidos, fora autorizada pelo governo de Fidel.

"CARTER ES MENOS MALO CON NOSOTROS"

O presidente Raúl Castro elogiou a atuação do presidente Carter em relação a Cuba. Comentei que o ex-presidente norte-americano tem sido de fato extremamente construtivo em situações como a da Venezuela e a da Palestina. Raúl Castro confessou que Carter oferecera relaxar o bloqueio se os cubanos saíssem de Angola em cinco semanas. Esta informação surpreendeu-me. Comentei que a saída cubana teria sido trágica para Angola também. O presidente contou-me em detalhes a operação em Angola. [...]

DE VOLTA AO GRUPO DO RIO

Voltando ao tema do Grupo do Rio na República Dominicana, avaliei que Uribe não tinha como parar um processo que já havia começado. Se ao menos ele tivesse guardado para si, como um trunfo, as evidências nos computadores, a história teria tido um desfecho diferente. Agora, o dano à Venezuela já está causado, Chávez sente-se acuado – e reage.

BATISTA/LIBERTAÇÃO

Raúl Castro comentou que foi libertado por Fulgêncio Batista, junto com Fidel, em rito sumaríssimo, graças ao fato de que os partidos da oposição se uniram na batalha eleitoral.

FALEI COM URIBE

Expliquei ao presidente Raúl que passei duas mensagens a Uribe. A primeira, de que há dois países nos quais a Colômbia confia: Cuba e Brasil. A segunda, de que a pior coisa que poderia acontecer para a paz no continente seria uma divisão da América Latina. Temos que atuar junto com Chávez, comentei.

OPINIÃO DE RAÚL

O presidente Raúl afirmou que, se perguntarem, ele já tem uma opinião: tudo está mudando, do México (que vem abandonando a Doutrina Estrada dos anos 20) à OEA. Antes, não era possível viajar de Jamaica a Cuba. Passava-se pela Europa. Isso mudou.

LOUCO PARA IR/FAREMOS O CARNAVAL NA BAHIA

Expliquei ao presidente que uma visita bilateral sua ao Brasil não seria um fato importante apenas no nível regional. Seria importante no nível global e mundial. Pedi que transmitisse minha percepção a Fidel. O presidente Raúl afirmou que estava "louco para ir" e que fará o possível. Além da Cúpula em Salvador, faria uma bilateral.

SÓCIO NÚMERO 1: HAY QUE SUPERAR AL SOBRINO!

Por fim, o presidente Raúl voltou a elogiar o desejo do Brasil de se tornar o sócio número 1 de Cuba. E desafiou-me a superar a seu sobrinho...

(Fotos, despedida, refere-se a 1 ano da morte de sua mulher, apresenta filho e neto)

ANEXO 2
Encontro com o presidente de Cuba, Raúl Castro, Havana, 18 de setembro de 2010

» Após reunião com ministros cubanos presidida pelo vice-presidente do Conselho de Ministros, Ricardo Cabrisas, o [ministro de Estado] ME foi conduzido ao gabinete do presidente Raúl Castro no Ministério da Defesa. Recebeu-o, além do presidente, o ministro das Relações Exteriores Bruno Eduardo Rodríguez Parrilla.

» O encontro durou cerca de 2h40.

» Foi fotografado o momento da entrega da carta do presidente Lula ao presidente Raúl Castro.

» ME lembrou visita que fez a Raúl Castro em 1994, quando entregou carta do PR Itamar Franco a Fidel.

» O ministro cubano leu a versão em espanhol da carta [do presidente Lula] em voz alta e fizeram-se comentários ao longo da leitura.

» Raúl Castro deteve-se longamente sobre o trecho que mencionava a reunião de Sauípe, quando Cuba entrou para o Grupo do Rio (2008). ME elogiou a posição construtiva que Cuba adotou durante a segunda CALC (Cancún, fev/2010) em relação a Colômbia e Venezuela, o que ilustra que Cuba tem procurado colocar a integração com a América Latina e Caribe acima das simpatias com um ou outro governo.

» Raúl Castro comentou que Cuba tem adotado posição moderada diante de críticas como as dos presidentes Alan García e Sebastián Piñera.

» Terminada a leitura da carta, ME explicou que se tratava de uma "reflexão" do PR Lula (em alusão às "reflexiones" de Fidel). A motivação para escrevê-la relacionava-se tanto com o fato de o presidente estar no final de seu mandato quanto com a percepção de que a América Latina tem passado por mudanças significativas. Os processos que estão ocorrendo em Cuba, como as reformas econômicas, também incentivaram as reflexões do presidente.

» Relembrou que o contexto político da América Latina na época da Revolução Cubana era bastante distinto do de hoje: a maioria dos países da região era dominada por governos militares e havia uma predominância de políticas econômicas liberais.

Reformas econômicas e cooperação bilateral

» Sobre as reformas econômicas, ME disse que a demissão de 500 mil funcionários públicos era uma medida corajosa e que refletia a confiança na compreensão por parte da população. Mencionou que havia discutido com Cabrisas maneiras pelas quais o Brasil poderia ajudar a Cuba nesse processo. Falou da possibilidade de enviar missão do SEBRAE a Cuba e de possíveis iniciativas para estimular o empreendedorismo, garantir que esse contingente de trabalhadores permaneça no setor formal da economia e garantir a arrecadação (via simplificação) relacionada a pequenas e médias empresas.

» ME explicou que muitas soluções encontradas pelo Brasil – economia com forte presença do Estado –, como o apoio ao desenvolvimento formal, poderiam ser úteis para Cuba.

» Raúl Castro disse que falaria com Cabrisas sobre os detalhes das possibilidades de cooperação com o Brasil (posteriormente, o vice-ministro das Relações Exteriores, Rogelio Sierra Diaz, ao despedir o ME no aeroporto, reiterou o interesse de Raúl Castro na cooperação brasileira e a urgência no envio da missão do SEBRAE).

» O presidente fez extensos comentários sobre as reformas econômicas. Descreveu dificuldades em encontrar pessoas que queiram trabalhar e o sistema de aposentadoria. Informou que, em 2030, 30% dos cubanos serão inativos. Disse pretender aumentar a idade para a aposentadoria (homens de 60 para 65 anos e mulheres de 55 para 60).

» Sobre a questão de garantias de financiamento do porto de Mariel, o presidente Raúl Castro foi enfático: "diga a Lula que pagaremos o que for preciso, nem que seja com o nosso sangue".

» Em encontro na noite anterior, o ministro Bruno Rodríguez comentara que a iniciativa de Fidel de conceder entrevista a Julia Zweig e Jeffrey Goldberg (onde teria feito críticas ao modelo cubano) foi, na realidade, uma maneira de apoiar as reformas de Raúl.

Direitos Humanos

» ME notou que Raúl Castro fez anotações e ouviu com muita atenção os comentários sobre Direitos Humanos, inclusive em relação a sugestões específicas, como o convite a relatores temáticos e a ratificação dos Pactos de Direitos Humanos de 1966.

» Quando o ministro Bruno Rodríguez passou para o trecho seguinte da carta, que falava sobre Mercosul, o presidente pediu lhe que repetisse a leitura, dando a impressão de que ainda estava refletindo sobre o tema dos direitos humanos.

» Apesar do discurso justificativo, Raúl Castro não rechaçou nenhuma sugestão e demonstrou abertura para seguir conversando. ME sugeriu que conversas poderiam continuar com visita de Bruno ou de outro emissário cubano ao Brasil.

» O presidente mencionou conversa com Ban Ki-Moon sobre a ratificação dos Pactos. SGNU teria agradecido a "franqueza" do presidente.

» ME comentou que as sugestões sobre direitos humanos não modificavam a posição do Brasil em relação a Cuba, mas que nos "ajudavam internamente".

Mencionou que, por ter vivido sob uma ditadura, o povo brasileiro tem grande apreço pelo tema dos direitos humanos. Comentou também que esse tema se presta a manipulações pela direita.

» O ministro Bruno comentou que gostaria de ter visitado o Brasil antes da viagem do presidente Lula à África em julho, para falar sobre a questão dos presos.

» Raúl Castro apresentou dados que justificariam a detenção dos "chamados" presos políticos, como a prática de assassinatos, ameaças etc. ME disse compreender que exista certa manipulação sobre temas de direitos humanos, mas ponderou que análises realistas devem levar em conta esse tipo de "hipocrisia".

» Raúl Castro disse que, já que há partido único em Cuba, é preciso que o partido seja muito democrático. Em tom retórico, disse: "se não for democrático é melhor não ter partido".

» Sobre a referência que a carta fazia à visita a Cuba do alto comissário para Direitos Humanos, Ayala Lasso, em 1994, o ministro Bruno Rodríguez comentou que ele era "um conservador, mas uma pessoa de bem".

» Sobre a visita de relatores, ME mencionou que o Brasil recebe com frequência relatores que fazem críticas pesadas – como no caso das execuções sumárias. Entretanto, esse é um tipo de situação pela qual se deve passar quando se quer estar mais integrado no mundo.

» ME disse, francamente, que talvez fosse difícil para Cuba receber o relator sobre liberdade de expressão. Por outro lado, um dos relatores que poderiam receber com tranquilidade seria o relator sobre tortura, já que não há tortura em Cuba. A propósito, o presidente Raúl Castro lembrou afirmação que havia feito na Assembleia Nacional, em que disse: "Sim, há tortura em Cuba: em Guantánamo".

» ME disse acreditar que gestões feitas em junho de 2008, durante reunião da Parceria Estratégica Brasil-UE em Liubliana, logo após viagem sua a Cuba, ajudaram a fazer com que a UE flexibilizasse sua posição de condicionar a cooperação a gestos específicos. As gestões foram feitas junto ao ministro das Relações Exteriores da Eslovênia (presidência da UE) e à ex-comissária de Relações Exteriores, Benita Ferrero-Waldner.

» Raúl recordou ter assistido pela TV imagens da II Cúpula Ibero-americana (Madri, 1992), em que o primeiro-ministro espanhol Felipe González referiu-se de maneira "inaceitável" a Cuba, na presença de Fidel. ME observou que a referência ao episódio demonstra que os governantes cubanos têm uma peculiar percepção do tempo.

» Falaram brevemente sobre a expulsão dos ciganos da França. Raúl Castro comentou, em tom jocoso e algo crítico, a afirmação de Fidel em uma de suas reflexões, segundo a qual: "Sarkozy é um louco".

Estados Unidos

» Raúl Castro, antecipando possível encontro entre ME e Hillary Cinton em Nova York, mencionou o caso do norte-americano Alan Gross, preso em Cuba por espionagem. ME sugeriu que isso não fosse tratado como assunto de direitos humanos, mas como tema da relação bilateral Cuba-Estados Unidos. ME disse que o Brasil tem canais e que poderia ajudar, se fosse do interesse de Cuba. Sentiu reação positiva.

» ME comentou envolvimento do Brasil no caso da francesa Clotilde Reiss, presa no Irã e posteriormente liberada, durante visita do PR Lula a Ahmadinejad.

» Raúl Castro discorreu sobre os 5 cubanos presos nos Estados Unidos. Comentou, quanto a um deles, que, se tivesse o objetivo de fazer espionagem, não o faria em Guantánamo. Disse que não proporia troca de presos com os Estados Unidos, mas lembrou que, em declaração à imprensa quando visitou o Brasil em 2008, afirmara que trocaria os 5 por todos os dissidentes políticos detidos em Cuba.

» Raúl Castro comentou que dois ex-chefes do Comando Sul foram a Cuba depois de aposentados.

» Respondendo a pergunta do ME, Raúl Castro disse não saber se Alan Gross poderia ser condenado à morte. Afirmou que a justiça cubana é independente, mas que há "espaço para diálogo com o governo".

» ME avaliou que haveria abertura para uma troca de presos, mas que os cubanos não pretendiam fazer a proposta. Do contrário, perderiam o *case* contra Alan Gross e em favor dos 5 cubanos, equiparando situações que alegam ser distintas.

» Raúl Castro falou em Guantánamo (torturas) para sublinhar a fraqueza de Obama em executar suas políticas ("Por que Obama não leva os presos para o Alasca?"). Apesar disso, mencionou o trabalho conjunto Estados Unidos--Cuba na área de defesa civil.

» Raúl Castro não falou sobre o embargo nem sobre a classificação de Cuba, pelos Estados Unidos, como Estado patrocinador do terrorismo.

América Latina e Caribe

» Sobre a relação de Cuba com o Mercosul, ME comentou que provavelmente seria difícil alcançar um Acordo de Livre Comércio, mas que seria possível fazer uma aproximação estratégica. Não chegou a mencionar a questão da cláusula democrática. Notou que o presidente não parecia ter muita familiaridade com a questão comercial. Ficou com a impressão de que Bruno compreendeu a mensagem e que Raúl Castro aceitaria a sugestão brasileira.

» O presidente se disse muito preocupado com a situação de confrontos entre gangues no México e com a possibilidade de que essa situação evolua para uma guerra civil (sic). Falou sobre a relação dessa situação com o NAFTA.

» ME mencionou nossa posição sobre a ALCA e comentou como a necessidade de oposição a esse projeto acabou impulsionando a integração da América do Sul.
» Raúl Castro mencionou também o tema da presença norte-americana em bases militares na Colômbia. No grande globo de origem soviética (com caracteres cirílicos), mostrou que Colômbia e Honduras ocupam posição estratégica na região.

Irã

» Raúl Castro perguntou se o Brasil achava que havia risco de o Irã ter uma bomba atômica. ME falou sobre as dificuldades de julgar intenções.
» ME disse achar que, se o Irã chegasse a ter uma bomba, estaria atraindo para si um ataque. Uma guerra contra o Irã, no entanto, seria algo mais sério e complexo do que a guerra do Iraque. A Declaração de Teerã, por sua vez, apontava para uma outra saída.
» Disse que, mesmo sem a bomba, o Irã tentaria dominar o ciclo completo de enriquecimento, o que não é proibido pelo TNP.
» Raúl Castro perguntou a opinião do ME sobre o PR Ahmadinejad. ME disse considerá-lo um político astuto, mesmo que não que não tenha uma formação intelectual mais ampla. Por não pertencer ao estamento clerical, seria propenso a fazer declarações retóricas mais fortes.
» Raúl Castro disse que Cuba apoiou muito a Declaração de Teerã, que foi uma iniciativa positiva e corajosa. Comentou sobre a fraqueza do presidente Obama em relação ao Irã.

Política interna brasileira

» Raúl Castro falou muito bem da candidata Dilma Rousseff. Saudou como muito positiva a continuidade. Disse que pensava em comparecer à sua cerimônia de posse.

Outros

» Raúl Castro perguntou qual havia sido a reação à carta que Fidel encaminhara ao presidente Lula – por intermédio do professor Marco Aurélio Garcia – recomendando que o presidente Bashar al-Assad, que fazia visita ao Brasil, retornasse logo à Síria, pois uma nova guerra mundial estaria prestes a começar. ME comentou que o PR Lula respeita muito as opiniões de Fidel. Acrescentou que concordamos que haja risco de irrupção de um conflito no Oriente Médio, mas que talvez ele não seja tão iminente.
» Neste e em outros momentos (Sarkozy – ciganos), ME sentiu atitude menos reverente [da parte de Raúl] nas menções a Fidel Castro.
» ME observou que quase todos os assessores de Raúl eram militares – o que também se explicava pelo fato de a reunião ter ocorrido no Ministério da Defesa.

- » Raúl Castro demonstrou grande apoio ao Brasil, a quem caberia ter lugar ainda mais importante no mundo. Os Estados Unidos seriam contra isso, daí a resistência à Declaração de Teerã. Maior importância do Brasil, para Raúl Castro, seria boa para Cuba ("temos interés en eso".)
- » A conversa foi pontuada por várias digressões de Raúl Castro. Em uma delas, falou sobre a participação cubana na Guerra do Yom Kippur, em que tanques soviéticos foram operados por cubanos. Teria havido escaramuças com forças israelenses.
- » ME recordou que, durante sua visita a Havana em 1994, teve encontro de cerca de três horas com Raúl – que geralmente recebia poucos visitantes estrangeiros. Quando ME tentou introduzir o assunto de Tlatelolco, Raúl teria dito: "eso es com mi hermano, el de barba".
- » Durante a mesma visita, Fidel assistiu ao jogo Brasil x Holanda na Embaixada do Brasil. Em entrevista ao repórter Paulo Henrique Amorim, Fidel declarou: "quizá el canciller tenga razón" (sobre a assinatura de Tlatelolco como gesto para a América Latina, e não para os Estados Unidos). Ao final da visita, ME foi autorizado pelo ministro das Relações Exteriores Roberto Robaina a divulgar que Cuba receberia Ayala Lasso.
- » Ministro Bruno recordou visita do chanceler Roberto Robaina a Juiz de Fora para entregar carta de Fidel ao presidente Itamar Franco, confirmando que Cuba assinaria o tratado de Tlatelolco.
- » ME referiu-se a comentário de que Cuba estaria procurando seguir o modelo chinês, o qual lhe parecia pouco "humanista". Raúl disse que achava que na China prevalece um "materialismo pedestre".

Referências

Obras:

AMORIM, Celso. "A Caminho de Ouro Preto: a diplomacia da tarifa externa comum". In: SILVA, Raul Mendes (coord.). *Missões de paz*: a diplomacia brasileira nos conflitos internacionais. Rio de Janeiro: Multimídia, 2003.

AMORIM, Celso. "A ONU aos setenta: reforma do Conselho de Segurança". In: FONTOURA, Paulo Roberto Campos; MORAES, Maria Luisa. et alia. *O Brasil e as Nações Unidas*: 70 anos. Brasília: FUNAG, 2015a.

AMORIM, Celso. *Breves narrativas diplomáticas*. São Paulo: Benvirá, 2013.

AMORIM, Celso. *Conversas com jovens diplomatas*. São Paulo: Benvirá, 2011.

AMORIM, Celso. *Teerã, Ramalá e Doha*: memórias da política externa ativa e altiva. São Paulo: Benvirá, 2015b.

AMORIM, Paulo Henrique. *O quarto poder*: uma outra história. São Paulo: Hedra, 2015.

BLUSTEIN, Paul. *Misadventures of the most favored nations*: clashing egos, inflated ambitions, and the great shambles of the world trade system. New York: PublicAffairs, 2009.

BUSS, Paulo Marchiori; TOBAR, Sebastián (orgs.). *Diplomacia em Saúde e Saúde Global*: perspectivas latino-americanas. Rio de Janeiro: Editora Fiocruz, 2017.

DIANNI, Cláudia. "Préval quer mudanças em ação da ONU". *Folha de S. Paulo*, 11 de março de 2006.

FURIATTI, Cláudia. *Confissões de um reatamento*: a história secreta do reatamento de relações entre Brasil e Cuba. Rio de Janeiro: Niterói Livros, 1999.

GOLDBERG, Jeffrey. Fidel: 'Cuban model doesn't even work for us anymore'. *The Atlantic*, 8 de setembro de 2010.

LUKÁCS, Georg. *História e consciência de classe*: estudos sobre a dialética marxista. 1923.

SEITENFUS, Ricardo. *Haiti*: dilemas e fracassos internacionais. Rio Grande do Sul: Editora Unijuí, 2014.

SMOLTCZYK, Alexander. Der Fußballfrieden. *Der Spiegel*, 30 de agosto de 2004.

Documentos, tratados e resoluções:

Tratado para a Proscrição de Armas Nucleares na América Latina e no Caribe (Tratado de Tlatelolco). Cidade do México, 14 de fevereiro de 1967.

Tratado de Não Proliferação de Armas Nucleares (TNP). Londres, Moscou, Washington, 1 de julho de 1968.

Lista de Siglas

ABC – Agência Brasileira de Cooperação

ABIT – Associação Brasileira da Indústria Têxtil e de Confecção

ACE – Acordo de Complementação Econômica

AEC – Associação de Estados do Caribe

AGNU – Assembleia Geral das Nações Unidas

AIEA – Agência Internacional de Energia Atômica

ALADI – Associação Latino-americana de Integração

ALBA – Alternativa Bolivariana para as Américas

ALC – América Latina e Caribe

ALCA – Acordo de Livre Comércio das Américas

ALCSA – Área de Livre Comércio Sul-americana

ASPA – Cúpula América do Sul – Países Árabes

BBC – Corporação britânica de radiodifusão (sigla em inglês)

BID – Banco Interamericano de Desenvolvimento

BNDES – Banco Nacional de Desenvolvimento Econômico e Social

BRABAT – Batalhão Brasileiro de Infantaria de Força de Paz

BRICS – Grupo composto por Brasil, Rússia, Índia, China e adesão posterior da África do Sul

CALC – Cúpula da América Latina e do Caribe sobre Integração e Desenvolvimento

CAN – Comunidade Andina

CARICOM – Comunidade do Caribe (sigla em inglês)

CD – Conferência sobre Desarmamento

CDDPH – Conselho de Defesa dos Direitos da Pessoa Humana

CDH – Comissão de Direitos Humanos

CELAC – Comunidade dos Estados Latino-americanos e caribenhos

CEP – Conselho Eleitoral Provisório

CEPAL – Comissão Econômica para a América Latina e Caribe

CIDA – Agência canadense de desenvolvimento internacional (sigla em inglês)

CIVPOL – Polícia civil (sigla em inglês)

CNE – Comissão Nacional das Eleições do Haiti

CNI – Confederação Nacional da Indústria

COP – Conferência das Partes sobre Mudança do Clima

COPPE – Coordenação dos Programas de Pós-Graduação de Engenharia

CPLP – Comunidade dos Países de Língua Portuguesa

CSNU – Conselho de Segurança das Nações Unidas

DPKO – Departamento de operações de manutenção de paz da ONU (sigla em inglês)

ECOSOC – Conselho Econômico e Social da ONU

Embrafilme – Empresa Brasileira de Filmes

Embrapa – Empresa Brasileira de Pesquisa Agropecuária

FAB – Força Aérea Brasileira

FAO – Organização das Nações Unidas para a Alimentação e a Agricultura (sigla em inglês)

FARC – Forças Armadas Revolucionárias da Colômbia

FIDA – Fundo Internacional de Desenvolvimento Agrícola

FIESP – Federação das Indústrias do Estado de São Paulo

FINEP – Financiadora de Estudos e Projetos

FNLA – Frente Nacional de Libertação de Angola

FUNAG – Fundação Alexandre de Gusmão

G-15 – Grupo dos 15 – Grupo de Consulta e Cooperação Sul-Sul

G-20 – Grupo dos 20 – Fórum de cooperação econômico internacional

G-4 – Grupo dos 4 – Grupo de candidatos a uma cadeira definitiva no Conselho de Segurança da ONU – Brasil, Alemanha, Índia e Japão

G-8 – Grupo dos 8 – Grupo das oito nações ricas e industrializadas

GATT – Acordo geral de tarifas e comércio (sigla em inglês)

G-Rio – Grupo do Rio

IBAS/G-3 – Fórum de Diálogo Índia-Brasil-África do Sul

ICAIC – Instituto Cubano de Arte e Indústria Cinematográfica

INF – Tratado de Forças Nucleares de Alcance Intermediário (sigla em inglês)

JB – Jornal do Brasil

Mercosul – Mercado Comum do Sul

Minustah – Missão das Nações Unidas para a Estabilização do Haiti

MIPONUH – Missão da ONU de polícia civil no Haiti (sigla em inglês)

MPLA – Movimento pela Libertação de Angola

MRE – Ministério das Relações Exteriores

NAC – Coalizão da Nova Agenda (sigla em inglês)

NAFTA – Tratado Norte-Americano de Livre Comércio (sigla em inglês)

OCDE – Organização para a Cooperação e o Desenvolvimento Econômico

OEA – Organização dos Estados Americanos

OMC – Organização Mundial do Comércio

ONGs – Organizações Não Governamentais

ONU – Organização das Nações Unidas

OPL – Organização Política Lavalas

OTAN – Organização do Tratado do Atlântico Norte

OUA – Organização da Unidade Africana

OXFAM – Comitê de Oxford para o Alívio da Fome (sigla em inglês)

P-5 – Potências Nucleares "declaradas" – China, Estados Unidos, França, Reino Unido e Rússia

PMA – Programa Mundial de Alimentos

PNUD – Programa das Nações Unidas para o Desenvolvimento

PRD – Partido de la Revolución Democrática (México)

PROEX – Programa de Financiamento às Exportações

PT – Partido dos Trabalhadores

PTB – Partido Trabalhista Brasileiro

SECOM – Secretaria de Comunicação Social

SERPRO – Serviço Federal de Processamento de Dados

SICA – Sistema de Integração Centro-americano

TIAR – Tratado Interamericano de Assistência Recíproca

TNP – Tratado de Não Proliferação Nuclear

TRIPS – Acordo sobre Propriedade Intelectual Relacionada a Comércio (sigla em inglês)

UDR – União Democrática Ruralista

UE – União Europeia

UN – Organização das Nações Unidas (sigla em inglês)

Unasul – União de Nações Sul-Americanas

UNITA – União Nacional para a Independência Total de Angola

UNMIH – Missão das Nações Unidas no Haiti (sigla em inglês)

UNSMIH – Missão de Suporte das Nações Unidas no Haiti (sigla em inglês)

UNTMIH – Missão de Transição das Nações Unidas no Haiti (sigla em inglês)

URSS – União das Repúblicas Socialistas Soviéticas

USAID – Agência dos Estados Unidos para o Desenvolvimento Internacional (sigla em inglês)

USTR – Representante de Comércio dos Estados Unidos (sigla em inglês)

Índice Remissivo

15ª Conferência das Partes sobre Mudança do Clima (COP-15), 158, 161

VII Reunião de Consulta dos Ministros das Relações Exteriores Americanos, 131

ABC (Agência Brasileira de Cooperação), 93, 113

ABIT (Associação Brasileira da Indústria Têxtil e de Confecção), 89

ABKNet News (*site*), 26

Academia Brasileira de Letras, 95

ACE (Acordo de Complementação Econômica), 135

Acordo de Livre Comércio, 122, 123, 124, 127, 130, 133

Acordo(s) de Tegucigalpa-San José, 157, 158, 161

Açores, 33, 104

AEC (Associação de Estados do Caribe), 36

Afeganistão, 141, 166, 167, 168

África, 27, 34, 69, 71, 72, 73, 75, 178

África Central, 31

África do Sul, 34, 65, 66, 73, 77, 81, 83, 109, 112, 119, 120, 121, 124, 185, 187

Agência Brasil, 137

AGNU (Assembleia Geral das Nações Unidas), 65, 82, 119

Ahmadinejad, Mahmoud, 153, 179, 180

AIEA (Agência Internacional de Energia Atômica), 92

ALADI (Associação Latino-americana de Integração), 47, 122, 123, 127, 129, 130, 135

Alarcón, Ricardo, 32

ALBA (Alternativa Bolivariana para as Américas), 30, 44, 46, 47, 48, 49, 141, 143, 150, 154

Albright, Madeleine, 15

Albuquerque, Francisco Roberto de, 77

ALC (América Latina e Caribe), 38

ALCA (Acordo de Livre Comércio das Américas), 19, 62, 70, 138, 168, 180

ALCSA (Área de Livre Comércio Sul-americana), 19

Alemán, José Arnoldo, 142

Alemanha, 17, 29, 68, 73, 187

Alexandre, Boniface, 71, 115

Alexis, Jacques-Edouard, 111

Aliança de Civilizações (conferência), 105

Allen, Woody, 162

Almagro, Luís, 118

Almeida Pinto, José Roberto de, 143

Almeida, Eduardo, 99

Alonso, Alicia, 23

Amado, Luís, 88

Amanpour, Christiane, 104

América Central e Caribe, 137-163

Golpe de Estado em Honduras, 146-161

Honduras e Estados Unidos, 149, 151, 154, 156, 158, 160, 161, 162

Honduras e OEA (Organização dos Estados Americanos), 146- -157, 159, 160

Visita de Zelaya ao Brasil, 150-151

Zelaya na embaixada do Brasil, 153-163

Guatemala no G-20 comercial, 140

Mercosul e SICA (Sistema de Integração Centro-Americano), 138, 140, 141, 144, 145

Posse de Álvaro Colom na Guatemala, 144

Reconhecimento da vitória de Daniel Ortega na Nicarágua, 140

Visita do Presidente da Guatemala ao Brasil, 144-145

Visita do Presidente do Panamá ao Brasil, 140

Visitas presidenciais à Nicarágua, Honduras, Jamaica e Panamá, 140- -144

América do Sul, 9, 21, 36, 38, 41, 45, 51, 81, 126, 127, 129, 133, 137, 138, 141, 166, 171, 180

América Latina, 9, 12, 13-24, 26, 28, 36, 37, 38, 40, 45, 50, 51, 72, 98, 126, 127, 128, 129, 131, 135, 138, 143, 144, 146, 151, 152, 155, 159, 160, 166, 169, 171, 175, 176, 179, 181, 185, 186

Amorim, Ana, 55, 83, 84, 97, 102

Amorim, Anita, 43

Amorim, Celso, 12, 24, 96, 109, 124, 127-128, 168

Amorim, Paulo Henrique, 14, 181

Angola, 12, 33, 34, 168, 174, 186, 187, 188

Annabi, Hédi, 86, 91, 93, 96, 109

Annan, Kofi, 17, 22, 61, 67, 71, 76, 78, 79, 97

Apartheid, 12, 34

Araújo, Ubiratan Castro de, 69

Archer, Renato, 23, 123

Argentina, 24, 25, 26, 48, 59, 72, 82, 88, 91, 99, 120, 121, 123, 124, 126, 127, 131, 147, 161

Arias, Oscar, 147, 148, 149, 154, 157, 160, 162

Aristide, Jean Baptiste, 59, 60, 62, 65, 66, 67, 68, 70, 71, 72, 73 74, 75, 79, 83, 84, 89, 112, 114, 115, 116

Arns, Zilda, 93, 96

Arruda, Inácio, 53

Artibonite, 81, 86, 88, 92, 106, 108, 110, 111, 113, 118

Ashton, Catherine, 162

Ásia, 71, 73

Ásia Central, 166

Ásia Menor, 139

ASPA (Cúpula América do Sul – Países Árabes), 32, 33, 74, 126

Assembleia Geral da OEA (Organização dos Estados Americanos), 13, 18, 45, 51, 61, 76, 140

Assembleia Geral da ONU, (*ver também* AGNU – Assembleia Geral das Nações Unidas), 22, 57, 65, 82, 86, 88, 119, 138, 163

Asturias, Miguel Angel, 139

Ata de São José, 157

Bacelar, Urano, 75, 76, 77

Bachelet, Michelle, 81

Bahadian, Adhemar, 120

Bahamas, 72

Bahia, 12, 24, 34, 38, 76, 106, 170, 175

Baía dos Porcos, 11, 167

Baker, Charlito, 112

Ballet Español de Cuba, 56

Ban Ki-Moon, 88, 89, 97, 105, 153, 177

Banco Mundial, 68, 81, 82, 87, 106, 108, 126

Barbados, 65, 67, 68

Batista, Paulo Nogueira, 123

Bazin, Marc, 75

BBC (Corporação britânica de radiodifusão, sigla em inglês), 37, 60

Bel Air (em Porto Príncipe), 113

Belgrado, 119

Belize, 44, 48, 145

Bélkior, Bárbara, 35, 165

Bellerive, Jean-Max, 100, 106, 108, 110

Belo Horizonte, 69, 138

Berger, Oscar, 137, 139

Berlink, Debora, 123

Berlusconi, Silvio, 22

Bermudas, 32, 33, 145

Berna, 104

Bezerra, Gustavo, 11

BID (Banco Interamericano de Desenvolvimento), 81, 87, 99

Blair, Anthony (Tony) Charles Lynton, 77

Blanco, Hermínio, 122, 123

Blustein, Paul, 125

BNDES (Banco Nacional de Desenvolvimento Econômico e Social), 86

Boa Vista, 69, 106

Bogotá, 32

Bokova, Irina, 105

Bolaños, Jorge, 40, 44, 45

Bolduc, Kim, 94, 101

Bolívia, 27, 28, 30, 34, 37, 41, 42, 44, 67, 82, 127, 131, 132, 149, 172, 173

Bouteflika, Abdelaziz, 126

Boutros-Ghali, Boutros, 119

BRABAT (Batalhão Brasileiro de Infantaria de Força de Paz), 70, 83, 102, 103

Brasil, 9, 11-19, 21-40, 42, 44, 45, 46, 48, 49-55, 57, 59, 60, 62, 63, 64, 65, 66, 70, 72-77, 80, 81, 82, 83, 85, 86, 87, 89, 90, 91, 92, 93, 94, 95, 97, 100, 103-109, 116-134, 137-150, 152, 153, 155, 156, 157, 159-163, 165, 166, 168, 169, 170, 171, 172, 173, 175-181, 185, 187

Brasília, 12, 16, 19, 21, 23, 24, 37, 38, 40, 42, 43, 44, 46, 49, 55, 76, 77, 78, 81, 83, 87, 94, 96, 97, 101, 102, 105, 121, 123, 151, 152, 158, 171

BRICS (Grupo composto por Brasil, Rússia, Índia, China e adesão posterior da África do Sul), 107

Briz, Jorge, 137, 138, 140

Brown, Gordon, 42

Bruxelas, 155

Buarque, Cristovam, 53, 63

Buenos Aires, 32, 33, 58

Bush, George W., 17, 25, 28, 29, 50, 83, 167

Buss, Paulo, 125

Bustani, José Maurício, 126

Butão, 151

Cabo Verde, 71, 148, 149

Cabrisas, Ricardo, 176, 177

Cairo, 48, 126

CALC (Cúpula da América Latina e do Caribe sobre Integração e Desenvolvimento), 24, 34, 36, 37, 38, 39, 51, 106, 143, 146, 157, 176

Caldera, Rafael, 12

Calderón, Felipe, 38, 128, 129, 130, 131, 132, 133, 134, 144, 171

Calmy-Rey, Micheline, 84

Camarões, 71

Camp David, 27, 50, 167

Campanhola, Clayton, 69

Campo Grande, 106

CAN (Comunidade Andina), 135

Canadá, 18, 46, 47, 48, 78, 81, 82, 83, 88, 93, 94, 99, 103, 108, 124, 130, 143, 167, 168

Cancún, 22, 87, 106, 134, 140, 176

Cannon, Lawrence, 93, 104

Cantanhêde, Eliane, 163

Capacetes azuis (forças de paz da ONU), 60, 63

Caracas, 29, 32, 43, 144, 155

Carandiru, 16

Cardoso, Fernando Henrique, 18, 120

Cardoso, Ruth, 20

Caribe, 9, 12, 15, 19, 24, 26, 27, 36, 37, 38, 40, 44, 47, 50, 65, 66, 80, 82, 98, 114, 127, 128, 129, 137, 138, 143, 144, 145, 146, 152, 155, 159, 160, 166, 171, 176, 179, 185, 186

CARICOM (Comunidade do Caribe, sigla em inglês), 9, 65, 67, 72, 73, 79, 81, 82, 108, 136, 137, 138, 157

Carrefour-Feuilles, 99, 112, 113

Carta de Havana, 26

Carta Democrática da OEA, 46, 149

Cartagena das Índias, 13

Carter, Jimmy, 19, 33, 140, 174

Casa Azul (Haiti), 102

Casa Civil, 11, 25

Casaes, Ruy, 46, 50, 153

Casas de Protocolo (Cuba), 55

Castañeda, Jorge, 131

Castro, Fidel, 11, 12, 13, 14, 17, 21, 28, 30, 52

Castro, Raúl, 5, 9, 15, 21, 27, 28, 29, 31, 33, 34, 35, 37, 38, 39, 40, 43, 45, 51, 53, 54, 56, 57, 58, 132, 144, 145, 165, 167, 169, 170, 171, 172, 173, 174, 175, 176-181

Catunda, Francisco, 152, 155

CD (Conferência sobre Desarmamento), 120, 121

CDDPH (Conselho de Defesa dos Direitos da Pessoa Humana), 16

CDH (Comissão de Direitos Humanos), 16, 17, 25, 33, 62, 88

Céant, Jena Henry, 111, 112

Cédras, Raoul, 59, 62, 114

CELAC (Comunidade dos Estados Latino-americanos e caribenhos), 24, 36, 51, 87, 134, 143, 144

Célestin, Jude, 110, 117

Centro Cultural Brasil-Haiti Celso Ortega Terra, 103

Centro de Biotecnologia, 31

CEP (Conselho Eleitoral Provisório), 79, 80

CEPAL (Comissão Econômica para a América Latina e Caribe), 12

Chagas, Helena, 71

Chávez, Hugo, 21, 32, 33, 34, 45, 50, 51, 67, 74, 140, 142, 144, 148, 149, 155, 168, 169, 171, 172, 173, 174, 175

Chile, 23, 26, 48, 49, 67, 78, 81, 82, 91, 115, 128, 131, 150, 156, 170

China, 26, 59, 62, 66, 67, 119, 124, 130, 161, 169-170, 181, 185, 187

Chirac, Jacques, 22, 63, 82

Choquehuanca, David, 41, 148, 172

Christopher, Warren, 18

CIDA (Agência canadense de desenvolvimento internacional, sigla em inglês), 105

Cinema Novo, 23

Cité Militaire, 83

Cité Soleil, 65, 68, 73, 74, 75, 83, 84, 91, 102

CIVPOL (Polícia civil, sigla em inglês), 99

Clark, Helen, 104, 105

Cleaver, Vitoria, 141

Clinton, Bill, 18, 19, 20, 45, 59, 92, 105, 108, 124

Clinton, Hillary, 39, 40, 44, 45, 46, 47, 48, 51, 93, 104, 109, 113, 147, 149, 151, 152, 154, 156, 158, 159, 160

CNE (Comissão Nacional das Eleições do Haiti), 89

CNI (Confederação Nacional da Indústria), 130, 133

Coalizão da Nova Agenda (ver também Nova Agenda, New Agenda Coalition, NAC), 119, 122

Colom, Álvaro, 30, 144, 145, 169

Colômbia, 13, 32, 34, 46, 51, 67, 131, 133, 150, 172, 174, 175, 176, 180, 186

Comissão Binacional Brasil-México, 133

Comissão da União Africana, 72

Comissão de Camberra, 120, 121

Comissão de Direitos Humanos, 16, 17, 24, 25, 131

Comissão Interina (Haiti), 108

Comissão Mista Brasil-França, 63

Conferência das Nações Unidas para o Meio Ambiente e Desenvolvimento (Rio-92), 12

Conferência das Partes/COP (Conferência das Partes sobre Mudança do Clima), 129, 158, 161

Conferência de Copenhague, 92

Conferência de Doadores, 44, 94, 98, 107

Conferência de Punta del Este, 11

Conferência de Revisão do TNP, 121, 122

Conferência de São Francisco, 171

Conferência do Desarmamento, 88, 120

Conferência do Movimento dos Não Alinhados, 167

Conferência Ministerial de Hong Kong, 26, 29

Conflito Equador-Colômbia, 131

Congresso de Honduras, 161

Conselho de Defesa Sul-Americano, 170

Conselho de Direitos Humanos, 26, 104, 105

Conselho de Mercado Comum do Mercosul, 138

Conselho de Segurança da ONU/CSNU (Conselho de Segurança das Nações Unidas), 39, 59, 60, 61, 62, 72, 73, 115, 119, 120, 124, 153, 154

Conselho Permanente da OEA, 46, 146, 157

Convenção de Armas Químicas, 120

Copa do Mundo, 13

Copenhague, 91, 92, 158, 161

COPPE (Coordenação dos Programas de Pós-Graduação de Engenharia), 85

Cordeiro, Enio, 152

Cordeiro, Paulo, 78, 79, 80, 84

Core Group, 79

Coreia do Norte, 32, 54

Correa, Rafael, 33, 45, 148, 174

Costa Rica, 46, 68, 145, 147, 150, 154, 157, 169

Costa, Luiz Carlos da, 93, 96

Cousteau, Jacques, 120

Coutinho, Vilmar, 57

Couto e Silva, Golbery do, 11

CPLP (Comunidade dos Países de Língua Portuguesa), 66, 67, 138, 149

Créole (idioma), 68, 70, 112

Crispim, Denise, 33

Crivella, Marcelo, 53

Cruz Vermelha, 54

Cuba, 9, 11-58, 61, 87, 89, 125, 131, 133, 135, 137, 141, 145, 158, 165, 166, 167, 168, 169, 170, 171, 172, 174, 175, 176-181

Adesão de Cuba ao Tratado de Tlatelolco, 21, 39

Cooperação entre Cuba e Brasil nas negociações comerciais da Rodada de Doha, 26

Diálogo entre Cuba e Grupo do Rio, 23

Discurso de Itamar Franco na Assembleia Geral da OEA, 13

e CALC/CELAC, 51,

e Direitos Humanos, 15, 16, 21, 23, 25, 33, 39, 54, 55,

e Grupo do Rio, 23

e OEA (Organização dos Estados Americanos), 13, 18, 41, 42, 43, 45-46, 48, 50, 51

Embargo, 19, 20, 33, 43, 44, 45, 179

Relações Cuba-Estados Unidos, 19, 20, 25, 28, 29, 33, 43, 44, 45, 179

Sanções, 23, 29, 36, 41

Visitas como chanceler a Cuba, 12, 15-16, 22-23, 27, 30-31, 32-35, 165, 176-181

Visitas de Lula a Cuba, 22, 30, 37

Visitas do chanceler cubano ao Brasil, 14, 24

Cúpula da Ação Contra a Fome e a Pobreza, 138

Cúpula da União Africana, 146

Cúpula das Américas, 18, 19, 41, 42, 43, 45, 62

Cúpula de Sauípe, 133

Cúpula de Trinidad, 42

Cúpula do Grupo do Rio, 67, 124, 131

Cúpula Ibero-americana, 12, 13, 67, 172, 178

Damasco, 162

Dantas, San Tiago, 11, 23, 48, 131

Declaração de Doha, 125

Declaração de Teerã, 109, 134, 151, 180, 181

Declaração dos Direitos Humanos, 88

Déjammet, Alain, 61

Democracia Cristã, 78

Der Spiegel (revista), 64, 116

Derbez, Luís Ernesto, 125, 127, 128, 129, 130, 133, 134

Deserto de Akhaba, 18

Dianni, Cláudia, 81

Diaz, Porfírio, 131

Diaz, Rogelio Sierra, 177

Diouf, Jacques, 105

Dirceu, José, 22, 23, 24, 25

Direito Internacional, 152

Direitos humanos, 15, 16, 17, 21, 23, 23, 24, 25, 26, 28, 33, 39, 54, 55, 62, 74, 88, 104, 105, 131, 141, 177-182

Doha, 26, 28, 29, 37, 42, 52, 91, 109 125, 126, 132, 151, 158

Dornelas, João, 64

Douste-Blazy, Philippe, 78, 79

Doutrina Estrada, 175

DPKO (Departamento de operações de manutenção de paz da ONU, sigla em inglês), 97, 108

Dulles, Allen, 167

Dulles, John Foster, 167

Duque de York, 105

Durán, Rosa, 56

Durban, 45

Duvalier, François, 78

Dytz, Nilo, 54

ECOSOC (Conselho Econômico e Social da ONU), 60, 61

Egito, 93, 119, 120, 121, 122, 126, 127, 138, 150

El Salvador, 44, 47, 87, 143, 145, 148, 161, 169, 172

El-Araby, Nabil, 119

Embrafilme (Empresa Brasileira de Filmes), 11, 12 107

Embrapa (Empresa Brasileira de Pesquisa Agropecuária), 69

Enaudi, Luigi, 68

Equador, 28, 42, 106, 131, 147, 172, 174

Errera, Gérard, 121

Eslovênia, 35, 36, 87, 105, 178

Espanha, 25, 30, 36, 81, 88, 108, 150, 162, 172

Espinosa, Patricia, 37, 51, 129, 130, 131, 133, 134, 157

Estados Unidos, 13, 14, 17, 18, 19, 20, 26, 27, 32, 33, 34, 36, 37, 38, 40, 42-48, 50, 52, 54, 59, 62, 67, 74, 76, 77, 81 82, 87, 89-94, 101, 108, 109, 112, 113, 114, 120-126, 127, 130-134, 138, 140, 143, 144, 145, 147, 148, 150, 151, 154, 158-162, 168, 170, 172, 174, 179, 181

Estatuto de Santa Cruz, 172

Estenoz, Fernando Ramirez, 165

Estocolmo, 155

Exército Brasileiro, 75, 84, 87, 118

FAB (*ver também* Força Aérea Brasileira), 13, 14, 50, 69, 90, 139, 147, 154

FAO (Organização das Nações Unidas para a Alimentação e a Agricultura, sigla em inglês), 35, 82, 87, 105

Farani, Maria Nazareth (Lelé), 71

Farani, Marcos, 101

FARC (Forças Armadas Revolucionárias da Colômbia), 32, 173

Farias, Lindbergh, 107

Felício, José Eduardo, 78, 116

Felix, Jorge Armando, 94

Fernández, Leonel, 94, 98, 162, 174

Fernández, Mariano, 49

Fernandez, Rubem Cesar, 113

Ferrero-Waldner, Benita, 36, 78

FIDA (Fundo Internacional de Desenvolvimento Agrícola), 87

FIESP (Federação das Indústrias do Estado de São Paulo), 130

Financial Times (jornal), 167

FINEP (Financiadora de Estudos e Projetos), 14

Fischer, Joschka, 67, 68

Flórida, 17, 76, 167

FNLA (Frente Nacional de Libertação de Angola), 34

Folha de S.Paulo (jornal), 24, 81, 138

Fonseca, Gelson, 60

Força Aérea Brasileira (*ver também* FAB), 137

Forças Armadas, 60, 95, 114

Fox, Vicente, 125, 126, 128, 129, 130, 131, 132, 133, 134, 171

França, 19, 30, 33, 47, 61, 62, 63, 66, 72, 78, 81, 88, 90, 103, 104, 108, 121, 154, 178, 187

Franco, Itamar, 12, 13, 14, 20, 25, 53, 59, 176, 181

Frei Betto (Christo, Carlos Alberto Libânio), 23

Fréjus, 104

Ft. Lauderdale, 76

Fulci, Paolo, 60

Fulgêncio Batista, 34, 175

FUNAG (Fundação Alexandre de Gusmão), 95, 120

Fundação Palmares, 69

Furiati, Claudia, 11

G-15 (Grupo dos 15 – Grupo de Consulta e Cooperação Sul-Sul), 27, 143

G-20 (Grupo dos 20 – Fórum de cooperação econômico internacional), 26, 29, 41, 56, 88, 125, 140, 143

G-4 (Grupo dos 4 – Grupo de candidatos a uma cadeira definitiva no Conselho de Segurança da ONU – Brasil, Alemanha, Índia e Japão), 73, 74

G-8 (Grupo dos 8 – Grupo das oito nações ricas e industrializadas), 29, 124, 126, 127, 129

Gabão, 134

Gabeira, Fernando, 63

Gálvez, González, 124

García Márquez, Gabriel, 165

García, Alan, 172, 176

Garcia, Marco Aurélio, 24, 67, 78, 128, 180

GATT (Acordo geral de tarifas e comércio, sigla em inglês), 26

Genebra, 13, 15, 16, 17, 18, 20, 29, 37, 54, 87, 88, 93, 104, 119, 120, 123, 131, 158

Georgetown, 147, 163

Gift, Knowlson, 78, 79

Goldberg, Jeffrey, 55, 177

Golpe de 1964, 13, 23

González, Elián, 17

González, Felipe, 178

Gonzalez, Guillermo, 120

Gorbachev, Mikhail, 34, 168

Granma (jornal), 54

G-Rio (*ver também* Grupo do Rio), 67, 74, 106, 133, 146, 148, 157

Gross, Alan, 179

Grupo de Amigos da Venezuela, 85, 131

Grupo do Rio (*ver também* G-Rio), 23, 24, 36, 38, 39, 66, 67, 74, 124, 125, 131, 132, 140, 146, 157, 174, 175, 176

Guantánamo, 178, 179

Guatemala, 30, 82, 137, 138, 139, 140, 144, 145, 146

Guerra do Yom Kippur, 181

Guerra Fria, 42, 51, 120

Guerra, Ruy, 11

Guevara, Alfredo, 12

Guevara, Ernesto (Che), 11

Guiné-Bissau, 41, 66, 67, 71, 89

Guterres, António, 54

Haddad, Fernando, 31

Haiti, 9, 38, 40, 44, 55, 59-118, 137, 145, 162, 186, 187, 188

Centro de Estudos Brasileiros, 83

Cooperação trilateral, 81, 83, 84, 90-92

Cooperação Sul-Sul, 71, 81

e CSNU (Conselho de Segurança das Nações Unidas), 60, 61, 62, 72, 73

e ECOSOC, 60-61

e Estados Unidos, 59, 62, 74, 76, 77, 81, 88, 89, 90, 91, 92, 93, 101, 108, 113

Eleições no Haiti, 74, 75, 76, 77, 79, 80, 81, 82, 84, 89, 91, 117-118

Jogo da Paz entre as seleções brasileira e haitiana de futebol, 64-66

Minustah (Operação de paz da ONU no Haiti), 9, 60, 62-63, 64, 65, 68, 70, 71, 73, 74, 75, 76, 77, 79, 81, 83, 85, 86, 88, 89, 91, 93, 94, 96, 98, 99, 100, 101, 102, 103, 113, 115, 116, 117

Morte do General Bacelar, 76

Terremoto, 74, 86, 87, 92-95, 96, 98, 100, 102, 105, 106, 108, 109, 111, 113, 118, 162

Visitas como chanceler ao Haiti, 55, 64, 69, 74, 84, 86, 90-91, 96--103, 109-113, 116

Visitas de Lula ao Haiti, 64, 115--116

Hamilton, John, 145

Havana, 11, 12, 13, 15, 16, 18, 19, 20, 22, 23, 24, 25, 26, 29, 30, 32, 37, 38, 39, 40, 41, 43, 44, 46, 48, 52, 53, 57, 145, 165, 176, 181

Hegel, Georg Wilhelm Friedrich, 24

Heleno, Augusto, 65, 74, 75

Honduras, 42, 45, 46, 47, 51, 91, 92, 133, 139, 141, 142, 143, 145, 146, 146, 148-155, 157-163, 180

Hong Kong, 26, 29

Hotel Intercontinental, 88

Hotel Meliá, 56

Hotel Montana, 75, 78, 79, 91, 102, 118

IBAS/G-3 (Fórum de Diálogo Índia-Brasil-África do Sul), 22, 66, 73, 74, 81, 83, 98, 107, 112, 151

ICAIC (Instituto Cubano de Arte e Indústria Cinematográfica), 12

Icaza, Antonio de, 121, 122

Iglesias, Enrique, 32

Igreja Católica, 22, 53, 172

Igreja da Candelária, 16

Índia, 18, 20, 73, 81, 120, 124, 144, 185, 187

Indonésia, 26, 127

INF (Tratado de Forças Nucleares de Alcance Intermediário, sigla em inglês), 34

Insanally, Samuel Rudolph (Rudy), 72

Instituto Cubano de Arte e Indústria Cinematográfica (ver ICAIC)

Instituto Finlay, 31

Instituto Rio Branco, 50, 80, 96

Insulza, José Miguel, 41, 42, 46, 49, 50, 74, 76, 79, 128, 134, 147, 148, 152, 153

International Institute of Strategic Studies, 54

Irã, 32, 52, 53, 54, 55, 56, 92, 107, 144, 158, 161, 179, 180

Iraque, 14, 61, 62, 89, 94, 101, 104, 141, 160, 180

Israel, 18, 58

Itália, 60, 80, 104, 120

Itamaraty, 13, 15, 16, 24, 26, 27, 39, 51, 52, 66, 69, 76, 77, 86, 93, 94, 96, 107, 128, 144, 146, 151, 153

Jamaica, 48, 80, 141, 143, 157, 159, 175

Japão, 73, 187

JB (jornal), 16

Jean, Michaëlle, 83

Jereissati, Tasso, 53

Jiechi, Yang, 161

Jobim, Nelson, 93, 117

Jogo da paz (Haiti), 64-66

Jones, Jim, 150

Jordânia, 18

Jornal Nacional, 72

Junta Interamericana de Defesa, 131

Keating, Paul, 121

Keen, Ken, 100

Kellenberger, Jakob, 54

Kennedy, John Fitzgerald, 167

Khiem, Pham Gia, 32

Kinkel, Klaus, 17

Kipman, Igor, 93, 96, 98, 117

Kipman, Roseana, 101

Kirchner, Cristina, 44

Kirchner, Néstor, 129

Knight, K. D., 80

Konaré, Alpha Oumar, 72, 73

Kotzias, Alexandre, 84

Kouchner, Bernard, 35, 90, 91, 103, 104, 108

Kouri, Raúl Roa, 15

La Paz, 29, 33, 148

Lage, Carlos, 21, 24, 25, 30, 31, 32, 33, 35, 42, 43, 165

Lagos, Ricardo, 23, 78, 79, 80, 156, 157

Lake, Tony, 18

Lampreia, Luiz Felipe, 1, 20, 21, 43

Laos, 73

Lasso, Ayala, 15, 16, 178, 181

Latortue, Gérard, 64, 68, 71, 74, 112, 115, 116

Lavalas, 68, 71, 73, 74, 75, 89

Lavrov, Sergei, 61

Lehman Brothers, 132

Leroy, Alain, 108

Leuthard, Doris, 105

Lewis, Samuel, 140, 143

Liubliana, 35, 36, 178

London Business School, 18

Londres, 20, 42, 54, 119, 167

Lowenthal, Abraham, 38

Lugo, Fernando, 148, 160, 169, 171

Lukács, Georg, 24

Lula da Silva, Luiz Inácio, 9, 21, 22, 23, 24, 25, 27-35, 37, 38, 39, 41-45, 47, 49-55, 57, 58, 62, 63, 66, 67, 69, 70, 74, 77, 78, 81, 82, 83, 86, 87, 88, 91, 92, 93, 94, 103, 106, 107, 110, 113, 114, 115, 116, 117, 124, 125, 126, 128, 133, 134, 137, 139, 140-150, 153, 153, 155, 158-161, 163, 166, 167, 170, 172, 173, 174, 176-180

Lula da Silva, Marisa Letícia, 115

Lyrio, Maurício, 153

MacKay, Peter, 78, 83

Madri, 32, 178

Maduro, Nicolás, 48, 49, 147

Maher, Ahmad, 126

Mali, 72

Manágua, 141, 142, 146

Manaus, 47, 48, 50, 84

Mandelson, Peter, 29

Manigat, Leslie, 77, 78, 79, 80

Manigat, Mirlande, 112, 117

Manning, Patrick, 44, 79

Mar del Plata, 57

Mariel, 54, 55, 56, 177

Martelly, Michel (Mickey), 74, 87, 117

Martinez, Hugo, 161

Mbeki, Thabo, 73, 83

McCain, John, 166

McNamara, Robert, 120

Mello, Sérgio Vieira de, 93, 94, 101

Menem, Carlos, 13

Mercosul, 19, 24, 38, 54, 55, 65, 69, 70, 73, 89, 90, 107, 123, 124, 127, 129, 130, 135, 138, 140, 141, 144, 145, 146, 149, 161, 173, 177, 179

México, 9, 14, 20, 22, 36, 38, 48, 82, 119-135, 138, 141, 143, 144, 154, 161, 171, 175, 179, 188

Acordo de Livre Comércio entre México e Estados Unidos, 122, 123, 124

Comissão Binacional Brasil-México, 133

Desarmamento (Nova Agenda), 119, 120, 121

México e Brasil no G-8 + 5, 29, 125, 129

México e Estados Unidos, 122, 123, 124, 125, 126, 130, 131, 132

México e Mercosul, 124, 127, 129, 130,

México e negociações comerciais (NAFTA e ALADI), 122, 123, 125, 127, 129, 130, 132, 135

México e questões políticas regionais, 121, 125, 126, 128

Reforma do Conselho de Segurança da ONU, 119, 122, 123, 125, 129, 134

Visita como chanceler ao México, 129, 130

Visitas de chanceleres mexicanos ao Brasil, 127, 129

Visitas dos presidentes mexicanos ao Brasil, 125, 128, 133, 134

Miami, 18, 19, 68, 104, 116

Michèle-Rey, Marie, 110

Micheletti, Roberto, 149, 156, 157, 161, 162

Miliband, David, 161

Miller, Billie, 65, 71, 72

Milosevic, Slobodan, 79

Minas Gerais, 112, 114

Ministério da Ciência e Tecnologia, 23

Ministério da Defesa, 57, 64, 70, 76, 176, 180

Ministério da Justiça, 16, 69

Ministério das Relações Exteriores/MRE, 18, 20, 130, 139

Minustah (Missão das Nações Unidas para a Estabilização do Haiti), 9, 59, 60, 62, 63, 64, 65, 68, 70, 71, 73, 74, 75, 76, 77, 79, 81, 82, 83, 85, 86, 88, 89, 91, 93, 94, 96, 98, 99, 100, 101, 102, 103, 113, 115, 116, 117

MIPONUH (Missão da ONU de polícia civil no Haiti, sigla em inglês), 61

Mitchell, Frederick Audley (Fred), 72

Mitchell, George, 39

Moncada, 34, 170

Montaner, Rita, 56

Montego Bay, 157, 158, 160

Montevidéu, 122, 161, 172

Morales, Evo, 26, 27, 33, 98, 148, 172

Moratinos, Miguel Ángel, 36, 162

Moreira, Marcílio Marques, 23

Mottaki, Manouchehr, 104

Mourão, Gonçalo, 144

Movimento Não Alinhado, 27

MPLA (Movimento pela Libertação de Angola), 34

Mulet, Edmond, 82, 83, 100, 101, 109, 110

Murillo, Rosario, 142

Mbeki, Thabo, 73, 83

Nabuco, Joaquim, 95

NAC (Coalizão da Nova Agenda, sigla em inglês. *Ver também* Coalizão da Nova Agenda, New Agenda Coalition, Nova Agenda), 119, 121

Nações Unidas, 12 15, 20, 59, 60, 61, 75, 81, 85, 86, 87, 96, 100, 115, 120, 124, 126, 185, 186, 187, 188

NAFTA (Tratado Norte-Americano de Livre Comércio, sigla em inglês), 123, 125, 130, 132, 179

Neptune, Yvon, 111, 112

New Agenda Coalition (*ver também* Coalizão da Nova Agenda, NAC, Nova Agenda), 121

Nicarágua, 12, 42, 44, 46, 48, 49, 139, 140, 141, 142, 145

Nicolini, Eliana, 98, 112

Niemeyer, Oscar, 85

Nigéria, 22, 71, 127

Noël, Guy, 90

Nogueira, Ruy, 69, 82

Nova Agenda (*ver também* Coalizão da Nova Agenda, NAC, New Agenda Coalition), 120, 121, 122

Nova York, 20, 39, 41, 55, 60, 74, 82, 85, 93, 96, 97, 104, 107, 108, 109, 112, 119, 122, 138, 143, 151, 152, 154, 179

Nova Zelândia, 33, 119, 120, 121, 122

Nuez, Raúl de la, 33

O Estado de S. Paulo (jornal), 24

O'Neil, Jim, 61

Obama, Barack, 37, 38-45, 47, 49, 50, 51, 52, 74, 91, 92, 93, 94, 113, 149, 150, 151, 158, 159, 160, 166, 179, 180

Obasanjo, Olusegun, 22

Obrador, Andrés Manuel Lopez, 128, 129

OCDE (Organização para a Cooperação e o Desenvolvimento Econômico), 35, 87

OEA (Organização dos Estados Americanos), 13, 18, 41, 42, 43, 45, 46, 47, 48, 50, 51, 61, 62, 67, 68, 73, 74, 76, 79, 82, 85, 98, 108, 118, 128, 131, 133, 134, 139, 140, 146-160, 175

Oliveira, José Aparecido de, 12

OMC (Organização Mundial do Comércio), 19, 26, 27, 28, 56, 65, 67, 77, 82, 87, 88, 104, 105, 125, 129, 143, 158

ONGs (Organizações Não Governamentais), 26, 65, 86, 117

ONU (Organização das Nações Unidas), 13, 16 17, 20, 22, 24, 27, 39, 42, 43, 46, 50, 57, 59, 60, 61, 62 63, 65, 67, 68, 72, 73, 74, 75, 78, 79, 80, 81, 82, 83, 85, 86, 88, 92, 93, 95, 96, 97, 101, 102, 103, 104, 105, 108, 109, 114, 115, 119, 126, 138, 142, 143, 153, 154, 157, 163

Opertti, Didier, 129

OPL (Organização Política Lavalas), 68

Oriente Médio, 28, 31, 39, 41, 53, 54, 56, 83, 92, 93, 107, 166, 168, 180

Ortega, Daniel, 44, 48, 49, 50, 51, 59, 103, 140, 142

Ortiz, Caíto, 64

OTAN (Organização do Tratado do Atlântico Norte), 28, 119, 120

OUA (Organização da Unidade Africana), 72

Ouro Preto, 69, 124, 141

Ouro Preto, Afonso, 13, 15

OXFAM (Comitê de Oxford para o Alívio da Fome, sigla em inglês), 19

P-5 (Potências Nucleares "declaradas" – China, Estados Unidos, França, Reino Unido e Rússia), 120, 121

Pacto Andino, 145

Padovan, Gisela, 115

Palestina, 57, 73, 174

Panamá, 37, 140, 141, 143, 145

Paraguai, 25, 89, 90, 147, 160, 169

Paris, 29, 63, 73, 87, 93, 105, 147

Partido Comunista de Cuba, 165

Partido de la Revolución Democrática/PRD, 129

Pasqualini, Alberto, 13

Pastoral da Criança, 93

Patriota, Antonio, 45, 89, 94, 119, 153, 154, 156

Patriota, Tânia, 98

Paul, Evans, 75

Paula, Lineu Pupo de, 155

Pérez Roque, Felipe, 24, 25, 27, 30, 31 32, 34, 36, 41, 43, 165, 170, 172

Peri, Enzo, 88

Pericás, Bernardo, 31, 165, 169

Perry, William (Bill), 19

Peru, 21, 22, 24, 125, 135, 145, 171, 172

Pétionville, 65, 75, 76, 91

Pettigrew, Pierre, 73, 76

Philippe, Guy, 114, 117

Pierre-Louis, Michele, 90

Pillay, Navanethem, 54

Piñera, Sebastián, 176

Plano Arias, 160

Plano Lula, 103

Playa Girón, missão, 167

PMA (Programa Mundial de Alimentos), 85, 87, 105

PNUD (Programa das Nações Unidas para o Desenvolvimento), 94, 99, 101, 110, 112

Política Externa Independente, 23

Polônia, 59

Port-au-Prince (*ver também* Porto Príncipe), 70, 75, 84, 86, 88, 113, 116

Porto de Mariel, 54, 55, 177

Porto Príncipe (*ver também* Port-au-Prince), 60, 63, 64, 67, 68, 69, 72, 73, 78, 81, 82, 93, 94, 96, 97, 98, 99, 101, 102, 105, 109, 115, 117, 118

Portugal, 54, 58, 67, 104, 134, 172

Powell, Colin, 63, 65, 68, 114

Prêmio Nobel, 120, 139, 147, 165

Préval, René, 9, 74, 75, 76, 77, 78, 79, 80, 81, 82, 83, 84, 86, 87, 88, 89, 90, 91, 92, 96, 98, 100, 103, 106, 108, 109, 110, 111, 112, 113, 115, 117, 123, 125, 151, 181

PROEX (Programa de Financiamento às Exportações), 86

Projeto Razali, 120

PT, 25, 35

PTB, 13

Puerto, Milton Jiménez, 141

Pulgarón, Ernesto, 56

Punta del Este, 11, 131

Razali, Ismail, 119, 120

Reagan, Ronald, 34

Reino Unido, 61, 154, 161, 187

Reiss, Clotilde, 179

República Dominicana, 25, 94, 96, 98, 115, 137, 139, 144, 145, 162, 174, 175

República Tcheca, 169

Resolução do Conselho Permanente da OEA (Honduras), 146

Reuters, agência, 151

Revisão Periódica Universal, 26, 33

Revolução Cubana, 11, 34, 176

Revolução dos Cravos, 104

Rice, Condoleezza (Condi), 27, 73, 76, 80, 167

Rice, Susan, 154

Rio Branco, Instituto, 50, 80, 96, 132

Rio de Janeiro, 14, 36, 67, 85, 96, 106, 107, 113, 124

Rio+20, 118

Robaina, Roberto, 13, 14, 15, 21, 181

Roberto, Holden, 13, 14, 15, 21, 34, 77, 143, 147, 181

Rocard, Michel, 120

Rocha, Maria Laura da, 35, 45, 90, 155

Rodada de Doha, 26, 28, 29, 42, 91, 125, 132, 158

Rodas, Haroldo, 46, 47, 49, 146, 148, 150, 157

Rodas, Patricia, 46, 47, 49, 146, 148, 150, 157

Rodríguez Parrilla, Bruno Eduardo, 176

Rodríguez, Alí, 74

Rodríguez, Bruno, 20, 21, 42, 43, 46, 53, 54, 55, 56, 57, 58, 177, 178

Rodríguez, Carlos Rafael, 12

Rodriguez, Miguel Angel, 68

Roma, 87, 107, 147

Rossi, Clóvis, 24, 46, 49, 100

Rotblat, Joseph, 120

Rousseff, Dilma, 53, 82, 117, 160, 180

Rumsfeld, Donald, 63, 114

Rupel, Dimitri, 35, 36

Rússia, 14, 61, 67, 124, 154, 185, 187

Salário-mínimo, 90

Saldanha, Pedro, 49

Salvador, 12, 38, 166, 170, 175

Santiago de Cuba, 170

Santos, Samuel, 141

São Domingos, 96, 97, 98, 115, 131

Sardenberg, Ronaldo, 59, 78

Sarkozy, Nicolas, 178, 180

Sarney, José, 12, 40, 52, 80, 123

Sauípe, 24, 34, 38, 133, 176

Savimbi, Jonas, 34

SECOM (Secretaria de Comunicação Social), 39

Secretaria de Promoção da Igualdade Racial, 69

Seitenfus, Ricardo, 60, 68, 81, 98, 99

Senegal, 71

SERPRO (Serviço Federal de Processamento de Dados), 83

Serra, José, 53

Shannon, Thomas (Tom), 45, 50, 77, 82, 153, 154, 156, 157

Sheeran, Josette, 105

Shlaudeman, Harry, 123

SICA (Sistema de Integração Centro-americano), 138, 139, 140, 141, 144, 145, 146

Sierra Maestra, 11, 26, 170

Silva, Raul Mendes, 124

Silveira, Luís Henrique da, 12, 170

Siméon, Yvon, 71

Simon, Pedro, 53

Singer, André, 60

Síria, 180

Sirte, 146, 147

Slaughter, Ann-Marie, 151

Smith, Austrália Stephen, 93

Smoltczyk, Alexander, 64

Soares, Baena, 18

Soares, Fabio Celso Macedo, 14

Solis, Hilda, 156

Sosa, Porfirio (Pepe) Lobo, 162

Sri Lanka, 73

Sroulevich, Nei, 11

St. George (Bermudas), 33

Steinberg, Jim, 147

Suplicy, Eduardo, 53

Taiana, Jorge, 76

Taiwan, 76, 115, 169

Talbott, Strobe, 18, 19, 61, 62

Teerã, 26, 37, 52, 109, 125, 126, 134, 144, 151, 180, 181

Tegucigalpa, 137, 141, 143, 146, 147, 149, 150, 152-162

Temporão, José Gomes, 31

Teologia da Libertação, 148

Terra, Celso Ortega, 56, 59, 102, 103

The Atlantic (revista), 55

TIAR (Tratado Interamericano de Assistência Recíproca), 41, 42, 46, 48

Timor Leste, 112

Tito, Josip Broz, 169

Tlatelolco, 14, 15, 19, 21, 31, 126, 181

TNP (Tratado de Não Proliferação Nuclear), 13, 120, 121, 122, 180

Tobar, Sebastián, 125

Toledo, Alejandro, 22

Tratado de Tlatelolco, 14, 15, 181

Trinidad e Tobago, 41, 78, 79

TRIPS (Acordo sobre Propriedade Intelectual Relacionada a Comércio, sigla em inglês), 125

Troncoso, Carlos Morales, 98

Türk, Danilo, 35, 105

Turquia, 42, 93, 134, 154

Tutu, Desmond, 78

Tyson, Laura, 18, 61

UDR (União Democrática Ruralista), 150

UE (União Europeia), 19, 22, 70, 107, 108, 178

UFRJ, 85

Unasul(União de Nações Sul-Americanas), 24, 32, 45, 106, 132, 163, 166, 168, 171, 172, 173

União Africana, 72, 146

União Europeia, 35, 36, 87, 88, 98, 104, 130, 162

União Soviética, 12, 168

UNITA (União Nacional para a Independência Total de Angola), 34, 158

Universidade de San Francisco, 151

UNMIH (Missão das Nações Unidas no Haiti, sigla em inglês), 61

UNSMIH (Missão de Suporte das Nações Unidas no Haiti, sigla em inglês), 61

UNTMIH (Missão de Transição das Nações Unidas no Haiti, sigla em inglês), 61

Uphold Democracy, 59

Uribe, Álvaro, 32, 34, 51, 144, 172, 173, 174, 175

URSS (União das Repúblicas Socialistas Soviéticas), 34, 168, 169

Uruguai, 26, 67, 82, 171

USAID (Agência dos Estados Unidos para o Desenvolvimento Internacional, sigla em inglês), 87

USTR (Representante de Comércio dos Estados Unidos, sigla em inglês), 122

Valdés, Juan Gabriel, 67, 68, 71, 73, 74, 76, 80, 82, 115

Vannuchi, Paulo, 88

Vázquez, Tabaré, 171

Venezuela, 12, 16, 26, 27, 29, 30, 33, 34, 37, 38, 39, 44, 46, 48, 62, 64, 67, 85, 114, 131, 134, 140, 144, 147, 148, 150, 172, 174, 175, 176

Viegas, José, 63, 64, 66, 76, 114, 115

Vieira Neto, Floriano Peixoto, 100, 101

Vietnã, 32, 68, 101, 154, 167

Vilela Morgero, João Carlos, 70

Villepin, Dominique de, 62, 63, 114

Viotti, Maria Luiza, 153, 154

Virgílio, Arthur, 52

Voltaire, Leslie, 111

Walker, Ignacio, 76, 77

Washington, 11, 18, 19, 20, 21, 24, 37, 38, 39, 40, 41, 43, 44, 45, 46, 52, 54, 59, 73, 76, 78, 81, 90, 94, 122, 124, 126, 127, 131, 133, 148, 158, 167, 168

Weston, John, 61

Wilme, Dread, 65

Wolf, Norman, 13, 14, 15, 19

Zamora, Carlos, 55

Zelaya, Manuel, 48, 49, 50, 51, 137, 141, 145, 146-163

Zuma, Nkozasana, 66, 67, 77

Zunes, Stephan, 151

Zweig, Julia, 177

Agradecimentos

Escrever uma obra nunca é tarefa fácil e tampouco um trabalho que conseguiria fazer sem apoio. Esta sequência de *Laços de confiança* foi possível graças ao incentivo e à insistência da equipe da Benvirá, a quem agradeço na pessoa do Fernando Penteado, por sua paciência e dedicação para que esta publicação viesse à tona.

Tal qual nos dois volumes anteriores, agradeço a dedicação e eficiência de Mariana Klemig, pelo intenso trabalho como assistente de pesquisa, com informações de apoio fundamentais para preencher lacunas e auxiliar o leitor na compreensão desta obra, em particular também enriquecida pelo seu incansável trabalho de revisão.